# 融资性担保与机构评价

主编　牛成立　文海兴

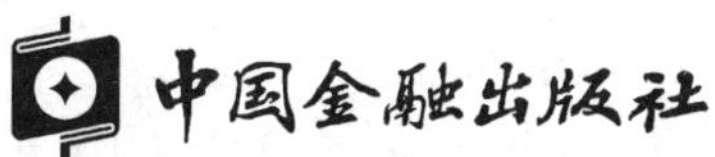

责任编辑：孔德蕴　张怡姮
责任校对：李俊英
责任印制：陈晓川

**图书在版编目（CIP）数据**

融资性担保与机构评价（Rongzixing Danbao yu Jigou Pingjia）/牛成立，文海兴主编. —北京：中国金融出版社，2015. 12
ISBN 978 - 7 - 5049 - 7426 - 6

Ⅰ. ①融…　Ⅱ. ①牛…②文…　Ⅲ. ①融资—担保—评价　Ⅳ. ①F830. 45

中国版本图书馆 CIP 数据核字（2014）第 034548 号

出版发行　中国金融出版社
社址　北京市丰台区益泽路 2 号
市场开发部　（010）63266347，63805472，63439533（传真）
网上书店　http：//www. chinafph. com
（010）63286832，63365686（传真）
读者服务部　（010）66070833，62568380
邮编　100071
经销　新华书店
印刷　北京市松源印刷有限公司
尺寸　169 毫米 ×239 毫米
印张　21. 5
字数　370 千
版次　2015 年 12 月第 1 版
印次　2015 年 12 月第 1 次印刷
定价　56. 00 元
ISBN 978 - 7 - 5049 - 7426 - 6/F. 6986

# 编　委　会

**主　编：**牛成立　文海兴

**总　纂：**文海兴　樊卫东　徐　捷

**撰稿人：**

文海兴博士，中国银监会融资性担保业务工作部副主任，高级经济师

樊卫东博士，中国银监会融资性担保业务工作部处长

徐捷博士，原中国投融资担保有限公司技术总监

（以下按章节出现顺序排列）

史宣章研究员，北京信永方略管理咨询有限责任公司总经理

张文斐，中国投融资担保有限公司小微中心一部高级业务经理

张全，包商银行信托业务部总经理

王少波博士，联合信用管理有限公司总经理

李英雄，联合信用管理有限公司经理

陈经纬研究员，中国社会科学院金融研究所

徐明，中国投融资担保有限公司财富二中心一部助理总经理

孔令荣，中国投融资担保有限公司风险管理中心三部总经理

杨志明，中和资产评估有限公司董事长，高级工程师

安海峰，中和资产评估有限公司评估业务总经理

**撰稿分工：**

第一章　文海兴　史宣章

第二章　徐　捷　张文斐

第三章　张　全　张文斐

第四章　徐　捷　张　全

第五章　王少波　李英雄　陈经纬

第六章　张　全　徐　明

第七章　徐　捷　孔令荣

第八章　杨志明　安海峰

第九章　樊卫东

# 前　言

市场经济是信用经济，融资性担保业是社会信用体系的重要组成部分，在促进资金融通和商品流通，提升社会信用，推进金融深化，改善资源配置等方面发挥着重要作用。很多国家将融资性担保机构作为服务中小微企业发展，缓解中小微企业融资难的重要政策手段。

## 一、应市场经济之运而生，快速成长中遭遇“烦恼”

作为以融资性担保机构为主体所形成的我国融资性担保业，是随着市场经济的确立和发展应运而生的，发展中得到了中央政府及其有关部门和各级政府及其有关部门的积极推动和大力支持。从 1993 年开始起步，20 余年来已成长为一个初具规模的新兴行业。在机构建设、业务能力、承保规模和业务品种等方面取得了长足进步，在缓解中小企业融资难、促进地方经济发展和社会信用体系建设等方面发挥了积极的作用。

1993 年国务院批准成立了我国第一家专业融资性担保机构。1994 年中国人民银行发布《金融机构管理规定》，对经营融资担保业务的机构实行许可证管理。1995 年国家颁布实施《中华人民共和国担保法》、《中华人民共和国商业银行法》等法律，为广泛深入开展担保业务提供了法律保障。1999 年初，根据国务院有关文件精神，取消了融资性担保机构行业准入门槛。2000 年国务院决定加快建立以中小企业为主要服务对象的国家、省、地（市）信用担保体系，全国逐渐形成了机构类型多样化、投资主体多元化的格局。2004 年国务院明确由国家发展改革委负责对跨省区或规模较大的中小企业信用担保机构的准入实施行政许可。2008 年随着机构改革，全国中小企业信用担保体系建设工作转由工信部牵头负责。2009 年 2 月国务院重新规范了对担保行业监管对象的定义，明确以业务性质（融资性担保）而非服务对象（中小企业信用担保）作为监管对象界定的标准。

随着我国市场体制的逐步建立和市场经济的快速发展，在政策春风不断吹拂下，各级政府及其相关部门在加强融资性担保机构管理、促进行业发展方面做了大量富有成效的工作，各地融资性担保机构在规范发展、防范风险、业务创新等方面进行了许多有益的探索，在经营理念、战略定位、制度建设、业务创新、风险管理等方面都有一些积极的变化，培养了一批专业人才，经营规范性日益提高，业务运作能力逐步增强。在取消专业准入门槛后，我国担保机构在 2000 年后出现了爆发式增长。2000 年，全国各地各类担保机构约 200 余家，担保资金总量约 70 亿元。发展到 2009 年底，据各地摸底调查汇总材料，全国在工商部门登记的带有担保字样的机构约 14 000 家，其中与银行业金融机构合作开展业务的融资性担保机构约 6 500 家，融资性担保机构注册资本约 3 500 亿元，累计担保约 17 000 亿元。融资性担保业务的迅猛增长，部分缓解了中小企业融资难担保难问题；特别是 2008 年受全球金融危机影响、经济增长放缓情形下，融资性担保机构在促进中小企业和地区经济发展、扩大社会就业方面作用彰显，得到各方面充分的肯定。

同时，融资性担保行业的发展呈现了增长快、发展不平衡、多风险的特征，问题不断滋生。随着我国融资性担保机构如雨后春笋般涌现及其业务不断拓展，一些行业性问题逐渐暴露并且变得越来越突出，如法律制度不健全、行业监管不到位、担保机构业务出现大量“异化”以及风险抵御能力较弱等。这些成长中的“烦恼”的累积，增大了区域性风险隐患，造成了担保市场混乱，阻碍了行业健康发展，引起了融资性担保业及有关部门的高度重视。融资性担保业务的风险高于一般信贷风险，加上资本杠杆效应具有外部性等，决定了需要加强监管，而且对融资性担保机构风险管控能力有较高要求。只有加大改革发展和监管创新的力度，下大力气，才能促进融资性担保业尽快走向成熟和自立。

## 二、行业监管新体制确立，进入历史发展新阶段

2009年2月5日，国务院办公厅发布了《关于进一步明确融资性担保业务监管职责的通知》（国办发〔2009〕7号），决定建立由中国银监会牵头，发展和改革委、工业和信息化部、财政部、人民银行、工商总局、国务院法制办等参加的融资性担保业务监管部际联席会议。2009年4月22日，国务院在《关于同意建立融资性担保业务监管部际联席会议制度的批复》中增加了商务部作为联席会议成员单位。联席会议根据国务院的要求，在深入调研和反复论证、广泛征求各方面意见的基础上，制定了《融资性担保公司管理暂行办法》（以下简称《办法》），并经国务院同意，以七部委联合规章的形式正式发布实施，《办法》的出台为融资性担保业的发展与监管建立了基本的制度框架，对于融资性担保公司的准入管理、经营规则、风险控制以及监督管理等内容做出了一系列原则性的规定，填补了我国融资性担保机构监管制度的法制空白。上述文件的颁布与实施，标志着中国融资性担保行业监管和行业规范化发展进入了新的历史时期。新的监管体制确立以来，融资性担保业呈现出以下特点：

一是法制建设取得积极进展，行业逐渐进入规范经营轨道。融资性担保行业监管建立了以《办法》及其配套制度为基本制度、各地监管细则、有关联席会议成员单位规章和规范性文件为补充的制度体系，涵盖行业经营规则、监管规范等方面，为促进融资性担保机构合规经营及监管部门有效监管奠定了制度基础。在制度建设和贯彻执行过程中，机构合规意识逐渐增强，行业逐步进入规范经营轨道。

二是担保业务发展较快，机构实力逐步增强。在我国经济增速放缓的情况下，融资性担保业务仍实现了较快增长。截至2013年末，全行业在保余额2.57万亿元；其中，融资性在保余额2.22万亿元。同时，机构实力逐步增强，截至2013年末，注册资本10亿元以上的机构60家，比2010年末翻了一番；平均每家机构实收资本1.07亿元，年均增长12.9%；机构数量2012年增速有所放缓，2013年首次理性下降。

三是外部环境有所改善，银担合作取得进展。各地高度重视融资性担保行业的发展，纷纷出台促进行业发展的政策措施，在行业扶持、再担保、银担合作等方面积极推进，非融资性担保机构清理整顿工作进一步开展。2013年末，与融资性担保机构开展业务合作的银行业金融机构15 807家（含分支机构），自2010年起年均增长15.3%；融资性担保贷款余额1.69万亿元，年均增长23.6%。

四是坚持服务中小微企业的宗旨，服务量持续扩大。截至2013年末，中小微企业融资性贷款担保余额1.28万亿元，自2010年起年均增长22.9%，占融资性担保贷款总额的比重保持在75%以上。中小微企业单户担保贷款额度逐步提升，自2010年起年均增长9.9%，2013年末达到544万元。融资担保业有效发挥了改善小微企业融资环境的作用。

## 三、建立机构评价制度，有利于行业发展与监管

虽然近三年融资性担保业发展取得了明显成效，但行业面临的形式仍然较为复杂。由于历史原因，我国融资性担保机构总体呈现数量多、规模小、实力差距大、良莠不齐的现状。单体机构资本金规模从500万元到60亿元；单体机构年担保规模从几百万元至上千亿元；放大倍数从不足1（甚至没有开展业务）到10；机构组织形式有企业、事业及社团等形式；业务品种有的只经营融资性担保，有的同时经营非融资担保，有的还同时经营再

担保；部分机构专业化能力较低，管理水平差距较大；部分机构违法违规经营，抽逃资本金、违规运用自有资金进行投资或直接用于发放贷款，关联交易等问题严重；部分机构的风险隐患较大，影响了融资性担保业的健康发展。

《办法》及其配套措施发布实施前，融资性担保业长期缺乏信息披露制度，行业信息不透明，统计数据缺乏。银行、担保客户及行业管理部门等利益相关者往往不能得到合作融资性担保机构的真实信息，加之有些融资性担保机构业务“异化”，弄虚作假，作为信用提供者的融资性担保机构，自身信用不能得到有效证明。外界无法对融资性担保行业做出客观明确的评价，行业风险不能被有效识别，行业公信力无法得到社会认同。业内实力强、业绩好、严格自律的机构，也很难被外界有效区分。

为科学、客观地评价融资性担保业和融资性担保机构的状况，提高行业透明度和行业公信力，促进行业健康发展，加快推进《办法》及其配套制度的落实，我们对融资性担保的行业状况和机构评价方式进行了综合研究。旨在通过行业分析和评价方法分析，选择适当的评价方法和评价内容，建立适合我国融资性担保机构特点的综合评价体系和评价方式。通过评价工作的开展，进一步规范融资性担保机构经营行为，完善监管手段、提高监管效率、发挥监管导向作用，推动融资性担保机构与银行业金融机构等债权人加强业务合作，保护股东、金融市场投资者等利益相关者权益，促进行业持续健康发展，使融资性担保业真正成为服务中小微企业的不可替代的力量。

**2015 年 1 月 18 日**

# 目　录

# 第一章 导 论

第一章研究融资性担保机构评价体系建设的思路。为什么要建设融资性担保机构评价体系？其重要性和必要性何在？担保机构评价与行业发展及行业监管是什么关系？评价结果谁需要应用及如何应用？如何组织融资性担保机构评价工作及谁来进行评价？融资性担保机构评价应采用什么方法？其技术路线如何设计？评价体系如何定位？如何满足担保业务各方利益相关者的要求？评价内容包括什么？评价应从几个方面着手？如何实现对融资性担保机构全面、审慎、客观的评价？这些问题是我们开始研究前首先需要定位的基本问题，也是本书研究的主线。简言之，本书将重点围绕“为何评、为谁评、谁来评、怎么评、评什么”等核心问题和思路展开。

## 第一节 为何评——评价体系建设的意义①

担保是经济活动中保障债权实现的一项重要民事法律活动，也是市场经济条件下各种交易活动对信用和风险管理的客观要求。担保业务是一种信用增级服务，具有信用放大功能，本质上属于金融服务范畴，也是社会信用体系的重要组成部分。

担保机构在金融市场体系中主要以其自身资产及信用对债务人承担着担保责任，进行的是一种降低银行等金融机构与客户间信息不对称的信用中介活动，部分充当了银行等债权人的风险管理人及企业等债务人的信用提升人的双重角色，从而促进了交易的成功和资金的流动。为了扶持中小企业发展和缓解中小企业融资难的问题，建立中小企业融资担保体系往往成为有关国家政府普遍采用的重要制度措施。我国作为一个以间接融资为主的国家，企业融资过程中对担保也有着现实的需求。目前，中小企业融资担保仍是我国担保业的最主要业务。

---

① 本章第一节、第二节、第三节、第四节、第五节参见文海兴、徐捷、樊卫东：《构建我国融资性担保机构综合评价体系研究》，载《当代金融家》，2012（3）。

中国担保业经过近20多年的发展，在机构建设、业务能力、承保规模和业务种类等方面取得了长足进步，在缓解中小企业融资难、促进地方经济发展和社会信用体系建设等方面发挥了重要的作用。截至2012年年末，通过监管机构审查、纳入监管体系的融资性担保机构为8 590家；资产总额10 436亿元，同比增长12%，净资产总额8 886亿元，同比增长13%；担保余额21 704亿元，同比增长13.5%；融资性担保贷款余额14 596亿元，较年初增长12.3%，其中，中小企业融资性担保贷款余额11 445亿元，较年初增长15.3%，占融资性担保贷款余额的78.4%。以上情况显示：第一，融资担保法人机构数量仍很多，但是实力和规模不大；第二，目前的融资担保机构主要是面向中小企业；第三，2009年国务院确立了监管体制以后，行业总体运行平稳，机构增速理性放缓，业务规模保持较快增长；第四，融资担保潜力很大，它的作用还远远没有发挥。

同时，担保行业还存在很多发展中的问题，如："一多"（机构数量多）、"二小"（注册资本和放大倍数小）、"三不足"（业务创新、准备金提取和风险缓释措施不足），"四待提高"（人员素质、风险管理能力、合规意识和银担合作水平亟待提高）等。作为风险直接承受者的担保机构缺乏有效的风险传递和释放渠道，尚未形成政策有效支持、资本持续补充、风险有效抵补、业务健康运转的良性循环。因此，作为一个行业来看，担保行业尚处于起步发展阶段。建立有效的信息披露制度，提高行业透明度和公信力，是防范行业风险的有效保障，更是促进行业发展的重要措施。

评价行为的产生与发展是市场经济的必然产物。它往往由独立、中立的评价机构或者组织，采用规范化的程序和科学化的方法，对事项有关内容赋值进行比较分析和综合评价，并以文字分析或简单、直观的符号表示并公布其评价结果。信用评级是企业评价常用的方法之一，是揭示信用风险的有效手段，也是市场经济参与者信息披露的标准方式之一。在发达的市场经济国家，已经建立了一整套信用评级技术和标准，穆迪投资者服务公司（以下简称穆迪）、标准普尔公司（以下简称标普）、惠誉国际评级公司（以下简称惠誉）等几大评级机构占据了这一领域的很大话语权。但对其评级结果和评级体系，也出现了很多争议，这一现象在2008年全球金融危机及其后的美债、欧债危机中可见一斑。在国内，随着市场经济的发展，尤其是资本市场的发展，信用评级技术近年已有长足的进步，但总体仍处于发展阶段。

随着担保行业在我国社会经济发展中的地位和作用日益提升，市场主体对建立完善融资性担保机构评价体系的需求不断增强。在担保行业中，信用评级工作已经开展了几年，对于披露行业信息、提高行业透明度，起了积极的促进作用。但是，对于发展速度很快、监管刚刚确立的担保行业，仅进行信用评级，揭示融资性担保机构的履约能力，显然不足以全面反映行业信息。另外，国内相关主体的评级角度各异，主要考虑本地区或本部门的需求，一般能够适应所覆盖的部分机构，评级结果之间尚缺少可比性和一致性。因此，建立能够覆盖全行业担保机构、全面反映融资性担保机构综合信息的评价体系的需求日益凸显。

建立融资性担保机构综合评价体系至少有以下几个方面的意义：

## 一、引导发展方向，规范行业秩序

建立融资性担保机构标准评价体系，用统一的方法对业内机构进行综合评价，定期发布评价结果，能够使监管机构和利益相关者全面了解行业状况和融资性担保机构运行状况，有助于提高行业透明度和业内区分度，形成优胜劣汰的激励约束机制。评价结果既可以作为监管部门对担保机构进行业务监督、绩效考核、风险预警与政策扶持的重要参考依据，也可以作为银行等金融机构选择融资性担保机构、扩大业务合作的重要参考依据，更是担保机构生存发展的重要激励约束机制。建立扶优限劣、优胜劣汰的良性机制，能够使一批规范经营的融资性担保机构脱颖而出，也能够起到推动行业发展的主导作用。

## 二、促进银担合作，改善融资环境

目前，银行是融资性担保机构最主要的业务合作对象。随着融资性担保机构逐步进入金融产品担保业务领域，与基金、信托等金融机构的业务合作逐步加深。建立融资性担保机构综合评价体系有助于降低银行等金融机构与融资性担保机构业务合作的风险和成本。对融资性担保机构进行综合评价，一方面能够为金融机构选择担保机构提供重要参考依据；另一方面也能够通过搭建融资性担保机构信息平台，整合相关金融机构的担保机构业务信息，实现信息资源共享。

## 三、完善监管手段，提高监管效率

《融资性担保公司管理暂行办法》及其配套措施的颁布，建立了行业监管的基本框架。经过一年的规范整顿，第一批通过监管机构审查的融资性担保机构已先后领取了融资性担保机构经营许可证。规范整顿后，融资性担保机构在经营过程中还需按照《融资性担保公司管理暂行办法》及其配套措施的规定开展各方面工作。如按照中国银监会《融资性担保公司公司治理指引》及《融资性担保公司内部控制指引》进行公司治理、内部控制及业务风险管理；按照中国银监会《关于加强融资性担保行业统计工作的通知》、《融资性担保公司信息披露指引》、《融资性担保机构重大风险事件报告制度》进行信息披露等。建立融资性担保机构评价体系，定期进行融资性担保机构评价工作，并对行业状况进行综合分析，能够有效提高现场检查及非现场监管的有效性，提高监管效率，有助于各项监管制度的落实。

### 四、建立信息平台，保护相关权益

建立融资性担保机构标准评价体系，使全行业融资性担保机构的评价结果具有一致性和可比性，有助于保护股东、潜在投资者、金融市场投资者和客户等担保机构利益相关者权益。评价结果为股东进行业绩考核和经营导向、潜在投资者和客户选择融资性担保机构、金融市场投资者的投资决策等提供了重要的参考依据，有助于降低信息成本、提高决策效率。

## 第二节　为谁评——评价服务的对象

融资性担保机构评价的主要作用体现为服务于监管部门和各类市场主体，比如评价对象（塑造资信品牌和获得各种资源的通行证）、社会公众和投资者（根据评价的结果来制定投资决策）、资本市场债务发行者（降低发行费用和拓宽筹资渠道）、商业银行（是否发放贷款决策的依据之一）、政府和监管部门（为对监管对象的分级分类监管提供依据、加强对融资性担保机构的指导和监督、政府资金投资的重要标准）。因此，建设融资性担保机构的评价体系，提高行业透明度和业内区分度、形成优胜劣汰的激励约束机制、提高行业公信力，是促进我国担保业规范与可持续发展的需要；是银行业金融机构选择融资性担保机构、扩大业务合作的需要；也是监管部门对融资性担保机构进行业务监督、绩效考核、风险预警与政策扶持的需要。

融资性担保机构评价体系的总体研究设计规划，战略上要综合考虑担保机构、银行、财政部门等市场主体和监管部门需求的特殊性和差异性，建立多维度担保机构分类评价指标体系，进一步扩大融资性担保机构评价的覆盖面、针对性和有效性。通过规范融资性担保机构评价体系和评价行为，能够定期组织评价和发布评价结果，有步骤、分阶段建立和实施有中国特色的融资性担保机构评价体系。但考虑到担保行业处于起步发展阶段的现实特点，本书主要从引导担保行业规范发展、落实监管措施、促进与银行业合作的角度构建融资性担保机构综合评价体系。

## 第三节 谁来评——评价工作的组织

不同类别的评价工作，有其相应的组织方式。目前应用最广泛的评价类别包括企业信用等级评价、绩效评价及监管评价。企业信用等级评价，即通常所称信用评级，是对评价对象的偿债意愿和偿债能力的评价。外部评级通常由具有资质的独立信用评级机构进行，评级结果对社会公开发布；内部评级由银行等金融机构根据需要自行评价。企业绩效评价是对企业一定经营期间的经营效益和经营者业绩进行的综合评价，是企业管理的有效工具。外部评价主要由管理机构或股东等组织开展；内部评价则由企业内部相应部门进行。监管评价是监管机构考察监管对象是否符合监管要求的评价。狭义的监管评价指的是监管机构针对被监管企业进行的评价，广义的监管评价包括监管机构、自律组织等机构对行业个体进行的评价。本评价体系定位于对融资性担保机构的广义监管评价，并服务于其他管理机构及各类市场主体。

从其他市场主体评价需求的角度来看，融资性担保机构自身强调发展能力和规范性；债权人强调风险控制、客户业务效率和成本收益；政府部门特别是财政和中小企业管理部门强调对中小企业支持的广度和深度；担保公司股东和潜在投资者强调其盈利能力；监管部门强调规范与发展。相对来说，监管部门指导下由行业自律组织来组织评价体系的建设和实施，目标更为中性，可兼顾到市场参与各方面的关注点和共同点。

因此，本书积极探索在融资性担保业务监管部际联席会议指导下，在担保行业自律组织平台上组织实施，引入专业中介机构合作开展的综合评价体系，建立适合我国担保业发展现状的融资性担保机构评价体系。这一组织方式，能够更好地满足各方利益相关者的需要，并作为广义行业监管的有效措施。

## 第四节 怎么评——评价体系的建设

我国融资性担保机构评价体系的设计，需要充分考虑国内担保业各类市场主体诉求的不同，行业发展在地域、资本实力、业务范围等方面的差异化特征，以及融资性担保机构数据积累严重不足、行业基础设施建设很不完善等现实问题。事实上，近年来我国一些银行业金融机构、地方行业协会、担保机构，尤其是各地政府部门，制定出台了一些针对担保机构的评价/评级制度。通过研究至少可以得出两条结论：一是对融资性担保机构的评价，各类市场主体和政府部门需求强烈；二是现有各类评价/评级体系，虽然其中不乏实用性很强或评价技术可以借鉴的内容，但囿于角度的局限、行业缺乏统一监管、评价缺乏统一标准和组织实施，尚未达到理想的效果。

本书研究主要结合我国转型经济条件下担保业的特点，在研究和分析评价理论、评价方法及国内外对担保机构评价实践的基础上，制定评价体系建设的技术路线，选择评价方法，建立评价模型。重点进行以下几方面工作：

## 一、分析行业产生的背景

在国际上，成功的中小企业融资担保和保证担保机构起源于19世纪中叶。第一次产业革命使得西方经济发展速度大幅度提高，世界工业产值在1860年至1890年间增加了3倍，在1860年至1913年间增加了7倍；世界贸易额从1851年的6.41亿英镑上升到1880年的30.24亿英镑、1900年的40.25亿英镑和1913年的78.4亿英镑①。经济发展和市场效率的提高，对于降低交易成本和促进资金融通提出了更多的需求，为担保行业的发展创造了条件。我国从计划经济向市场经济的转变起始于20世纪80年代，至今仅有30余年的历史。因此，有市场经济的发展“世界300年、我国30年”之说。分析担保行业产生的环境，是分析担保行业发展的基础。本书第二章对我国担保业的发展环境进行了分析，包括经济环境、信用环境、法律环境及行业监管环境等。

## 二、介绍行业发展的状况

要分析我国担保业的状况，了解国际担保业的发展历程是必要的前提。本书第三章首先分析了国际担保业的起源、分类，不同类型担保业务的特点、行业协会的功能等。分类分析了中小企业融资担保、保证担

---

① ［美］斯塔夫里阿诺斯著，吴象婴等译：《全球通史：从史前到21世纪》（第7版修订版），北京，北京大学出版社，2011。

保和金融担保的业务体系、担保功能、操作特点、市场分布等，对国际担保业进行了较为全面的介绍和分析。

本书第四章分析了国内担保业的发展轨迹，包括行业发展历程及现状、担保业务运行模式、行业自律组织建设、行业特点分析等。只有进行全面的行业分析，方能了解评价对象的特点，设置合理的指标体系，从而使得融资性担保机构评价体系更具有针对性和可操作性。

## 三、进行评价方法论研究

方法论是评价体系建设的理论基础。本书第五章进行了企业评价方法论的研究，对企业评价的主要类别、评价模型、评价技术及评价方法进行了分析，研究了企业信用等级评价、绩效评价及监管评价的特点及方法，介绍了专家判断模型、统计评价模型、启发式算法模型及信用风险高级计量模型的结构及适用性，梳理了应用各种模型的分析方法，分析了评价方法选择及评价模型设计的原则，是评价体系建设的理论基础。

## 四、描述相关评价/评级方法

本书第六章重点研究了国际国内担保机构评级/评价体系的特点。在国际方面，信用评级在担保行业监管和担保机构业务运行中起着重要作用。本书重点分析了穆迪和标普对保证担保机构和金融担保机构的评级体系。在国内方面，银行、评级公司、地方政府、地方监管部门、地方担保业协会、担保机构等出于不同的目的建立了不同的担保机构评级/评价体系，以满足本单位/部门/地区对担保机构评价的要求。评级/评价目的包括业务合作、政府政策支持、监管评价、绩效评价、特定业务准入等。本书致力于全面分析和从不同的角度借鉴现有评级/评价体系，根据行业监管要求，建立融资性担保机构综合评价体系。

## 五、明确评价体系定位

本书第七章分析了融资性担保机构评价体系的定位。评价体系要适合我国现阶段担保行业的状况。我国融资性担保机构数量多，资本实力和业务能力差距很大，评价体系设计有较大难度。作为行业监管配套措施，其评价结果应具有一致性和可比性。本书将综合考虑各类担保机构情况，建立覆盖全行业担保机构、服务于所有利益相关者的融资性担保机构评价体系。

同时，评价体系要符合《融资性担保公司管理暂行办法》及其配套监管措施的相关规定，指标设置和定义，重点参考中国银监会《关于加强融资性担保行业统计工作的通知》、《融资性担保公司信息披露指引》等相关规定。

## 六、确定评价原则和方法

融资性担保机构评价要遵循全面系统、科学审慎、导向性、阶段性及持续性等基本原则。在全面收集信息的基础上实现对全行业的充分了解，对融资性担保机构进行全面系统的评价；评价过程坚持科学审慎的态度，指标选取充分考虑针对性和差异性，保证评价体系的科学性；通过发布评价结果，明确业内优劣区分，促进融资性担保机构自律，起到行业导向作用；考虑本评价体系的评价对象——融资性担保机构数量很多，评价工作可考虑分阶段进行。例如，可首先选择一定规模的融资性担保机构开展评价，也可首先选择具有某些经济特点的地区进行评价，取得经验和部分评价结果后，逐步开展全行业评价。同时，作为广义监管[①]工作的一部分，融资性担保机构评价要持续进行，原则上每年进行一次，评价体系也应根据行业变化进行阶段性调整。

采用定量分析与定性分析相结合、静态分析与动态分析相结合、绝对指标评价与相对指标评价相结合、资料分析与实地考察相结合等评价方法。考虑到融资性担保机构资产状况和业务状况差距较大，地区经济发展不平衡等因素，评价体系既要保持评价标准的一致性，又要兼顾各类机构的差异化，适当提高相对指标的比重，力求全面客观地反映不同机构的业务绩效及风险管理能力。

## 七、建立评价体系

本书研究的融资性担保机构评价体系，将应用于对全行业通过监管部门审查并获得经营许可资格的融资性担保机构的评价，成为落实《融资性担保公司管理暂行办法》及其配套措施重要工具。有别于一般信用评级体系重点揭示信用风险、评价履约能力的特点，本评价体系致力于为监管部门提供行业监管所需的担保机构的综合信息。主要包括业务绩效、风险管理能力及合规性三个方面，评价结果以分项评价和综合评价分别体现，以量化形式——百分制评分体系表示评价结果。通过对融资性担保机构进行全方位的综合评价，实现更为明确的业内各层面区分，

---

① 广义监管包括行业监管部门的监管及行业自律组织的行业自律。

体现奖优罚劣的导向性，有效控制行业风险，并为分类监管奠定基础。

## 第五节 评什么——评价体系涵盖的内容

融资性担保机构的持续稳定经营，是行业健康发展的基础。进行融资性担保机构评价的目的可以归结为提高行业透明度、促进行业健康发展，及有效落实监管措施、防范行业风险两个方面。因此，评价体系的指标设置、权重设置、评价标准设置及评价结果显示应直接体现这两个目的。评价指标主要体现为业务绩效、风险管理能力及合规性三个方面，同时考虑差异化处理，并设置限制性指标。本书第七章建立了融资性担保机构评价体系的模型框架。

### 一、业务能力及绩效

融资性担保机构担保业务绩效如何，是否能够忠实于已经确立的企业经营宗旨，在担保业务方面积极开展业务，并取得成效，是股东（尤其是国有股东）、合作机构、政府部门等利益相关者密切关心的问题，也是本评价体系重点关注的问题之一。融资性担保机构业务绩效也是担保机构的业务能力，担保业务能力是担保机构应具备的“看家”能力。没有各融资性担保机构担保主业的发展，就没有融资性担保行业的发展。对业务绩效的评价，应兼顾不同规模和不同地区的机构。大机构年新增担保额几百亿元，是业务绩效良好的表现；小机构年新增担保额可能只有几千万元，仍有可能对当地中小企业融资起到了非常积极的促进作用。此处，相对指标的应用更为重要。由统计资料可以看到，担保机构有相当一部分并未真正开展担保业务，或业务量很小，有明显的“异化”现象。这一倾向如不遏制，即使担保机构风险管理指标尚好，其潜在的风险也是显而易见的，担保行业的风险也很难控制。业务绩效不良的担保机构，有的属于缺乏做担保业务的意愿，有的属于缺乏做担保业务的能力。

业务绩效的评价涉及内容较广，主要从融资性担保公司基本情况、经营管理能力、担保业务能力、财务状况和发展能力等方面进行考察，具体会涉及资本实力、公司治理、内部控制、业务规范制定及执行、业务规模、盈利能力及发展能力等。正常运行的融资性担保机构应具备与资本规模相适应的担保业务规模运作能力、业务创新能力、发展能力和持续经营能力，并实现相应的社会效益。

## 二、风险管理能力

风险管理能力与业务能力是相辅相成的两个方面。风险管理是担保业务的功能之一，担保业务本身也是风险管理业务，担保机构通过对风险的经营和管理取得风险收益。对融资性担保机构，担保业务高风险低收益的特点决定了“风险管理是担保机构永恒的主题”，如不能有效地分散和控制风险，融资性担保机构不但不能有效盈利，持续经营也将是“可望而不可即”。对行业监管，如何识别融资性担保机构风险，设立有效的风险控制指标及预警机制，是防范行业风险以及由此引起的银行等金融机构的风险的必要措施。在担保行业快速发展且监管长期缺位和监管有效性不足的背景下，融资性担保机构风险管理能力不足或风险指标超标的情况更要引起充分的重视。

风险管理能力主要从业务风险管理及资本充足性等方面进行考察，具体涉及业务制度建设、业务组合、风险指标、资本基础、准备金充足性、资产流动性等指标。融资性担保机构经营要遵循安全性、流动性、收益性原则，对担保项目具备有力的风险控制能力，并保证充足的流动性及偿付能力。

## 三、合规性

合规性指满足《融资性担保公司管理暂行办法》及其配套措施对融资性担保机构运行设定的合规要求。在评价体系中，合规性主要是对照《融资性担保公司管理暂行办法》及其配套措施，考察融资性担保机构的担保业务、会计核算、信息披露、准备金计提及对外投资等方面是否符合监管要求。

## 四、差异化处理

融资性担保机构评价体系的主评价体系主要考虑担保机构共性因素，从业务绩效、风险管理能力及合规性三大方面进行考察。在此基础上，为兼顾机构间的差异，评价体系设置了修正指标，从区域经济环境、社会贡献、外部评价、政府支持、投资业务及兼营业务几个方面对主评价体系进行修正，使得评价体系更为完善，实现差异化处理。

## 五、限制性指标

设置限制性指标，若融资性担保机构在近两年的经营活动中存在违法、违规等事项，或存在合规性不符合监管要求等现象，其评价结果直接降级或下调为最低级别。主要限制指标包括：非法集资、非法吸收公众存款、非法放贷；诈骗银行或其他金融机构贷款；发起人、股东虚报注册资本、虚假出资或抽逃出资；股东或工作人员挪用资金；套取金融机构信贷资金高利转贷；合规性指标距监管要求差距很大；背离基本经营宗旨，不从事担保业务等。

# 第二章　担保的功能及发展环境

对融资性担保机构进行评价，首先要明确融资性担保等担保的概念，明确担保业务的功能及其在经济体系中的定位。融资性担保在我国的经济、金融体系中有其特定的作用；同时，担保业务环境对担保机构运行也有明显的影响，包括金融环境、信用环境、法律环境及行业监管环境等。本章分析担保的概念、担保业务的功能、定位及行业发展环境。

## 第一节　相关概念

### 一、担保

担保，又称合同的担保，债的担保，是促使债务人履行其债务，保障债权人的债权得以实现的法律措施。根据我国《民法通则》、《担保法》、《物权法》等相关法律的规定，担保的方式包括保证、抵押、质押、留置和定金五种。其中保证是人的担保，抵押、质押、留置和定金是物的担保。

本书所称担保指《担保法》中所称的保证。保证，即人的担保，指保证人和债权人约定，当债务人不履行债务时，保证人按照约定履行债务或承担责任的行为。保证是保证人以自身信用和不特定资产作为履行债务的担保，而不是以特定资产作为履行债务的担保。保证是第三人向债权人提供的担保，当债务人不履行债务时，债权人可以要求该第三人（保证人）承担担保责任①。

保证的方式（担保责任的方式）有两种：一般保证和连带责任保证。所谓一般保证，是指当事人在保证合同中约定，债务人不能履行债务时，由保证人承担保证责任的保证。所谓连带责任保证，是指当事人在保证合同中约定，保证人与债务人对债务承担连带责任的保证。一般保证责任和连带责任保证的主要区别在于保证人是否享有先诉抗辩权。在一般

① 魏振瀛：《民法》（第三版），北京，北京大学出版社，2007。

保证情况下，保证人享有先诉抗辩权，在主合同纠纷未经审判或仲裁，并就债务人财产依法强制执行仍不能履行债务前，保证人可以拒绝承担保证责任。在连带责任保证的情况下，保证人不享有先诉抗辩权①。当事人对保证方式没有约定或者约定不明确的，按照连带责任保证承担保证责任。

另外需要注意的是，本书所述担保是指狭义担保，即由专业担保机构向法人、自然人或其他组织提供的制度化担保，有别于包括其他法人、自然人或其他组织提供的担保（广义担保），主要包括三个要点：(1) 由专业担保机构提供，而不是由一般法人、自然人或其他组织提供的担保；(2) 这种担保是制度化的担保，即指它是在一定的政策、法律、制度、规则框架安排体系之中的，是标准化、规范化的业务；(3) 是面向社会提供的担保而不是对内部关联机构或雇员提供的担保。

## 二、融资性担保

按担保业务的性质分类，担保可分为融资性担保和非融资性担保。经营融资性担保业务的担保机构为融资性担保机构，其余担保机构为非融资性担保机构。融资性担保机构可以兼营非融资性担保业务，非融资性担保机构不能经营融资性担保业务。

中国银监会等七部委联合发布的《融资性担保公司管理暂行办法》规定："融资性担保是指担保人与银行业金融机构等债权人约定，当被担保人不履行对债权人负有的融资性债务时，由担保人依法承担合同约定的担保责任的行为。"

国际担保学院（IPCIS）② 也界定了融资担保的概念：融资担保包括保证各类贷款、租赁等金融债权实现的保证、担保、补偿和保险，由银行、信贷机构或金融机构签发，受益人为个人或法律实体，保证付款、借款偿还或交易合同的履行。融资担保的目的在于保证资金筹集和借款的到期偿还。

我国现阶段融资性担保机构承做的业务中，绝大部分是融资性担保业务。

---

① 魏振瀛：《民法》（第三版），北京，北京大学出版社，2007。

② 国际担保学院（Institute for Practitioners in Credit Insurance and Surety，IPCIS）由国际信用保险和保证协会（ICISA）、泛美担保协会（PASA）及伯尔尼联盟（Berne Union）共同组建，校址设在英国东伦敦学院。

### 三、信用担保

广义信用（从道德、伦理范畴）是指参与社会和经济活动的当事人之间建立起来的以诚实守信为基础的践约行为；狭义信用（从经济、金融、法律范畴）是指用契约关系保障本金回收和增值的价值运动，是商品货币关系下价值运动的一种特殊形式。

信用担保，也称信用保证，是担保人以自身信用提供的担保，是人的担保。担保人可以是法人，可以是自然人，也可以是其他组织，法人可以是专业担保机构也可以是其他类型法人。担保人必须具备履行担保责任的信用水平，即能够取得各方当事人的信任，有良好的履约意愿，并具有相应的资产规模和偿付能力，有对担保事项的履约能力。

信用担保中的“信用”，是狭义信用的概念，保证债务的偿还及合同的履行。担保机构所承做的信用担保业务，其“担保”也是狭义担保的范畴，应符合本节所述狭义担保的特点。

### 四、再担保业务

本书所说的再担保业务是指，由融资性担保公司作为再担保人，为其他担保机构履行保证责任向债权人提供的担保业务，即当其他担保机构不能向债权人履行保证责任时，由融资性担保公司按照约定向债权人履行保证责任的业务。换言之，再担保业务是指一家融资性担保公司为另一家融资性担保公司的担保业务提供的担保，以及为非融资性担保机构的担保行为提供的担保①。

## 第二节　担保的功能及定位

### 一、担保的功能

#### （一）保障债权实现

我国《担保法》第一条是担保法的立法宗旨，该条明确规定：“为促进资金融通和商品流通，保障债权实现，发展社会主义市场经济，制定

① 蔡鄂生主编：《〈融资性担保公司管理暂行办法〉释义》，北京，中国金融出版社，2011。

本法。”保障债权实现是担保的基本功能。

担保方介入银行与企业、企业与企业的交易之间，是担保方向第三方担保债务方履行债务合同或其他资金契约的责任和义务的经济（民事）行为。其担保效力来自于担保方的信用。融资性担保和非融资性担保均直接体现了这一功能。

（二）信用增级

在经济社会中，人与人之间、法人与法人之间、法人之外的其他组织之间，地域之间、政府之间、国家之间的信用地位是不平等的。这种不平等既是客观因素所致，也是主观条件所限。这种不平等表现为这些主体之间存在的信用差。当经济主体为实现特定的经济目的而信用不足时，客观上就需要信用增级以减少和避免信用风险，从而专业信用担保机构的信用增级作用成为必要。当债权方对债务方信用差不能认同时，则需要第三方担保的提供信用增级。只要信用差存在，对信用增级的需求就存在。信用增级提高了市场效率，降低了交易成本。由于担保机构要为其他市场主体增加信用，就要求担保机构本身必须有较高的信用，如债券担保等金融产品担保就是信用增级功能的直接体现。

（三）经济杠杆

专业担保机构具有经营和管理风险职能，能够实现合理的担保放大倍数。因此，专业担保具有经济杠杆的功能，可以提供集中、系统的担保，从而引导资金和其他经济资源的配置。当专业担保为政府利用时，就成为贯彻特定经济政策的工具。经济杠杆是专业担保的重要的功能。专业担保正是由于具有经济杠杆的功能，才能够引导社会资源、生产要素的流向，它主要是对社会资源、生产要素的动态过程，或者说是对资金融通和商品流通等提供保障。

（四）风险管理

担保机构又是专业的风险管理机构，通过承担经营风险，取得相应风险收益。从风险管理的角度看，担保是一种分散风险和转移风险的工具。与保险类似，债权人/受益人从自身风险管理的角度出发，将不计划自留的债务人/委托人的风险以担保的形式转移给担保机构，从而实现风险分散。担保机构通过风险识别、风险控制、风险分散、风险组合等方式经营和处置风险，实现风险管理的功能。由于担保业务是承担和经营风险的业务，因此要求担保机构要有很强的风险管理能力。

## 二、担保的定位

（一）担保业务属于金融业务

金融，简单地说即资金的融通，指货币流通中的信用活动及与之相联系的经济活动。广义的金融泛指一切与信用货币的发行、保管、兑换、结算、融通有关的经济活动。促进资金融通和商品流通、保障债权实现、信用增级及风险管理是担保业务的基本功能。担保业务在社会经济活动中，联系金融机构和企业等，通过提供信用增级服务，为企业等融通资金，为银行等金融机构提供风险管理的工具，使自身信用不能直接达到银行等金融机构融资信用水平的企业等获得融资，扩大生产销售；同时提高了金融机构资金的安全性，扩大了信贷等金融业务的规模。目前，担保业务涉及的金融机构包括银行、信托、券商、基金等。担保业务显然具有金融业务的特点，属于金融业务范畴。国家“十二五”规划已将其列入金融服务业。从行业监管的角度，也应参照金融行业的监管方式进行监管。

（二）担保业是社会信用体系的组成部分

市场经济是信用经济，而专业担保机构正是信用经济发展下专门经营信用产品的经济主体，信用增级是其基本功能之一。担保机构依靠自身信用及所具备的专业化风险管理能力，向信用需求者提供增信服务，保证其获得用于生存发展的必要信贷支持等，收取相应的担保费用作为提供服务的报酬。因此，担保机构在发展自身业务的同时，客观上促进了社会信用体系的拓展与深化。同时，由于我国社会信用体系尚不健全，担保机构与客户存在大量的信息不对称现象，逆向选择是担保业务面临的一大风险。为有效控制项目风险，担保机构会开展客户资信调查、资信评估、信用评级等工作，在一定程度上规范了客户信息披露方式，尤其是对小型微型企业和尚未在银行等金融机构建立融资信用企业，客观上起到了促进企业信用水平提高、降低银企等信息不对称的作用。担保业务中，担保机构与担保客户形成担保法律关系上的制约，为社会提供一种保障性较高的信用服务。

（三）中小企业融资担保具有政策性金融的性质

我国的担保业务从中小企业融资担保和促进高新技术产业化开始，截至2012年底，中小企业融资担保在融资性担保业务中仍占有78.4%的比重①。中小企业融资性担保在世界各国都是国家政策性金融的一部分，

① 数据来源：中国银监会网站，http：//www.cbrc.gov.cn。

往往用于支持中小企业/微小企业发展、支持科技创新、支持本国产品出口、支持失业人员创业、支持特定地区发展等目标，由国家提供担保基金支持并建立相应担保体系，日本、韩国、美国、加拿大、法国等国家均有相当成熟的体系和方法。国际通行的中小企业融资担保机构评价方法，除衡量其经济指标外，还要评价其社会贡献指标。在我国，随着市场经济的发展和经济结构的调整，中小企业融资问题已日益凸显。虽然银行尤其是中小银行已逐渐介入中小企业融资，但由于中小企业及微小企业信贷个性程度很高，信息不对称现象严重，仍有很多具有发展能力的企业不能直接达到银行信贷标准，国家支持中小企业和某些特定群体发展的政策需要通过担保得以实现。因此，必要的担保介入将有利于信贷分配的有效性，同时也是政府涉入经济运营、弥补“市场失灵”的必要手段。当企业借助必要的信贷支持形成一定的融资能力后，专业担保机构的信用增级就可以有所撤出，转而投向其他具成长性却缺少必要融资支持的领域。担保机构作为政策性金融体系的一部分，在进行制度构建的同时，还肩负着市场培育的责任。

## 第三节　担保业的发展环境

改革开放以来，在发展社会主义市场经济指导思想的引领下，我国经济加速发展。30 多年间，中国的 GDP 总量从 1978 年的 3 645. 2 亿元增加到 2011 年的 471 564 亿元，规模增长超过 100 倍。[①] 进入 21 世纪后，在城镇化、工业化、市场化和国际化等因素的共同作用下，我国经济继续保持较快增长，对于全球经济的拉动作用日益增强；经济市场化和国际化程度不断加深；社会信用体系建设进一步加快，信用环境持续改进；法律体系逐步完善；金融改革不断深入，金融市场快速发展。担保行业的发展环境显著改善。

从国际市场看，担保行业经过 170 多年的发展，已经形成了相对成熟的业务体系、专有技术及相应的制度规范。而中国的担保行业则是在计划经济向市场经济转型的过程中，我国确立了社会主义市场经济目标体制之后，在国家政策调整和金融改革的过程中产生的，只有 20 多年的发展历程。随着中国市场经济体制的完善和发展，市场对担保功能的需求增长明显，担保行业不断发展，并得到社会的更多关注，成为了我国多

---

① 数据来源：Wind 资讯。

层次金融体系的组成部分。

## 一、经济环境

### （一）改革开放以来的经济环境简述

20 世纪 80 年代以来，我国一些重大的改革措施相继出台，市场机制在资源配置上的作用越来越大，信用关系逐步成为市场运行的重要规则。金融作为经济运行中的血液，改革也势在必行。1979 年，中国农业银行和中国银行从中国人民银行分设出来。1983 年，中国工商银行和中国建设银行也相继独立出来。中国人民银行不再从事商业性经营活动，而是主管国家的宏观金融政策，保持货币稳定。随着改革的深入，各类市场主体逐渐发展起来，个体经济和私营经济在需求旺盛和政府政策的大力扶持下不断发展壮大，包括中国人民保险公司、中国国际信托投资公司等非银行金融机构崛起。

1992 年，中共十四大确立了建立社会主义市场经济体制的目标。1993 年 11 月，中共十四届三中全会通过了《关于建立社会主义市场经济体制若干问题的决定》。从 1992 年初开始，财税、金融、外汇、外贸、计划和投资等一系列的体制改革不断深化。在一系列改革措施下，金融市场不断发展和规范。1990 年底，上海证券交易所成立，1991 年 7 月，深圳证券交易所正式成立。这标志着中国股票市场正式开始运行，之后股票市场迅猛发展。中国债券市场和货币市场也在不断规范中发展壮大。在外汇市场上，1994 年实现汇率并轨，即形成全国统一的浮动汇率。1996 年，实现在经常项目下人民币的自由兑换。

在计划经济条件下，维系企业间、企业与银行间、企业与政府间的协调，基本不是靠信用，而是靠行政指令和纪律。因此，计划经济中是不需要担保行为的。而在计划经济向市场经济转型过程中，产权主体由一元向多元化转变，企业的市场机制作用越来越突出，产生了利用信用扩大规模和利益的需求。所以说，市场经济给担保行业提供了成长的土壤，担保业务和担保机构的产生，正是市场经济条件下各种交易活动对信用和风险管理的客观要求。1993 年，经国务院批准设立了首家全国性专业担保机构——中国经济技术投资担保有限公司（后更名为中国投融资担保有限公司）成立。

1997 年，中国共产党第十五届代表大会提出了经济发展和制度变迁的方向，包括调整和完善所有制结构，加快推进国有企业改革；完善分配结构和分配方式；充分发挥市场机制作用，健全宏观调控体系，等等。

政府实施了扩大内需和防范金融风险的经济政策，同时加强金融监管。

进入21世纪以后，中国社会主义市场经济体制改革进一步深入，并取得突破性进展。资本、技术和劳动力等要素市场进一步规范和发展。2002年，中国的国债市场、股票市场和基金市场都已经取得了显著进步。房地产市场成为拉动投资的一个重要力量，对GDP的贡献率越来越大。同时，中国进一步融入世界经济体系。2001年，中国正式加入世界贸易组织（WTO），成为其第143个成员。

2002年，中国共产党第十六届代表大会提出了全面建设小康社会的奋斗目标，我们要在本世纪头二十年，集中力量，全面建设惠及十几亿人口的更高水平的小康社会，使经济更加发展，民主更加健全，科教更加进步，文化更加繁荣，社会更加和谐，人民生活更加殷实。要全面建设小康社会，根本方略是坚持以经济建设为中心，不断解放和发展生产力。

2006年，中国第十一个国民经济和社会发展五年规划审议通过。"十一五"规划要求必须不断深化改革开放。要坚持社会主义市场经济的改革方向，完善现代企业制度和现代产权制度，建立反映市场供求状况和资源稀缺程度的价格形成机制，更大程度地发挥市场在资源配置中的基础性作用，提高资源配置效率，切实转变政府职能，健全国家宏观调控体系。

2007年，涉及经济的立法大步前进，《企业所得税法》、《物权法》、《反垄断法》、《劳动合同法》、《就业促进法》等法律陆续出台，为建设完善的社会主义市场经济体制提供了坚实基础。

2008年以来，由于自然灾害和国际金融危机的影响，中国经济受到重大考验。作为三驾马车之一的出口急剧下降，经济活动的主体中小企业经营困难。在促进投资和消费的要求下，中国政府推出了一揽子计划，有效地拉动了经济增长，使中国率先走出了金融危机的阴霾。在此过程中，作为国家扶持中小企业政策的重要内容，中央和地方加大了对担保机构的支持力度，担保功能受到重视，我国担保行业进入了快速发展和规范发展阶段。

（二）"十一五"（2006—2010年）期间的经济环境

1. "十一五"期间的经济环境。

（1）经济保持较快增长。"十一五"前期，我国经济快速增长，2006年GDP同比增长12.7%，2007年加速到14.2%。2008年，受国际金融危机的巨大冲击和影响，GDP同比增速陡然回落到9.6%。为此，我国出台了应对国际金融危机的一揽子计划，经济增速在世界各国中实现率先回升，2009 年 GDP 同比增长 9.2%，2010 年进一步回升到 10.3%，明显快于世界主要国家的平均增速。2006—2010 年，GDP 年均实际增长 11.2%，比“十五”时期的年均增速提高 1.4 个百分点。

（2）经济总量不断迈上新台阶。2010 年，我国国内生产总值达到 397 983 亿元，扣除价格因素，比 2005 年大幅增长 69.9%。经济总量居世界位次稳步提升。2008 年，我国国内生产总值超过德国，位居世界第三位；2010 年，我国超过日本，成为仅次于美国的世界第二大经济体。我国经济增长对世界经济的贡献不断提高。特别是 2008 年国际金融危机爆发后，在世界主要经济体均面临负增长或停滞困境时，中国经济依然保持了相当高的增速并率先回升，成为世界经济复苏的重要拉动力。

（3）内需拉动作用显著增强。国内需求对经济增长的贡献率大幅提高，特别是在应对国际金融危机冲击中，扩大内需政策起到了关键作用。2006—2010 年，国内需求对经济增长的贡献率分别为 83.9%、81.9%、91.0%、138.9% 和 92.1%。2009 年，在外需对经济增长为负贡献的情况下，国内需求增长有效弥补了外需下降的影响，对经济增长的贡献率高达 138.9%。与 2005 年相比，2010 年我国国内需求对经济增长的贡献率提高了 15.2 个百分点。

“十二五”期间，我国经济仍将保持较快增长。从国际环境看，国际金融危机导致的急剧动荡逐渐缓解，发达经济体逐步复苏，世界经济有望恢复增长。从国内环境看，消费升级和城镇化将进一步加快，收入分配改革力度加大，转变发展方式和调整经济结构步伐加快，国家大力扶持战略性新兴产业、鼓励和引导民间投资、促进区域协调发展，经济持续增长的动能较为充足。

与此同时，经济发展依然面临诸多挑战。一方面，世界经济运行中的不稳定因素仍然较多，全球经济新的增长点还不明朗，加之受制于财政债务、企业和家庭去杠杆化等因素影响，复苏进程仍将艰难曲折。另一方面，国内经济结构调整压力加大，资源环境约束强化，改善民生任务艰巨，经济发展的协调性、可持续性和内生动力需要进一步增强。

2. “十一五”期间的金融环境。

“十一五”时期，是我国金融改革发展历程中极不平凡的五年。在此期间，金融市场快速发展，金融机构改革取得重大进展，金融监管日趋

强化，利率、汇率市场化步伐加快，征信管理和服务稳步推进，有力支持和促进了国民经济持续健康发展。担保作为多层次金融体系的一部分，更多地得到了社会的关注。

（1）金融机构改革取得重大进展，综合实力大幅提高。“十一五”期间，大型金融机构股份制改革基本完成，政策性金融机构改革不断推进。国有商业银行、保险公司先后完成股份制改造和上市，国家开发银行已由政策性银行改造成股份制商业银行，中国进出口银行和中国出口信用保险公司改革方案基本完成，中国农业发展银行改革工作正式启动，金融资产管理公司商业化改革不断加快。2010 年年末，我国银行业资产总额达 95. 3 万亿元，比 2005 年大幅增长了 154%，实现净利润 8 991 亿元；保险公司资产总额 5. 05 万亿元，比 2005 年大幅增长了 230%；证券公司资产总额 1. 97 万亿元，比 2005 年大幅增长了 590%，净利润 775. 57 亿元；基金管理公司基金份额达 2. 42 万亿元，比 2005 年大幅增长了 5 倍；信托公司管理资产规模达 3. 04 万亿元。

（2）金融市场快速发展，直接融资比重呈上升趋势。“十一五”时期，为改变企业融资过度依赖银行贷款的失衡状况，拓宽企业融资渠道，我国大力发展直接融资，加快多层次金融市场体系建设。五年来，金融市场规模快速增长、产品种类不断创新、市场结构不断优化。2010 年，股票和企业债券融资规模比重达 19. 3%，比 2005 年提高了 3. 4 个百分点。债券市场特别是非金融企业债券市场迅猛增长，2010 年债券市场累计发行债券 5. 2 万亿元（不含人民银行票据），比 2005 年大幅增长 3. 6 万亿元。其中，非金融企业债券①累计发行 16 812 亿元，比 2005 年大幅增长 722%。2006—2010 年，我国境内股票筹资 2. 84 万亿元，证券化率由 2005 年的 17. 5% 跃升至 2010 年的 70. 8%。截至 2010 年底，沪深股市总市值达到 26. 54 万亿元，相当于 2005 年的 8. 2 倍；A 股市场流通市值占比由 2005 年底的 32. 8% 上升到 2010 年底的 71. 9%，我国股票市场已从部分流通的市场发展成为统一的全流通市场。

（3）金融监管日趋强化，金融创新实现重大突破。“十一五”期间，我国初步建立了以“一行三会”（人民银行、银监会、证监会和保监会）分业监管和风险资本监管框架为核心的金融监管体系。银监会按照“分类实施、分层推进和分布达标”的原则，逐步实施《巴塞尔新资本协

---

① 包括企业债、短期融资券、中期票据、中小企业集合票据、可转债、可分离债和公司债等。

议》；2008 年 7 月，保监会发布《保险公司偿付能力管理规定》，引入保险公司资本充足率概念，提出根据偿付能力状况对保险公司进行分类监管；2009 年 5 月，证监会发布《证券公司分类监管规定》，进一步完善了以净资本为核心的风险监管框架。2008 年爆发的国际金融危机凸显现行国际金融监管的诸多缺陷，美国、欧盟、英国和国际清算银行等主要国家和国际组织开始反思和调整现行金融监管理念、体系和方法。为此，我国已着手对现行金融监管框架进行相应调整，逐步建立宏观审慎监管和微观审慎监管相结合的金融监管框架。五年来，我国金融创新不断取得重大突破。主要表现为：金融机构综合经营步伐加快，短期融资券、中期票据、集合票据、可分离债等企业债券创新产品相继推出，股指期货、融资融券、中小板、创业板等股票市场创新相继实现重大突破，资产证券化和私募基金等快速发展。

（4）利率、汇率市场化步伐加快。“十一五”期间，在“贷款利率管下限，存款利率管上限”的基础上，我国进一步推进利率市场化改革，构建货币市场基准利率，建立健全市场利率体系。2007 年上海银行间市场拆放利率（Shibor）正式运行并逐步确立在货币市场利率体系中的基准地位；2008 年 10 月，商业银行利率自主定价空间进一步扩大。2010 年 6 月，在 2005 年汇改的基础上进一步推进汇率形成机制改革，核心是坚持以市场供求为基础，参考一揽子货币进行调节，继续按照已公布的外汇市场汇率浮动区间，对人民币汇率浮动进行动态管理和调节。汇率形成机制改革以来，人民币汇率弹性逐步增强，汇率形成的市场基础逐步扩大。

（5）征信管理和服务稳步推进。“十一五”以来，中国人民银行已建立全国统一的企业和个人信用信息基础数据库，地方信用体系建设取得一定成效，中小企业和农村信用体系建设取得重大进展，为解决中小企业融资难和农户贷款难问题发挥了积极作用。截至 2010 年 10 月底，全国累计补充完善中小企业信息 211.8 万户，其中 14.3 万户中小企业获得银行贷款，贷款余额 26 325 亿元。截至 2010 年 9 月末，共为 1.27 亿农户建立了信用档案，对 8 037 万农户进行了信用评定，其中 7 254 万户获得贷款，贷款余额为 1.24 万亿元。

### （三）金融业发展和改革“十二五”规划

2012 年 9 月，经国务院批准，中国人民银行、中国银行业监督管理委员会、中国证券监督管理委员会、中国保险监督管理委员会、国家外汇管理局联合发布了《金融业发展和改革“十二五”规划》。

该《规划》指出，“十二五”时期我国金融业发展和改革的主要目标是：金融服务业保持平稳较快增长，社会融资规模适度增长。金融结构调整取得明显进展，直接融资占社会融资规模比重显著提高。市场在金融资源配置中的基础性作用进一步增强，利率市场化改革取得明显进展，人民币汇率形成机制进一步完善，人民币资本项目可兑换逐步实现，多层次金融市场体系进一步完善。金融机构改革进一步深化，大型金融机构现代企业制度逐步完善，创新发展能力和风险管理水平明显提升，金融机构国际竞争力进一步增强。金融服务基本实现全覆盖，坚持金融服务实体经济的本质要求，支持科技创新和经济结构调整的力度进一步加大。金融风险总体可控，金融机构风险管理能力持续提升，系统性金融风险防范预警体系、评估体系和处置机制进一步健全，存款保险制度等金融安全网制度基本建立。

2011 年 4 月，银监会发布了《中国银行业监督管理委员会关于中国银行业实施新监管标准的指导意见》。该《指导意见》指出，“十二五”规划纲要明确提出参与国际金融准则新一轮修订，完善我国金融业稳健标准。2010 年 12 月 16 日，巴塞尔委员会发布了《第三版巴塞尔协议》（Basel Ⅲ），并要求各成员经济体两年内完成相应监管法规的制定和修订工作，2013 年 1 月 1 日开始实施新监管标准，2019 年 1 月 1 日前全面达标。《第三版巴塞尔协议》确立了微观审慎和宏观审慎相结合的金融监管新模式，大幅度提高了商业银行资本监管要求，建立全球一致的流动性监管量化标准，将对商业银行经营模式、银行体系稳健性乃至宏观经济运行产生深远影响。

实施新监管标准的总体目标是：借鉴国际金融监管改革成果，根据国内银行业改革发展和监管实际，构建面向未来、符合国情，与国际标准接轨的银行业监管框架，推动银行业贯彻落实“十二五”规划纲要，进一步深化改革，转变发展方式，提高发展质量，增强银行业稳健性和竞争力，支持国民经济稳健平衡可持续增长。

实施新监管标准的指导原则是：（1）立足国内银行业实际，借鉴国际金融监管改革成果，完善银行业审慎监管标准；（2）宏观审慎监管与微观审慎监管有机结合；（3）监管标准统一性和监管实践灵活性相结合；（4）支持经济持续增长和维护银行体系稳健统筹兼顾。

## 二、法律环境

市场经济是法治经济。改革开放后，由于市场经济发展迫切需要规定一些民事（经济）活动的基本行为准则，在这种条件下，我国于1986年制定并颁布了《民法通则》，基本上概括了经济活动（法律上称为民事活动）的一般行为准则，是规范担保行为的基本法律。为进一步规范信用行为，促进资金融通和商品流通，1995年10月，国家颁布实施了《担保法》。2000年12月，最高人民法院制定了《关于适用〈担保法〉若干问题的解释》。2007年3月，第十届全国人民代表大会第五次会议通过了《物权法》，吸收、补充和修改了《担保法》。从而初步形成了以《民法通则》、《合同法》、《物权法》为基本法，以《担保法》为核心，以《最高人民法院关于适用〈担保法〉若干问题的解释》等为补充的担保法律体系。另外，已颁布的多项法律中都包含涉及担保业务及担保机构运行的内容。国务院及融资性担保部际联席会议、银监会、工业和信息化部、财政部等政府部门也出台了多项担保行业相关法规、规章及政策。[①]

已颁布并实施的担保行业主要相关法律、法规、规章、政策及司法解释如下[②]：

（一）相关法律

《中华人民共和国商标法》（1982年8月23日第五届全国人民代表大会常务委员会第二十四次会议通过　根据1993年2月22日第七届全国人民代表大会常务委员会第三十次会议《关于修改〈中华人民共和国商标法〉的决定》第一次修正　根据2001年10月27日第九届全国人民代表大会常务委员会第二十四次会议《关于修改〈中华人民共和国商标法〉的决定》第二次修正）

《中华人民共和国专利法》（1984年3月12日第六届全国人民代表大会常务委员会第四次会议通过　根据1992年9月4日第七届全国人民代表大会常务委员会第二十七次会议《关于修改〈中华人民共和国专利法〉的决定》第一次修正　根据2000年8月25日第九届全国人民代表大会常务委员会第十七次会议《关于修改〈中华人民共和国专利法〉的决定》第二次修正　根据2008年12月27日第十一届全国人民代表大会常务委员会第六次会议《关于修改〈中华人民共和国专利法〉的决定》第三次修正）

《中华人民共和国会计法》（1985年1月21日第六届全国人民代表大

① 参考文海兴：《融资性担保业法制建设的完善》，载《当代金融家》，2011（1）。

② 蔡鄂生主编：《〈融资性担保公司管理暂行办法〉释义》，北京，中国金融出版社，2011。

会常务委员会第九次会议通过　根据 1993 年 12 月 29 日第八届全国人民代表大会常务委员会第五次会议《关于修改〈中华人民共和国会计法〉的决定》修正　1999 年 10 月 31 日第九届全国人民代表大会常务委员会第十二次会议修订）

《中华人民共和国民法通则》（1986 年 4 月 12 日第六届全国人民代表大会第四次会议通过）

《中华人民共和国中外合作经营企业法》（1988 年 4 月 13 日第七届全国人民代表大会第一次会议通过　根据 2000 年 10 月 31 日第九届全国人民代表大会常务委员会第十八次会议《关于修改〈中华人民共和国中外合作经营企业法〉的决定》修正）

《中华人民共和国著作权法》（1990 年 9 月 7 日第七届全国人民代表大会常务委员会第十五次会议通过　根据 2001 年 10 月 27 日第九届全国人民代表大会常务委员会第二十四次会议《关于修改〈中华人民共和国著作权法〉的决定》第一次修正　根据 2010 年 2 月 26 日第十一届全国人民代表大会常务委员会第十三次会议《关于修改〈中华人民共和国著作权法〉的决定》第二次修正）

《中华人民共和国科学技术进步法》（1993 年 7 月 2 日第八届全国人民代表大会常务委员会第二次会议通过 2007 年 12 月 29 日第十届全国人民代表大会常务委员会第三十一次会议修订）

《中华人民共和国公司法》（1993 年 12 月 29 日第八届全国人民代表大会常务委员会第五次会议通过　根据 1999 年 12 月 25 日第九届全国人民代表大会常务委员会第十三次会议《关于修改〈中华人民共和国公司法〉的决定》第一次修正　根据 2004 年 8 月 28 日第十届全国人民代表大会常务委员会第十一次会议《关于修改〈中华人民共和国公司法〉的决定》第二次修正　2005 年 10 月 27 日第十届全国人民代表大会常务委员会第十八次会议修订）

《中华人民共和国城市房地产管理法》（1994 年 7 月 5 日第八届全国人民代表大会常务委员会第八次会议通过　根据 2007 年 8 月 30 日第十届全国人民代表大会常务委员会第二十九次会议《关于修改〈中华人民共和国城市房地产管理法〉的决定》修正）

《中华人民共和国中国人民银行法》（1995 年 3 月 18 日第八届全国人民代表大会第三次会议通过　根据 2003 年 12 月 27 日第十届全国人民代表大会常务委员会第六次会议《关于修改〈中华人民共和国中国人民银行法〉的决定》修正）

《中华人民共和国票据法》（1995 年 5 月 10 日第八届全国人民代表大会常务委员会第十三次会议通过　根据 2004 年 8 月 28 日第十届全国人民代表大会常务委员会第十一次会议《关于修改〈中华人民共和国票据法〉的决定》修正）

《中华人民共和国商业银行法》（1995 年 5 月 10 日第八届全国人民代表大会常务委员会第十三次会议通过）

《中华人民共和国担保法》（1995 年 6 月 30 日第八届全国人民代表大会常务委员会第十四次会议通过）

《中华人民共和国合伙企业法》（1997 年 2 月 23 日第八届全国人民代表大会常务委员会第二十四次会议通过　2006 年 8 月 27 日第十届全国人民代表大会常务委员会第二十三次会议修订）

《中华人民共和国村民委员会组织法》（1998 年 11 月 4 日第九届全国人民代表大会常务委员会第五次会议通过　2010 年 10 月 28 日第十一届全国人民代表大会常务委员会第十七次会议修订）

《中华人民共和国证券法》（1998 年 12 月 29 日第九届全国人民代表大会常务委员会第六次会议通过　根据 2004 年 8 月 28 日第十届全国人民代表大会常务委员会第十一次会议《关于修改〈中华人民共和国证券法〉的决定》修正　2005 年 10 月 27 日第十届全国人民代表大会常务委员会第十八次会议修订）

《中华人民共和国合同法》（1999 年 3 月 15 日第九届全国人民代表大会第二次会议通过）

《中华人民共和国个人独资企业法》（1999 年 8 月 30 日第九届全国人民代表大会常务委员会第十一次会议通过）

《中华人民共和国中小企业促进法》（2002 年 6 月 29 日第九届全国人民代表大会常务委员会第二十八次会议通过）

《中华人民共和国证券投资基金法》（2003 年 10 月 28 日第十届全国人民代表大会常务委员会第五次会议通过）

《中华人民共和国企业破产法》（2006 年 8 月 27 日第十届全国人民代表大会常务委员会第二十三次会议通过）

《中华人民共和国农民专业合作社法》（2006 年 10 月 31 日第十届全国人民代表大会常务委员会第二十四次会议通过）

《中华人民共和国物权法》（2007 年 3 月 16 日第十届全国人民代表大会第五次会议通过）

《中华人民共和国就业促进法》（2007 年 8 月 30 日第十届全国人民代

表大会常务委员会第二十九次会议通过）

《中华人民共和国企业国有资产法》（2008 年 10 月 28 日第十一届全国人民代表大会常务委员会第五次会议通过）

《中华人民共和国侵权责任法》（2009 年 12 月 26 日第十一届全国人民代表大会常务委员会第十二次会议通过）

《中华人民共和国社会保险法》（2010 年 10 月 28 日第十一届全国人民代表大会常务委员会第十七次会议通过）

《中华人民共和国民事诉讼法》（1991 年 4 月 9 日第七届全国人民代表大会第四次会议通过　根据 2007 年 10 月 28 日第十届全国人民代表大会常务委员会第三十次会议《关于修改〈中华人民共和国民事诉讼法〉的决定》修正）

《中华人民共和国农村土地承包经营纠纷调解仲裁法》（2009 年 6 月 27 日第十一届全国人民代表大会常务委员会第九次会议通过）

《中华人民共和国劳动争议调解仲裁法》（2007 年 12 月 29 日第十届全国人民代表大会常务委员会第三十一次会议通过）

《中华人民共和国刑法修正案（六）》（2006 年 6 月 29 日第十届全国人民代表大会常务委员会第二十二次会议通过）

（二）相关法规、规章及政策

1. 国务院

《非法金融机构和非法金融业务活动取缔办法》（国务院令第 247 号　1998 年 7 月 13 日）

《国务院关于投资体制改革的决定》（国发〔2004〕20 号）

《国务院关于鼓励支持和引导个体私营等非公有制经济发展的若干意见》（国发〔2005〕3 号）

《国务院关于修改〈国务院对确需保留的行政审批项目设定行政许可的决定〉的决定》（国务院令第 548 号　2009 年 1 月 29 日）

《国务院关于同意建立融资性担保业务监管部际联席会议制度的批复》（国函〔2009〕50 号）

《国务院关于 2009 年深化经济体制改革工作的意见》（国发〔2009〕26 号）

《国务院关于进一步促进中小企业发展的若干意见》（国发〔2009〕36 号）

《国务院关于鼓励和引导民间投资健康发展的若干意见》（国发〔2010〕13 号）

2. 国务院办公厅

《国务院办公厅转发国家经贸委关于鼓励和促进中小企业发展若干政策意见的通知》（国办发〔2000〕59号）

《国务院办公厅转发发展改革委等部门关于加强中小企业信用担保体系建设意见的通知》（国办发〔2006〕90号）

《国务院办公厅关于加快发展服务业若干政策措施的实施意见》（国办发〔2008〕11号）

《关于当前金融促进经济发展的若干意见》（国办发〔2008〕126号）

《国务院办公厅关于进一步明确融资性担保业务监管职责的通知》（国办发〔2009〕7号）

3. 融资性担保部际联席会议

《融资性担保业务监管部际联席会议关于认真贯彻落实〈融资性担保公司管理暂行办法〉的通知》（融资担保发〔2010〕1号）

4. 银监会

《关于银行业金融机构与担保公司开展合作有关问题的通知》（银监办发〔2009〕57号）

《关于当前调整部分信贷监管政策促进经济稳健发展的通知》（银监发〔2009〕3号）

《关于进一步加大对科技型中小企业信贷支持的指导意见》（银监发〔2009〕37号）

《融资性担保公司董事、监事、高级管理人员任职资格管理暂行办法》（银监会令〔2010〕6号）

《关于印发〈融资性担保机构重大风险事件报告制度〉的通知》（银监发〔2010〕75号）

《关于印发〈××省（自治区、直辖市）融资性担保行业××××年度发展与监管情况报告〉和〈××机构概览〉编写说明的通知》（银监发〔2010〕76号）

《关于印发〈融资性担保机构经营许可证管理指引〉的通知》（银监发〔2010〕77号）

《关于〈加强融资性担保行业统计工作〉的通知》（银监发〔2010〕80号）

《关于〈加强融资性担保贷款统计和有关资料转送工作〉的通知》（银监发〔2010〕95号）

《关于印发〈融资性担保公司公司治理指引〉的通知》（银监发

〔2010〕99 号）

《关于印发〈融资性担保公司信息披露指引〉的通知》（银监发〔2010〕100 号）

《关于印发〈融资性担保公司内部控制指引〉的通知》（银监发〔2010〕101 号）

《关于促进银行业金融机构与融资性担保机构业务合作的通知》（银监发〔2011〕17 号）

5. 工业和信息化部

《关于中小企业信用担保体系建设有关工作的通知》（工信部企业〔2008〕187 号）

《关于支持引导中小企业信用担保机构加大服务力度缓解中小企业生产经营困难的通知》（工信部企业〔2008〕345 号）

《关于做好缓解当前生产经营困难保持中小企业平稳较快发展有关工作的通知》（工信部企业〔2009〕1 号）

《关于中小企业信用担保机构免征营业税有关问题的通知》（工信部联企业〔2009〕114 号）

6. 财政部

《金融企业财务规则》（财务部令第 42 号　2006 年 12 月 7 日）

《关于印发〈中小企业融资担保机构风险管理暂行办法〉的通知》（财金〔2001〕77 号）

《关于加强地方财政部门对中小企业信用担保机构财务管理和政策支持若干问题的通知》（财金〔2003〕88 号）

《关于印发〈金融企业财务规则——实施指南〉的通知》（财金〔2007〕23 号）

《财政部　工业和信息化部关于印发〈中小企业发展专项资金管理办法〉的通知》（财企〔2008〕179 号）

《关于中小企业信用担保机构有关准备金税前扣除问题的通知》（财税〔2009〕62 号）

《关于印发〈中小外贸企业融资担保专项资金管理暂行办法〉的通知》（财企〔2009〕160 号）

《关于地方财政部门积极做好融资性担保业务相关管理工作的意见》（财金〔2010〕23 号）

《中小企业信用担保资金管理暂行办法》（财企〔2010〕72 号）

7. 中国人民银行

《境内机构对外担保管理办法》（中国人民银行令第 3 号　1996 年 9 月 25 日）

《关于印发〈关于加强和改进对小企业金融服务的指导意见〉的通知》（银发〔1997〕379 号）

《中国人民银行、财政部、国家经贸委、劳动和社会保障部关于印发〈下岗失业人员小额担保贷款管理办法〉的通知》（银发〔2002〕394 号）

《中国人民银行、财政部、国家发展和改革委员会、劳动和社会保障部关于〈下岗失业人员小额担保贷款管理办法〉有关问题的补充通知》（银发〔2003〕134 号）

《中国人民银行　财政部　劳动和社会保障部关于改进和完善小额担保贷款政策的通知》（银发〔2006〕5 号）

《关于中小企业信用担保体系建设相关金融服务工作的指导意见》（银发〔2006〕451 号）

《中国人民银行征信管理局关于开展信用担保机构信用评级工作的通知》（银征信〔2007〕48 号）

《中国人民银行、财政部、人力资源和社会保障部关于进一步改进小额担保贷款管理，积极推动创业促就业的通知》（银发〔2008〕238 号）

《中国人民银行、中国银行业监督管理委员会关于进一步加强信贷结构调整促进国民经济平稳较快发展的指导意见》（银发〔2009〕92 号）

《中国人民银行　财政部　银监会　保监会　林业局关于做好集体林权制度改革与林业发展金融服务工作的指导意见》（银发〔2009〕170 号）

《中国人民银行、银监会、证监会、保监会关于进一步做好中小企业金融服务工作的若干意见》（银发〔2010〕193 号）

《中国人民银行、中国银行业监督管理委员会关于印发〈融资性担保公司接入征信系统管理暂行规定〉的通知》（银发〔2010〕365 号）

8. 国家工商行政管理总局

《动产抵押登记办法》（国家工商行政管理总局令第 30 号　2007 年 10 月 17 日）

《工商行政管理机关股权出质登记办法》（国家工商行政管理总局令第 32 号　2008 年 9 月 1 日）

《注册商标专用权质权登记程序规定》（工商标字〔2009〕182 号）

9. 建设部

《房屋登记办法》（建设部令第 168 号　2008 年 2 月 15 日）

10. 国土资源部

《土地登记办法》（国土资源部令第40号　2007年12月30日）

11. 国家税务总局

《关于中小企业信用担保、再担保机构免征营业税的通知》（国税发〔2001〕37号）

《关于外商投资企业从事贷款担保业务计提坏账准备问题的批复》（国税函〔2005〕850号）

12. 国家外汇管理局

《境内机构对外担保管理办法实施细则》（汇政发字〔1997〕第10号）

《关于境内机构对外担保管理问题的通知》（汇发〔2010〕39号）

《关于支付涉外担保费有关处理原则的通知》（汇发〔2000〕105号）

（三）司法解释

《最高人民法院关于贯彻执行〈中华人民共和国民法通则〉若干问题的意见》（1988年1月26日最高人民法院审判委员会讨论通过）

《最高人民法院关于适用〈中华人民共和国担保法〉若干问题的解释》（2000年9月29日最高人民法院审判委员会第1133次会议通过）

《最高人民法院关于处理担保法生效前发生保证行为的保证期间问题的通知》（法〔2002〕144号）

《最高人民法院关于审理经济合同纠纷案件有关保证的若干问题的规定》（法发〔1994〕8号）

《最高人民法院关于适用〈中华人民共和国民事诉讼法〉若干问题的意见》（法发〔1992〕22号）

《最高人民法院关于在经济审判工作中严格执行〈中华人民共和国民事诉讼法〉的若干规定》（法发〔1994〕29号）

## 三、信用环境

市场经济是信用经济。社会信用体系是市场经济体制中的重要制度安排。市场经济越发达就越要求诚实守信，越要求有序的信用交易。西方发达国家正是顺应这种趋势，较早地建立了信用管理体系，形成了信用环境和信用秩序，用信用活动有力地促进了经济发展。发展中国家也普遍出现了信用活动快速发展的趋势。①

---

① 吴晶妹：《现代信用学》，北京，中国人民大学出版社，2009。

经过三十多年的改革开放，我国经济已经步入社会主义市场经济的轨道。我国的社会信用体系建设工作始于20世纪90年代初期，以国务院发布的《关于在全国范围内开展清理“三角债”工作的通知》为标志，这是我国第一次在国务院文件中提出社会信用问题。随后，1993年的《企业财务通则》和《企业会计准则》、1994年的《公司法》、1995年的《商业银行法》、《担保法》和《仲裁法》、1999年的《合同法》等都对于信用问题从不同侧面进行了规定。在此期间，出现了各类信用中介机构，如信用评估、信用评级、征信、市场调查、商账追收及信用保险、信用担保等。信用中介机构从不同角度推动了市场经济的发展，对我国社会信用体系建设起了积极的促进作用。我国的担保行业也起步于这一时期。

进入21世纪后，我国的社会信用体系建设加速发展。2002年，中国人民银行企业信贷登记咨询系统实现全国跨省市联网。2005年8月，中国人民银行发布了《个人信用信息基础数据库管理暂行办法》，是我国第一部全国性的有关个人征信的规章。2005年9月，中国信息协会信用信息服务专业委员会成立，意味着我国信用服务业从分散经营、盲目竞争到联合经营、协调发展有了一个良好的开端。2006年1月，全国集中统一的个人信用信息基础数据库建成并正式运行。2008年5月9日，中国人民银行征信中心在上海举行揭牌仪式，统一负责企业和个人征信系统的建设、运行和管理。2010年6月26日，企业和个人征信系统成功切换至上海运行，并正式对外提供服务。截至2011年7月底，全国统一的企业和个人征信系统已经为7.9亿自然人和1 790多万户企业建立了信用档案。同时，各类信用中介机构的业务领域不断拓展，国外信用机构也在与国内信用机构开展合作并积极开拓业务领域。

我国政府对社会信用体系建设给予了高度重视。在2004年十届人大二次会议上，温家宝总理在政府工作报告中提出：“要加快社会信用体系建设，抓紧建立企业和个人信用信息征集体系、信用市场监督管理体系和失信惩戒制度。”由此，构建国家层面的社会信用体系工作开始启动。中国共产党第十六次全国代表大会报告中明确提出要“健全现代市场经济的社会信用体系”。十六届三中全会通过的《中共中央关于完善社会主义市场经济体制若干问题的决定》提出“形成以道德为支撑、产权为基础、法律为保障的社会信用制度是建设现代市场体系的必要条件，也是规范市场经济秩序的治本之策”。“十一五”规划提出了以完善信贷、纳税、合同履约、产品质量的信用记录为重点，加快建设社会信用体系。

2007 年，国务院出台了《关于社会信用体系建设的若干意见》（国办发〔2007〕17 号），为我国在今后一段时期内大力开展社会信用体系建指明了方向。“十二五”规划再次强调建立健全覆盖全社会的征信系统。

总体来看，随着市场经济的逐步深化，我国的社会信用体系也在不断完善。我国的信用中介服务行业已经初具雏形；地方社会信用体系建设的试点也已经积累了一些经验；以政府部门为主体的信用信息披露系统和以社会中介为主体的信用联合征信体系开始起步并得以不断推进；失信惩罚机制逐渐形成。但由于我国市场经济体制建立的时间相对较短，社会信用体系发育程度不高，还远远不能达到市场经济的发展要求。

我国社会信用体系建设存在的问题主要包括：一是信用立法滞后，法律法规不健全；二是信用信息的市场开放度低，缺乏企业和个人信息的正常获取途径；三是信用中介组织发展缓慢，中介服务的市场化程度不高；四是缺乏信用激励和惩罚制度，尤其是对失信行为缺少严格、明确的惩罚规定。当前，恶意拖欠和逃废银行债务、逃骗偷税、商业欺诈、制假售假、非法集资等行为屡禁不止。中国银行业协会与普华永道在 2011 年 10 月联合发布的《中国银行家调查报告（2011 年）》显示，七成银行家不满社会信用环境。

2012 年 12 月 26 日国务院第 228 次常务会议通过了《征信业管理条例》，2013 年 1 月 21 日中华人民共和国国务院令第 631 号公布，并于 2013 年 3 月 15 日起施行。《征信业管理条例》是我国首部征信业法规，它的出台，解决了长期以来征信业发展无法可依的问题，有利于加强征信市场管理，规范征信机构、信息提供者和信息使用者的行为，保护信息主体权益。加快建设社会信用体系建设，打击失信行为，维护社会经济秩序，对于发展社会主义市场经济具有重要的意义。

## 四、监管环境

担保业务属于金融业务范畴，有效的行业监管是保证行业健康发展、防范金融风险的必要措施。随着行业发展及经济金融环境的变化，我国担保业的监管方式经历了几个不同阶段。

### （一）行业管理部门

1993 年 12 月，中国经济技术投资担保公司成立时，由中国人民银行管理，是非银行金融机构。1994 年 8 月中国人民银行发布《金融机构管理规定》，该规定明确：金融机构包括信用担保公司，融资担保业务属于金融业务，并对其实行金融许可证制度。未取得许可证者，一律不得经营金融业务。

担保机构不由中国人民银行管理后，担保行业管理部门变化如下①：

1999 年 1 月，国务院专题会议确定由财政部作为行业主管部门，牵头起草行业管理办法。随后，国家经贸委设立中小企业司，大力推动在全国设立中小企业贷款担保机构的工作，其他有关部委和地方政府也从各自的职能出发，分别制定了一些部门规章和指导意见。

2004 年国务院依照《中华人民共和国行政许可法》和行政审批制度改革的有关规定，在对行政审批项目全面清理的基础上，发布了《国务院对确需保留的行政审批项目设定行政许可的决定》（国务院令第 412 号），在行政许可目录第 12 项明确规定由国家发展改革委实施跨省区或规模较大的中小企业信用担保机构设立与变更审批。

2006 年 11 月，国务院确定由国家发展改革委牵头全国中小企业信用担保体系建设工作。2008 年，随机构改革，相关工作转由工业和信息化部牵头负责。

2009 年 1 月，国务院发布了《国务院关于修改〈国务院对确需保留的行政审批项目设定行政许可的决定〉的决定》（国务院令第 548 号），明确将行政许可第 12 项的项目名称由"跨省区或规模较大的中小企业信用担保机构设立与变更审批"修改为"融资性担保机构的设立与变更审批"，将实施机关由国家发展改革委改为省、自治区、直辖市人民政府确定的监管部门。国务院对行政许可新的修改决定不仅调整了实施机关，将有关审批权下放到地方政府，而且在监管事项上具有新的含义：一是扩大了被监管机构的范围，由跨省区或规模较大的中小企业信用担保机构扩展为所有地域、各种规模的融资性担保机构；二是规范了监管对象的行业分类，以业务性质（融资性担保）而非服务对象作为监管对象界定的标准。

2009 年 2 月，《国务院办公厅关于进一步明确融资性担保业务监管职责的通知》（国办发〔2009〕7 号）确定，国务院建立融资性担保业务监管部际联席会议，赋予其研究制订促进融资性担保业务发展的政策措施、拟订融资性担保业务监督管理制度、协调相关部门共同解决融资性担保业务监管中的重大问题、指导地方人民政府对融资性担保业务进行监管和风险处置等职责。国办发〔2009〕7 号文件同时规定，融资性担保机构

① 蔡鄂生主编：《〈融资性担保公司管理暂行办法〉释义》，北京，中国金融出版社，2011。

实行省（区、市）人民政府属地管理。省（区、市）人民政府按照“谁审批设立，谁负责监管”的原则确定监管部门，具体负责本辖区担保机构的准入、退出、日常监管和风险处置，并负责向融资性担保业务监管部际联席会议报告工作。

（二）实施行业监管的目的

制定《融资性担保公司管理暂行办法》及其配套措施，实施行业监管的目的主要在于：

一是加强对融资性担保公司的监督管理。融资性担保行业具有高信用风险、高杠杆率所带来的放大效应等风险特性，需要实施行业审慎监管，以最大限度地发挥其积极效能并减少可能产生的负外部性。我国融资性担保行业长期缺乏有效监管，缺乏准入与退出管理、董事、监事、高管人员与从业人员的资格管理、日常经营的审慎性监管、违规行为的处罚等。很多担保机构风险管理意识薄弱，业务流程不完善，决策机制不健全，内部管理不规范，风险计量不科学，缺乏有效的识别、计量、评估和防控风险的管理体系和内部操作规程。从总体上看，我国融资性担保行业目前还处在起步发展阶段的优化整合期，其公司治理和专业化水平还比较低，特色化、精细化管理还比较欠缺，部分机构的单体风险比较突出，亟待加强监督管理。《融资性担保公司管理暂行办法》进一步明确了监管体制和监管要求，强化监管工作，促进融资性担保行业风险管理体系的建设，防范化解融资性担保业务风险，保护银行业金融机构等债权人、客户、投资人的合法权益，提高银行业金融机构等债权人对融资性担保机构的认可度，更好地适应社会经济发展的需要。

二是规范融资性担保机构经营行为。规范融资性担保公司经营行为、保障融资性担保公司稳健运行，是制定本《融资性担保公司管理暂行办法》最直接的目的。规范融资性担保机构经营行为尤其是担保行为，就是为了保障融资性担保公司运行安全，最大限度地降低经营风险。为了保障融资性担保机构的稳健运行，首先，明确规定在融资性担保公司的设立、变更、终止上要严格审查批准；其次，对融资性担保公司开展融资性担保业务制定基本规则，提出了更高的要求；最后，对融资性担保公司的资本金运用、准备金提取与使用、代偿、信息报送与披露等情况加强监督管理，明确融资性担保公司的违法经营活动的法律责任。从监管与法律责任方面作出规定是保障融资性担保公司稳健运行的重要措施。

三是促进融资性担保行业健康发展。规范融资性担保行为，加强对融资性担保公司的监督管理，保障融资性担保公司的稳健运行，其主要目的在于促进融资性担保公司健康发展，更好地发挥其增信和中介等作用，更有效地配置社会资金用于经济建设，尤其是破解中小企业融资难及担保难问题。随着对融资性担保公司经营规范化的推进和监管的逐步到位，与外部政策环境的改善相互呼应，将促进融资性担保行业走上健康发展的轨道，进一步发展和完善我国的信用体系。

（三）行业监管的内容

担保行业的监管工作具体体现在以下几个方面①：

1. 机构准入监管。国办发〔2009〕7号文件规定，“省、自治区、直辖市人民政府按照‘谁审批设立、谁负责监管’的要求，确定相应的部门根据国家有关规定和政策，负责本地区融资性担保机构的设立审批、关闭和日常监管”。监管部门依照法律、法规和《融资性担保公司管理暂行办法》规定的条件和程序，审查批准融资性担保公司的设立、变更、终止以及业务范围。

2. 对人的监管。包括对董事、监事、高管任职资格监管及从业人员资格认定。监管部门对融资性担保公司的董事、监事、高级管理人员实行任职资格管理。首先，设立融资性担保公司，应当具有具备任职专业知识和业务工作经验的董事、监事、高级管理人员。其次，融资性担保公司更换董事、监事、高级管理人员时，应当报经监管部门审查其任职资格。从业人员任职资格认定工作尚未开始，有待于在下一步的工作中逐步完善。

3. 融资性担保业务和其他业务的业务监管。国办发〔2009〕7号文件规定，“地方监管部门要切实负起监管责任。严格依照规定的设立条件审批融资性担保机构，对未经审批擅自开展融资性担保业务的，要坚决予以取缔。加强对融资性担保机构的日常监管，对可能产生的风险实行定期排查和实时监控，对从事违法违规活动的融资性担保机构要依法予以处罚，情节严重的，责令其停止相关业务，直至取消其从事融资性担保业务资格。同时，要引导融资性担保机构建立风险预警和应急机制，切实防范融资性担保风险”。《融资性担保公司管理暂行办法》规定了融资性担保公司应当遵守的经营规则和风险控制的强制性规定，规定了融资性担保公司的担保、投资业务的基本规则，规定了融资性担保公司不得从事违法活动等内容。这些规定为监管部门对融资性担保公司遵守担保和其他业务的基本规则的情况进行监督管理，提供了法律依据。

① 中国银监会网站，http：//www.cbrc.gov.cn。

4. 财务状况监管。融资性担保公司应当依照法律等有关规定，建立、健全财务、会计制度，及时向有关方面报送年度财务会计报告，定期公布经营业绩和审计报告；按照有关规定，提取各项准备金、冲销代偿损失等。监管部门等在对融资性担保公司进行监督管理时，应当着重审查融资性担保公司的资产负债表、损益表、表外或有资产与或有负债以及其他财务会计、统计报表和资料等，防止融资性担保公司弄虚作假、隐瞒其业务活动和财务状况。

5. 客户合法权益保护的监管。融资性担保公司办理担保业务，应当按有关规定合理确定担保费率等。对客户办理担保业务时提供的反担保措施，如客户提供的保证金或抵押或质押，融资性担保公司解除担保责任后，如未涉及代偿，应当及时向客户退还保证金或解除有关的抵押或质押。同时，融资性担保公司应当为客户保密。对融资性担保公司进行监督管理时，应当着重审查融资性担保公司是否履行了上述义务。

（四）主要监管工作情况

以2010年至2012年主要监管工作情况为例。2010年，融资性担保业务监管部际联席会议和各省（区、市）人民政府及其融资性担保机构监管部门（地方监管部门）坚持规范与发展并重的指导思想，开展了全行业规范整顿工作。监管工作主要体现在以下几个方面：一是监管体制初步确立，行业监管逐渐步入规范轨道。各省（区、市）人民政府及时明确监管部门及工作职责，并陆续出台《融资性担保公司管理暂行办法》实施细则。二是制度建设取得重要进展，初步建立行业规范发展和审慎监管制度框架，先后制定出台了《融资性担保公司管理暂行办法》相关多项配套制度。三是融资性担保机构经营管理逐渐规范，风险管控能力有所加强。规范整顿工作2011年3月底基本完成，符合条件的融资性担保机构领取了《融资性担保机构经营许可证》。四是融资性担保机构实力增强，业务发展较快。注册资本1亿元（含）以上的占融资性担保机构总数的40.4%，2 000万元以上的占80%。五是银担合作有所改善，为中小企业提供融资性担保的业务量增长幅度较大。2012年末，融资性担保贷款余额14 596亿元，较年初增长12.3%。

2011年以来，融资性担保行业完成全面规范整顿，监管制度体系不断完善，风险防范化解力度不断加强。主要体现在：一是全面完成规范整顿，为行业健康发展奠定基础。通过融资性担保机构规范整顿，提升规范了融资性担保行业的准入门槛，一批相对较为规范的融资性担保机构取得经营许可证，一定程度上净化了行业环境，规范了经营行为、明确了监管对象、锻炼了监管队伍，行业地位和形象有所提升，银担合作的基础和环境有所改善，促进了融资性担保行业的规范有序发展。二是深入推进制度建设，监管制度体系不断完善。联席会议进一步完善以《融资性担保公司管理暂行办法》为核心的融资性担保行业规章制度体系，就融资性担保机构跨省设立分支机构、再担保机构管理、保证金监管、资本金运用等问题进行深入调研和论证，已下发了《关于规范融资性担保机构客户担保保证金管理的通知》，从制度上消除客户保证金被挪用的风险隐患，进一步完善制度建设，促进融资性担保机构健康发展。三是积极研究行业发展的政策措施，为行业健康发展创造环境。联席会议制定出台了《关于促进银行业金融机构与融资性担保机构业务合作的通知》，通过促进和规范银担合作，推动融资性担保行业依法合规经营、健康发展。国务院办公厅转发了银监会等八部门《关于促进融资性担保行业规范发展的意见》，对融资性担保行业“十二五”期间的发展进行了较为系统的规划，提出了明确的目标和措施，为行业可持续健康发展创造良好的内外部环境。四是加大风险提示，加强风险防范化解。针对融资性担保机构的风险问题，联席会议高度重视，加大风险提示指导力度，积极稳妥推进风险化解，督促各地建立健全风险预警和应急机制，及时报告处理重大风险事件。并在全国范围内开展银担合作风险自查和抽查，防范化解银担合作风险隐患，促进银担合作健康可持续发展。五是进一步建立完善监管机制，监管队伍得到锻炼和提高。如联席会议 2011 年组织融资性担保监管专题培训、统计制度培训以及大型融资性担保机构高管人员培训等，进一步明确了地方监管部门的监管职责，推动其工作重心逐步从准入为主转移到加强日常监管，提高了地方监管部门的监管执行力和监管有效性，为行业监管队伍的建设和有效监管机制的建立打下了良好的基础。

2012 年，联席会议推动地方监管部门进一步完善制度建设，开展风险排查，加强日常监管，妥善处置风险，实现了融资性担保行业的平稳运行和稳步发展。监管的工作主要体现在以下几方面：一是完善制度建设，推进监管规范化。联席会议出台《关于规范融资性担保机构客户担保证金管理的通知》（融资担保发〔2012〕1 号），加强客户保证金的规范与管理工作。为促进相关制度的完善和相关工作的提升，联席会议组织开展有关《融资性担保公司管理暂行办法》、行业统计报表制度修订等立法调研及其他调研工作，积极推进监管工作的制度化、规范化。二是加强风险提示，推动风险事件妥善处置。联席会议对部分地区或领域

存在的风险隐患高度重视，2012年先后11次向地方政府和有关部门发出风险提示函，提升了各地政府和监管部门的风险防范意识，督促各地积极采取有效措施。针对广东、北京、河南、江苏、河北、内蒙古、安徽等地陆续出现的风险事件，联席会议积极应对，及早介入，指导督促地方政府稳妥处置风险事件。三是开展全面风险排查，严守不发生系统性区域性风险的底线。去年，联席会议为督促各地监管部门堵塞风险漏洞、排除风险隐患，下发了《关于部分融资性担保机构违法违规经营的提示和开展风险排查的函》，在全国范围内部署了风险排查工作，重点对资本金不实、挪用或占用客户保证金、实际控制人及关联交易等问题进行排查和风险预警。文件下发后，及时召开了全国融资性担保监管工作会议，对风险排查工作进行部署和培训，9月份又分别召开了四个片区现场督导会，督促和指导各地切实做好风险排查工作。四是积极研究非融资性担保机构清理整顿问题。联席会议对全国非融资性担保机构有关情况进行了摸底调查，并与担保业务相关部门及部分监管部门、非融资性担保机构进行了座谈，认真研究了国内外担保机构发展和监管的有关情况，对清理整顿非融资性担保机构的必要性和可行性进行了研究论证。

# 第三章　国外担保业起源与发展

国际担保业已有170余年历史，经历了几个繁荣和萧条相互交替的经济周期，逐渐形成了较为成熟的品种和规范的操作模式。我国担保业尚处于起步发展阶段，有其独特经济环境背景和行业特点。全面分析国际担保业的发展和现状，有助于我们提高对我国担保行业特点的全面认识，从而为建设适合我国现阶段担保机构特点的评价体系构建基础。

## 第一节　担保业分类与起源

### 一、担保业务的分类

国际担保业务主要分为三大类，即中小企业信用担保、金融担保及保证担保，每大类又分为若干品种。不同类别的担保业务在经济体系中的作用不同，业务操作方式、风险度、风险特点均有明显差别，由不同类型的担保机构分别运行，监管方式亦不相同。

担保业务主要品种分布见表3－1。

**表3－1　　国际主要担保业务品种**

| | |
|---|---|
| 中小企业信用担保（Credit Guarantee） | 流动资金担保 |
| | 创业资金担保 |
| | 对特定地区或特定人群的担保 |
| | 支持国家特定政策的担保 |
| 金融担保（Financial Guaranty Insurance） | 债券担保 |
| | 结构化融资担保 |
| 保证担保（Surety Bonds） | 工程保证 |
| | 忠诚保证 |
| | 司法保证 |
| | 海关保证 |
| | 特许经营保证 |

中小企业信用担保是间接融资担保，在信贷市场运行，是担保机构/担保基金为中小企业、微小企业或特定人群向银行/贷款机构提供的融资担

保。有明显的政策性，不以盈利为目的，实际多提供给小型/微型企业，不提供给已具备银行融资信用的企业。目的在于支持中小企业发展、促进就业、支持特定地区及人群的发展、支持出口等。其担保机构的资金来源多为国家及地区财政、企业集团或金融机构捐款等。

金融担保是对金融产品提供的担保，是直接融资担保，在资本市场运行。金融担保是市场行为，以盈利为目的，由单线金融担保机构（Monolines）承做。金融担保诞生在美国，随金融创新和金融衍生品的迅速发展而发展，成为金融产品发行（如债券）及金融产品交易（如 MBS、CDO 等）环节的增信手段。金融担保也是融资担保，但其与银行及贷款机构融资担保的业务结构及风险特点均有很大不同。

保证担保是非融资担保，主要由专业担保机构承做，保险公司及银行也承做此项业务。保证担保业务是市场行为，以盈利为目的。国际专业担保机构只承做保证担保，中小企业融资担保及金融担保均不承做。保证担保品种很多，表 3 - 1 所示是保证担保的最主要品种，其中工程保证是第一大品种，忠诚保证是第二大品种。保证担保业务有国际通行的操作方式，多数国家有相应立法，在很大程度上降低了逆向选择的风险。

## 二、担保业务的起源

### （一）中小企业信用担保（Credit Guarantee）

中小企业信用担保是担保机构为中小企业向银行或其他金融机构提供的融资担保。中小企业融资难是一个世界各国普遍遇到的问题，中小企业融资担保作为政策性金融的一部分，是扶持中小企业发展的一项重要社会经济政策。世界上大多数国家和地区已经建立专门的担保机构/担保基金，正规的中小企业信用担保机构/担保基金的历史可以追溯到 19 世纪。比利时的一家担保基金成立于 1848 年，目前仍然从事着担保业务。

### （二）保证担保（Surety Bonds）

世界上第一家作为保证人而成立的公司出现于英国，向上流社会提供仆人忠诚担保，规模较小。1840 年成立的英国担保协会被认为是第一家成功的担保公司。美国 19 世纪后半叶成立的早期担保公司也以公务员担保和忠诚担保为主要业务。20 世纪初随着经济的发展，工程保证担保逐渐显示出成长力，第二次世界大战后的四五十年代，工程保证担保成为北美和欧洲担保公司的最主要担保业务。

### （三）金融担保（Financial Guaranty Insurance）

与其他两类担保业务相比，金融担保历史较短。金融担保业起源于美国，最初从事市政债券担保业务。1971 年，美国市政债保证公司（American Municipal Bond Assurance Corporation，AMBAC 担保公司的前身）成立，并开出了第一份市政债券保函，标志着金融担保业的诞生。此后的40 年中，随着金融创新的快速推进，金融担保业发展迅速。银行“脱媒化”的加剧、机构投资者对低风险证券需求的增长和新巴塞尔协议的实施，不断推动了金融担保业的发展。

## 第二节　中小企业信用担保（Credit Guarantee）

中小企业信用担保是政策性金融的一部分，其担保功能主要体现在，担保机构以自身信用为中小企业增信，使一部分自身实力不能达到银行融资信用水平的企业得到融资，同时保证银行等债权人的债权实现。

为了有效缓解中小企业融资难的问题，扶持中小企业发展，建立中小企业融资担保体系是世界各国普遍采用的重要制度措施。基于中小企业融资担保的高风险性、公共性和外部性，商业担保机构一般不从事中小企业融资担保业务，各国政府设立专门机构开展中小企业融资担保业务。中小企业融资担保机构在世界各地分布很广，表3 –2 为世界各地小型、微型企业贷款担保机构的分布情况，该表统计的担保机构数据没有包括中国。

**表3 –2　小型、微型企业贷款担保机构在世界不同地区的分布状况**

| | OECD 及其类似地区 | 中欧和东欧 | 前苏联 | 中东 | 拉丁美洲 | 加勒比 | 亚洲 | 非洲 | 总数 |
|---|---|---|---|---|---|---|---|---|---|
| 目前有担保基金的国家和地区 | 23 | 7 | 2 | 3 | 15 | 5 | 11 | 19 | 85 |
| | 85% | 64% | 13.5% | 18% | 71% | 50% | 36% | 42% | 48% |
| 没有担保基金的国家 | 1 | 1 | 2 | 2 | 2 | 1 | 2 | 3 | 14 |
| | 4% | 9% | 13.5% | 12% | 10% | 10% | 6% | 7% | 8% |
| 不能确定的国家 | 2 | 3 | 11 | 12 | 4 | 4 | 18 | 22 | 76 |
| | 7% | 27% | 73% | 70% | 19% | 40% | 58% | 49% | 43% |
| 担保基金已停止的国家和地区 | 1 | 0 | 0 | 0 | 0 | 0 | 0 | 1 | 2 |
| | 4% | 0% | 0% | 0% | 0% | 0% | 0% | 2% | 1% |
| 国家和地区总数 | 27 | 11 | 15 | 17 | 21 | 10 | 31 | 45 | 177 |
| 担保基金总数 | 32 | 12 | 2 | 3 | 37 | 6 | 22 | 32 | 146 |

注：1. 资料来源：莎拉·格雷等著，中国国际经济技术交流中心、中国经济技术投资担保有限公司、北京大学中国中小企业促进中心译.《小型/微型企业担保基金操作指南》，北京，经济科学出版社，2002。

2. 表中某些国家拥有一个以上担保基金。以上所列出的百分比代表所涉及的国家和地区数与该区域国家和地区总数的百分比。

因具体国情不同，各国中小企业融资担保体系在资金运作方式、操作模式和担保目标等方面也有所不同。以下重点分析具有代表性的美国、日本、韩国、欧洲、部分发展中国家的中小企业融资担保体系，及国际中小企业融资担保的一般操作模式。

## 一、美国小企业贷款担保体系

根据覆盖范围和扶持对象不同，美国小企业贷款担保体系分为三个层面：一是由小企业管理局直接操作的全国性小企业贷款担保体系；二是由地方政府操作的区域性专业担保体系；三是社区性担保体系。

1953 年，美国小企业管理局（The U. S. Small Business Administration，SBA）成立，其主要职能是为小企业提供资金援助、管理和技术支持，提供取得政府合同的机会及其他服务；通过直接发放贷款和贷款担保的方式为小企业融资提供援助。

美国小企业贷款担保制度属于政府机构操作型、权责制的中小企业融资担保体系。美国小企业管理局营运资金来源于三方面：财政部贷款、一定比例的财政补贴、借贷双方缴纳的手续费。从资金运作方式来看，美国小企业管理局以事前承诺作为保证的事后补偿，一般对协作银行采取授信管理，发生损失后由银行向其申请补偿；美国小企业管理局对单个企业的单笔担保贷款最高金额为 100 万美元，担保比例为 75% ~80%；全美约有 4 000 多家银行与美国小企业管理局建立了贷款担保合作关系。2012 财年年末，美国小企业管理局小企业贷款和贷款担保余额 1 026 亿美元（详见图 3 -1）。

### （一）美国小企业管理局担保业务方法

1. 服务对象。

贷款担保的对象为符合小企业划分标准的企业。小企业的标准由美国小企业管理局规模标准办公室根据“标准行业分类码”确定。该分类码系统基于企业雇员的人数或企业的销售额对行业和行业内各经营类别做了相应的代码归类。

2. 贷款用途。

美国小企业管理局规定的担保贷款用途广泛，主要包括：（1）创业的基本开支；（2）购置机械设备；（3）购买土地；（4）建造或改建营业场所；（5）改善所租借的营业场所；（6）购买存货；（7）支付给供货商；（8）对公司债务进行重新融资；（9）为承包业务所付的雇员工资；（10）支付季节性活动所增加的开支。

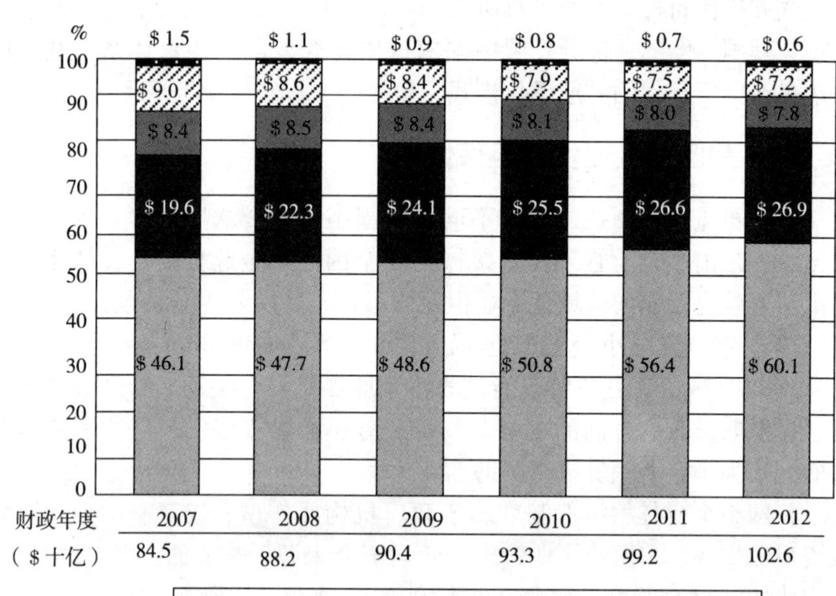


资料来源：美国小企业管理局。

**图 3－1　2007—2012 财年美国小企业局贷款和贷款担保组合未清偿余额分布情况**

3. 担保贷款金额。

贷款担保的种类不同，贷款担保的金额也不相同。美国小企业管理局对单个企业的单笔担保贷款最高金额为 100 万美元。

4. 担保贷款期限。

贷款用于购置不动产，最长为 25 年；添置机器设备，最长为 10 年；流动资金贷款，通常为 7 年。

5. 担保的风险比例。

美国小企业管理局对全部的贷款实行比例担保，对单笔在 10 万美元以下的贷款，担保其本金的 80%；单笔在 10 万美元以上的贷款，担保其本金的 75%。同时，要求贷款人不得对美国小企业管理局没有担保的那部分贷款设置其他的担保。回收的贷款在美国小企业管理局和贷款人之间按担保风险比例分摊。例如：美国小企业管理局为某小企业 10 万美元的贷款提供担保，担保比例为 80%，贷款人应对 10 万美元的 20% 免担保。贷款到期 60 天后，小企业尚有欠款 5 万美元，美国小企业管理局向

贷款人代偿5万美元的80%即4万美元。代偿后，小企业局和贷款人作为共同贷款人向企业追偿。任何一方追回的款项，按美国小企业管理局80%、贷款人20%的比例分摊。

6. 担保贷款的利率。

担保贷款利率以公布利率为基础利率，不是基于商业银行自定的利率。利率的制订以贷款期限为基础：贷款期限在7年以下的，利率为基础利率上浮2.25%；贷款期限在7年或更长的，贷款利率为基础利率上浮2.75%。

7. 担保费。

担保费率平均为担保金额的2%，由贷款人在美国小企业管理局批准担保后的90天内一次性支付。但这笔费用最终由贷款担保的申请人即小企业承担。例如：美国小企业管理局批准同意为某小企业从贷款人处贷款100万美元提供担保，担保比例为75%，担保费率为2%，则担保费=贷款金额（100万美元）×担保比例（75%）×担保费率（2%）=1.5万美元。贷款人应在美国小企业管理局批准担保后的90天内，向美国小企业管理局交付担保费1.5万美元。某小企业取得贷款时，贷款人将担保费从贷款金额中扣除，小企业实际取得资金98.5万美元。

8. 贷款担保的品种。

美国小企业管理局根据不同小企业的资金需求，并结合对贷款人的业绩考核，逐步推出不同的贷款担保品种。（1）普通贷款担保计划；（2）“特别”的7a贷款子计划，包括优先贷款人计划、简化文件贷款计划、SBA特别贷款计划、社区专用贷款计划、特许开发公司计划等。

（二）贷款人及担保项目审查

1. 贷款人审查。

为保证贷款人尽职尽责的工作，美国小企业管理局要求贷款人以对待非小企业局担保贷款的同样方式来对待美国小企业管理局担保的贷款。贷款人不得对同一个小企业发放其他贷款，除非美国小企业管理局能够了解这些贷款。美国小企业管理局对贷款人实施管理首先是审查其是否符合政策，即审查贷款人的贷款操作是否符合SBA的要求和相关法律的规定。

对贷款人的工作业绩的考核与审查，是美国小企业管理局对贷款人管理的重点。考核与审查的主要内容包括：

（1）贷款人每年发放的贷款金额；

（2）哪些类型的企业取得了美国小企业管理局的担保贷款；

（3）贷款违约的频率；

（4）为支持某贷款人的活动，给美国小企业管理局造成的费用是多少；

（5）在美国小企业管理局所担保的所有贷款担保中，某贷款人所占的比例；

（6）在美国小企业管理局所担保的所有发生代偿的贷款中，某贷款人所占的比例；

（7）代偿款占全部贷款的比率：此比率的全国平均水平，其他贷款人水平，超过平均水平的原因。

通过对贷款人业绩的考核与审查，美国小企业管理局将业务开展状况好的贷款人列为“优先贷款人”。对于经营担保贷款业务不良的贷款人，美国小企业管理局将向其提出警告，直至与其解除合作协议。

2. 担保项目审查。

美国小企业管理局的担保贷款只向小企业（法人）发放。小企业必须准备一份企划书，阐述企业运作方式、与竞争对手相比的相同点和不同点、资金的流动方式、产品和服务的定价方式等。

美国小企业管理局严格按照信用（Credit）、品性（Character）、资本实力（Capital）、企业能力（Capacity）、抵押物（Collateral）的“五 C”原则，对担保项目进行评审。评审的主要内容包括：

（1）资格审查，即对企业类型、资金需求和贷款用途进行审查。

（2）财务报表审查。美国小企业管理局从银行公会获得与申请人所属行业、企业规模都相似的典型企业的财务数据，与申请人提供的财务报表进行比较分析。

（3）企业管理方面的审查，包括管理者的受教育水平、工作经验和工作动力，以及如果核心经理人离职，是否有其他人可以替代其工作。

（4）反担保措施的审查，即审查申请担保的小企业以及其他企业，是否有可作为反担保的有价值的资产。同时，拥有该企业 20% 或更多股份的股东必须签署文件，表明如企业债务不能得到按时足额的偿付时，将以个人身份承担还款责任。贷款如果被用来购置资产，这些资产必须被抵押作为反担保措施。

## 二、日本信用保证体系[①]

在世界各国和地区中，日本最早建立了中小企业信用保证体系，为中

① 文海兴、许晓征：《日本信用保证业发展的经验》载《中国金融》，2011（8）。

小企业提供融资担保，迄今已有七十年历史，逐步形成了具有社会化功能的信用保证体系，对支持中小企业融资发挥了不可替代的作用。20世纪30年代日本工业和金融部门遭遇空前的经济萧条，中小企业受到严重冲击，在融资方面遇到极大困难，融资成本极高。政府开始采取措施通过信用保证体系的建立提升中小企业信用，为中小企业融资提供支持。1937年东京信用保证协会建立，1939年京都信用保证协会建立，1942年大阪信用保证协会建立，直到1952年日本各都道府县按行政区划相应成立了共52家地方信用保证协会。1953年，日本颁布《信用保证协会法》，确立了信用保证协会的法律地位，明确了信用保证会不以盈利为目的，以中小企业为服务对象，实施公共信用保证的政策性金融机构的职能。1955年，日本改组了信用保证协会联合会（设立于1951年），成为协调各地信用保证协会及其与政府关系的重要机构。1958年7月，日本政府依据《中小企业信用保险公库法》，设立了全国性的小企业信用保险公库，1999年中小企业信用保险公库被并入新成立的中小企业金融公库（JASME），2008年中小企业金融公库被并入新成立的日本金融公司（JFC），初步建立了信用补完制度①，形成了中央、地方和金融机构共担风险，担保与再保险有机结合的信用保证体系。

日本信用保证体系由信用担保体系和信用保险体系组成（详见图3-2），属于市场操作型、实收制的中小企业融资担保体系。52家地方信用保证协会（CGC）为中小企业贷款或发债提供担保；日本金融公司（JFC）所属的中小企业金融部门为地方信用保证协会的中小企业融资担保提供70%、80%、90%比例不等的再保险。政府通过建立基本财产制度、信用保险制度、融资基金制度和损失补偿金补助制度，向地方信用保证协会提供资本金、贷款、财政补贴，损失补偿等，在增强担保机构的资金实力、分摊担保风险等多个方面保障信用补充体系发挥作用。从银担合作来看，协作银行向地方信用保证协会提供资本金，与其建立风险共担机制，地方信用保证协会为协作银行中小企业贷款本金80%提供担保，协作银行承担贷款本金20%的风险；地方信用保证协会将保证金存入协作银行，作为损失事前保证，在提高协作银行向中小企业贷款能力的同时，降低中小企业贷款利率。

1. 日本地方信用保证协会（CGCs）。

日本共有52家地方信用保证协会，地方信用保证协会相当于我国的

---

① 信用补完制度是信用保险制度和信用保证制度统称。

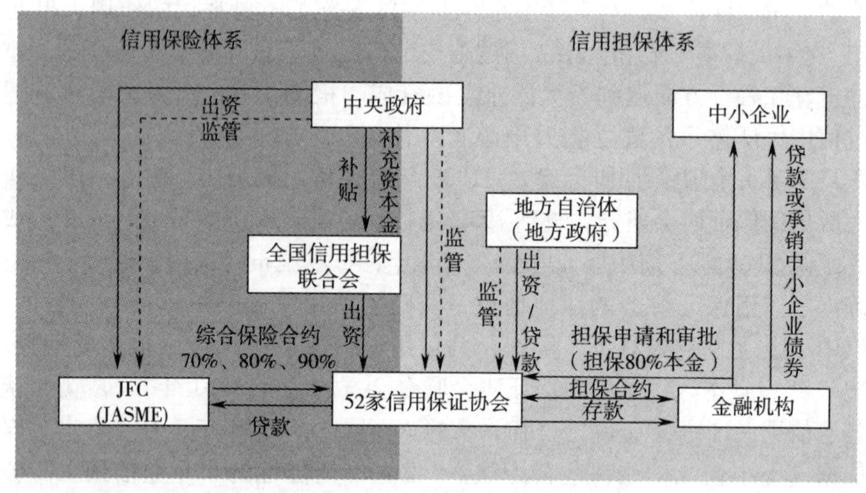


资料来源：日本金融公司（JFC）2009 财年年报。

**图 3－2　日本信用保证体系运作模式**

融资性担保机构，而且相当于我国的政策性融资性担保机构。地方信用保证协会是独立的法人实体，不以盈利为目的，通过信用保证提高中小企业的融资能力，贯彻国家支持中小企业融资的产业政策，促进日本经济健康发展。地方信用保证协会的业务开展情况见表 3－3。

**表 3－3　　中小企业信用保证业务情况**　　单位：亿日元

| 名称＼年份 | 2005 | 2006 | 2007 | 2008 | 2009 |
|---|---|---|---|---|---|
| 保证额 | 129 802 | 136 591 | 130 273 | 195 811 | 166 252 |
| 保证余额 | 287 964 | 292 661 | 293 682 | 339 192 | 358 507 |
| 代偿额 | 6 871 | 6 852 | 7 943 | 10 358 | 11 420 |

日本信用保证协会资本金由政府出资、金融机构出捐的负担金和累计收入构成，日本各地出资结构各不相同，但一般 50% 以上为政府出资。地方信用保证协会对外承担的中小企业信用保证业务法定最高限额为资本金的 60 倍。地方信用保证协会资本金构成情况见表 3－4。

表 3-4 资本金构成 单位：百万日元

| 名称 \ 年份 | 2005 | 2006 | 2007 | 2008 | 2009 |
|---|---|---|---|---|---|
| 基金 | 431 799 | 436 015 | 443 953 | 451 226 | 462 281 |
| 金融稳定特殊基金 | 56 066 | 50 517 | 45 890 | 43 381 | 0 |
| 储备（收支结余） | 875 878 | 908 351 | 937 919 | 944 201 | 964 031 |
| 总计 | 1 363 743 | 1 394 883 | 1 427 763 | 1 438 808 | 1 426 312 |

日本各都道府县政府根据当地中小企业融资和发展的实际需要，将信用保证协会资本列入年度政府预算，各金融机构为信用保证协会出捐负担金，可以直接列入成本费用开支。

信用保证的对象主要是以工商业和服务业为主的中小企业，为了有效分散风险，日本地方信用保证协会制定了信用保证限额，具体标准见表3-5。

表 3-5 中小企业信用保证限额 单位：百万日元

| 分类 | 个人/法人 | 协同组合等 |
|---|---|---|
| 一般保证业务 | 200 | 400 |
| 无抵押保证业务 | 80 | 80 |
| 债券保证业务 | 450 | |

2. 日本金融公库（2008 年已并入日本金融公司）。

1950 年，日本通过《中小企业信用保险法》，使政府直接使用财政资金支持中小企业贷款成为可能。1951 年修订的《中小企业信用保险法》规定了通过信用保险支持信用保证协会，把信用保证和信用保险结合在一起。1958 年 7 月，日本为了保障信用保证制度正常发挥作用，减轻信用保证协会负担，依据《中小企业信用保险公库法》，日本政府出资 107 亿日元，在东京设立了日本小企业保险公库，其具有保险功能，直接与日本各地的 52 家信用保证协会开展业务。1999 年，其更名为日本中小企业公库；2004 年，其又更名为日本中小企业金融公库；2008 年 10 月，日本中小企业金融公库进行重组，更名为日本金融公库，后并入日本金融公司。日本金融公库不同于一般保险公司，它是专为中小企业信用保证业务进行保险，是非盈利性质的特殊法人，国家对其营业收入全部免税，并由国家预算列支，逐年补充资本金。

日本金融公库在保证地方信用保证协会的偿付能力和提升其信用方

面发挥了重要作用。当信用保证协会为中小企业贷款提供信用保证时，无论偿还风险大小，均由日本金融公库自动提供保险，信用保证协会要向日本金融公库支付相当于保证费收入40%的信用保险费。当信用保证协会发生代偿时，代偿资金的70%～80%由日本金融公库在接到信用保证协会通知两个月内给以拨付。信用保证协会为中小企业代偿后，求偿回收款要按照相应保险比例返还日本金融公库。为了减轻中央财政负担，强化金融机构的管理支持，提高金融机构的风险意识和责任，2007年10月，日本政府改革信用保证制度，引入责任分担机制，中小企业信用保证业务风险由以前的金融机构不予承担改为金融机构承担20%的风险。

3. 全国信用保证联合会。

1955年，日本全国52家信用保证协会共同组建成立了全国信用保证协会联合会。该联合会类似行业管理协会，主要负责协调信用保证协会同中央政府及中小企业信用保险公库之间的关系，指导和监督各信用保证协会信用保证业务的运作，补偿信用保证协会的代偿损失，每月汇总各协会上报的信用保证统计报表，帮助各信用保证协会进行人才培训，组织国际信用保证业务的交流和合作等。该联合会由全国8大区域各推选的一名代表组成理事会，52个协会会长均有资格当选为该联合会会长，会长由会员大会选举产生。全国信用保证协会联合会自身不开展信用保证业务，每年编制联合会的经费预算，其中10%～20%由52家信用保证协会等额分摊，80%～90%按各协会信用保证额的比例分摊。此外，日本中央政府通过日本联合会将拨付的损失补偿款支付给地方信用保证协会，以提高地方信用保证协会开展业务的灵活性，增强抗风险能力。

综上所述，日本的地方信用保证协会为中小企业向金融机构贷款提供信用保证，同时为减轻风险负担，求得代偿资金来源又向日本金融公库再保险，这种信用保证制度和信用保险制度共同构成了日本信用补完制度，这种相互支持、相互依托的机制以中央政府和地方政府的支持为后盾，有力促进了中小企业的发展，对国民经济的发展起到了积极的作用。

## 三、韩国信用保证体系[①]

韩国信用保证业创立较早，发展较快。其发展历史可追溯于1961年

① 文海兴、张铭、许晓征：《韩国信用保证体系及其启示》，载《中国金融》，2011（121）。

实施的《信用保证储备基金体系》(The Credit Guarantee Reserve Fund System),目的是1961年减轻中小企业的融资困难。其后,韩国于1967年颁布了《中小企业信用保证法》(The SMEs Credit Guarantee Act),并于1976年成立了第一家专门为中小企业融资提供信用保证的政策性机构——信用保证基金,这标志着韩国信用保证业正式拉开序幕。1989年,韩国成立了技术保证基金,韩国的信用保证业进入了发展时期。1999年,韩国颁布了《地域信用保证基金法》(The Regional Credit Guarantee Foundation Act),并于2000年成立了韩国信用保证财团中央会,标志着覆盖全国的信用保证体系正式建立。韩国经过多年的发展和完善,形成了以为中小企业提供融资保证为核心,以助推国民经济发展为目的,以准公益性为特征,以政府信用为支撑,以财政补贴、金融机构注资和自身盈余积累为主要基金来源的政策性保证机构格局。

由于中小企业信用保证业务的高风险、低收益特征,信用保证机构仅依靠自身力量难以实现良性运转和可持续发展。因此,韩国从事中小企业信用保证业务的机构均为政策性机构,分别是信用保证基金、技术保证基金和韩国信用保证财团中央会。3家政策性信用保证机构均有保障自身权益、明确自身责任、规范自身行为的法律。依据韩国法律,3家政策性保证机构承担政府赋予的使命和责任,不以盈利为目的,接受政府职能部门和国会的监督管理,通过信用保证功能,帮助有发展前景和成长潜力的中小企业获得发展资金,增强中小企业的竞争能力,为国民经济提供增长引擎。3家机构的中小企业信用保证余额占GDP比重见表3-6。

**表3-6　韩国中小企业信用保证余额占GDP比重**　单位:%

| 名称 \ 年份 | 2005 | 2006 | 2007 | 2008 | 2009 |
|---|---|---|---|---|---|
| 信用保证基金 | 3.59 | 3.26 | 2.97 | 3.10 | 4.47 |
| 技术保证基金 | 1.33 | 1.23 | 1.15 | 1.23 | 1.63 |
| 韩国信用保证财团中央会(16家地区信用保证基金) | 0.39 | 0.44 | 0.47 | 0.58 | 1.06 |
| 总计 | 5.32 | 4.93 | 4.59 | 4.91 | 7.15 |

3家政策性信用保证机构的最大放大倍数为20倍,且每年从政府和

金融机构获得一定额度的注资，以弥补保证代偿风险，核销代偿损失，保证3家信用保证机构的正常运作和政府赋予职责的履行。政府补助金额受当年政府对信用保证业发展的需要决定，每年编列预算，经国会批准后拨款。银行金融机构包括外资银行在内则依据3家信用保证机构的适用法律每年进行捐资。

（一）信用保证基金

信用保证基金依据《信用保证基金法案》于1976年6月设立，是目前韩国规模最大、实力最强、覆盖范围最广的信用保证机构，主要为有发展前景、但缺乏有形抵押物的一般性中小/中坚企业提供融资保证。2009年年末，信用保证基金雇员人数2 200人，机构由13个厅、5个处和培训中心组成，下辖8个地区总部和99家分支机构。到2015年，保证规模49万亿韩圆。

信用保证基金的主要业务包括中小企业信用保证业务、基础设施信用保证业务以及信用保险业务，每类业务均单独核算，使用独立的资本金支撑。其信用保证业务开展情况见表3-7。

**表3-7　信用保证业务情况**　单位：10亿韩圆、个

| 名称＼年份 | 2008 | 2009 |
|---|---|---|
| 保证额 | 29 016 | 38 964 |
| 保证余额 | 30 387 | 39 249 |
| 客户数 | 193 978 | 218 744 |
| 放大倍数 | 8.5 | 7.8 |

信用保证基金的资本主要由政府出资、金融机构捐资和累计结转利润组成。其中，政府出资和金融机构捐资是信用保证基金资本来源的主要渠道，其接受资本补助的情况见表3-8。

**表3-8　资本补助情况**　单位：10亿韩圆

| 名称＼年份 | 2005 | 2006 | 2007 | 2008 | 2009 |
|---|---|---|---|---|---|
| 中央政府 | 289 | 289 | 126 | 90 | 1 908 |
| 银行金融机构 | 297 | 518 | 668 | 752 | 1 317 |

在信用保证业务的费率方面，信用保证基金按照客户的信用状况在0.5%~2.5%区间浮动调整。在风险控制方面，信用保证基金设定了集

中度指标：正常情况下，单一客户的最大保证额为30亿韩圆；当国家经济发展需要时，单一客户可以放大到70亿韩圆。在保证比例方面，信用基金依据内部客户信用评级结果承担50%～85%的保证比例不等。若债务不能按期履行，信用保证基金在90天宽限期内责成债务人偿债，若债务人无法履行并且确认债权人无违背信用保证基金规则的行为，信用保证基金按保证合同代位偿还并取得债权人资格和求偿权。其信用保证业务2008年及2009年的违约率分别为4.8%和4.4%。

（二）技术保证基金

韩国技术保证基金依据《技术信用保证基金法》于1989年4月设立，专门为创新型的中小/中坚企业提供融资保证服务，是韩国第二大政策性信用保证机构，现总部设在釜山门岘金融园区内。2015年，技术保证基金雇员人数1 085人，总部拥有11个部门和4个附属办公室，分支机构中有5个地区本部，52个地区技术评估中心、1个中央技术评估院，2个技术融合中心。保证规模20万亿韩圆。技术保证基金非常重视技术评估能力的提升，不断地适应外部环境变化，建立了高效的和以客户为中心的组织架构，在促进技术融资、培植具有国际竞争力的技术密集型中小企业方面发挥了重要的作用。技术保证基金对信用保证业务进行了细分，按照技术成熟度和企业发展阶段分为：技术创新型企业保证、创业企业保证、业务创新型企业保证、技术研发保证、技术评估保证等业务。除了信用保证业务外，技术保证基金于1997年3月在韩国首次开展了技术评估服务，对企业所拥有或研发技术的优越性、经济的可行性和市场前景进行评估，评估结果可以采用货币、等级或分数等灵活的表示，以此促进创新型企业的技术成果转化和发展。其信用保证业务开展和接受资本补助情况见表3－9。

**表3－9　　信用保证业务和资本补助情况**　　单位：10亿韩圆

| 名称＼年份 | 2005 | 2006 | 2007 | 2008 | 2009 |
|---|---|---|---|---|---|
| 保证余额 | 11 501 | 11 150 | 11 245 | 12 593 | 17 145 |
| 资本补助金额：<br>（政府出资）<br>（银行出资） | 968<br>（350）<br>（618） | 810<br>（600）<br>（210） | 608<br>（200）<br>（408） | 596<br>（158）<br>（438） | 1 402<br>（720）<br>（682） |
| 资本金 | 806 | 1 153 | 1 446 | 1 730 | 2 695 |
| 放大倍数 | 14.3 | 9.7 | 7.8 | 7.3 | 6.4 |

在风险管理方面，技术保证基金将降低违约率作为构建有效风险管理体系的重要工作，采取了一系列措施管理风险，如设定风险限额，持续监测风险变化，增强员工责任感以及建立违约管理系统等，主动进行风险管理。2008 年及 2009 年的违约率分别为 6.1% 和 4.3%。

（三）韩国信用保证财团中央会（KOREG）

韩国信用保证财团中央会（KOREG）依据《地域信用保证基金法案》于 2000 年成立，主要职责是促进地方信用保证基金协会的发展，维护协会会员的共同利益，并为之提供再保证服务。2009 年末，韩国信用保证财团中央会雇员人数 30 人，下设 5 个部门。韩国信用保证财团中央会主要从事三类业务，分别是一般业务（技术研发、会员培训等）、再保证业务以及信用保证业务（2009 年开始开展个人融资保证和生活抵押贷款保证业务）。每类业务均单独核算，采用独立的资本金支撑。目前，韩国信用保证财团中央会共有 16 家地区信用保证基金协会会员，16 家地区信用保证基金雇员人数 695 人，82 个分支机构。16 家地区信用保证基金由地方自治团体（Local Governments）建立，16 家地区信用保证基金在各自地域专门从事针对小企业、小工商业者的融资保证业务，以解决信用保证基金和技术保证基金不能覆盖到的融资需求群体。韩国信用保证财团中央会则是为 16 家地区信用保证基金的保证业务提供比例为 50% ~ 80% 的再担保。在风险控制方面，韩国信用保证财团中央会设定了风险限额，规定单个客户最大再保证额度 4 亿韩圆，特殊情况下，单个客户最大再保证额度为 5 亿韩圆。16 家地区信用保证基金信用保证业务及韩国信用保证财团中央会信用再保证业务开展情况见表 3 - 10。

**表 3 - 10　　保证业务和再保证业务情况　　单位：万亿韩圆**

| 名称 \ 年份 | 2007 | 2008 | 2009 | 2010（9 月） |
|---|---|---|---|---|
| 保证额 | 2.8 | 3.9 | 8.4 | 5.6 |
| 保证余额 | 4.6 | 5.9 | 11.2 | 13.2 |
| 违约率 | 2.4% | 2.4% | 2.4% | 3.2% |
| 放大倍数 | 3.1 | 3.7 | 5.5 | 5.9 |
| 再保证额 | 1.3 | 2.0 | 4.3 | — |
| 再保证余额 | 2.2 | 3.1 | 5.9 | 6.7 |

韩国信用保证财团中央会的资本来源有三个方面，一是 16 家地区信用保证基金缴纳的会员费，二是政府的预算拨款，三是金融机构的捐资

（它是基于2006年3月颁布的第7863号《地区信用保证基金法》修正案而设置的资金来源。该修正案强制性要求金融机构必须按照年贷款规模的0.2%向韩国信用保证财团中央会和地区信用保证基金提供无偿捐助）。

## 四、欧盟中小企业融资担保体系

欧盟最主要的中小企业发展计划是竞争力与创新框架计划（CIP）。为了有效地管理中小企业发展基金，1994年，欧盟设立了欧洲投资基金（EIF）。通过股权投资维持资金的运用效率，保证投资收益；通过信用担保帮助中小企业获得银行贷款。经过多年的运营，EIF累计为超过80万家中小企业提供了担保服务，有效地协调了欧盟及各成员国政府、银行、中小企业、风险投资各方利益。

除欧洲投资基金外，欧洲结构化基金（EU Structural Funds）也承担着欧盟赋予它的担保职能，为各类担保计划提供资产支持，代表欧盟委员会间接为中小企业融资服务。此外，还有欧洲区域发展基金（ERDF）、各种互助担保机构等专业化机构提供中小企业融资与担保服务。

### （一）欧洲投资基金在中小企业融资中的作用

欧洲投资基金对中小企业融资所起的作用不是为中小企业提供贷款，而是通过为贷款提供担保帮助中小企业提升融资能力，其服务对象是为中小企业发放贷款的金融机构；或者为各成员国的担保计划提供共同担保和反担保，提升中小企业的信用能力。

欧洲投资基金在中小企业融资中的作用一方面是，它直接对欧盟委员会负责，将欧盟计划用于中小企业的发展资金通过股权投资的方式与专业的风险投资基金、私募基金合作，而由后者通过专业化和市场化的操作将资金运用在有发展潜力的项目上，重点是使中小企业中的高科技企业和有潜能的企业，在创业的早期阶段受到资金资助。所获取的投资收益由欧洲投资基金与这些专业风险投资基金、私募基金通过协议确定分成比例。通过间接投资，建立了政府与中小企业运营的隔离机制，避免了官僚体系天然的低效率对市场环境产生不利的影响。另一方面的作用是，欧洲投资基金通过担保窗口为中小企业提供融资担保，或者与成员国的担保协会（一般为互助担保机构）为中小企业的融资项目提供共同担保。

### （二）欧洲投资基金的担保业务

欧洲投资基金的担保业务分为两大部分：一部分是自担风险部分，另一部分是欧盟法定担保部分。对于自担风险部分，欧洲投资基金运用自己的资金为中小企业贷款组合的证券化提供信用增级，使得这部分进入资本市场，使用的工具是信用违约互换（CDS）。对于欧盟的法定担保部分，欧洲投资基金通过中小企业担保设施（SME Guarantee Facility）提供担保，在相应的中小企业发展计划（MAP）下，欧盟委员会对中小企业贷款组合的超额损失提供共同担保或反担保。欧洲投资基金被指定为中小企业发展计划的管理人和受让人。担保方可以是欧洲投资基金的股东，也可以是第三方，担保方根据不同的融资额度和风险的大小收取相应的担保佣金，担保比例不低于项目融资额的50%。

（三）欧洲投资基金的风险管理

欧洲投资基金的风险管理建立在多变的经济环境和监管标准之上。信用、市场和运营系统分别对经营过程中的风险进行监控。

欧洲投资基金的风险管理和监控系统（RMM）独立向总裁报告。欧洲投资基金的风险管理和监控系统与其主要股东——欧洲投资银行使用的风险管理系统联系十分密切，风险管理和监控系统分为两大核心——风险投资业务风险和担保与证券化业务风险管理，每个核心都有自己的风险管理、处置和监控团队。

总体来说，欧洲投资基金致力于通过分散投资组合来管理风险，而组合的边界条件由股东或规章确定。风险敞口和承受能力由董事会、高管确定。欧洲投资基金的风险管理和监控系统涵盖了欧洲投资基金担保和风险投资业务活动，确立了欧洲投资基金的风险管理理念、过程和避险工具；对所有交易提出独立意见；独立审查内部控制评级（贷款组合担保）和风险投资分级，并审查风险限额。

## 五、发展中国家中小企业融资担保体系

（一）印度尼西亚中小企业担保体系

印度尼西亚的担保体系是政府扶持型的，该国政府出资或者资助建立中小企业信用担保体系，并直接操作。大部分由负责中小企业的政府部门操作，也有一部分在主管中小企业的部门中专门设立一个中小企业信用担保管理部门。

印度尼西亚中小企业信用担保体系的资金运作方式以实收制为主，即以实有资金作为保证的事前保证，同时将担保资金存入银行，发生损失则由专门账户直接拨给银行作为补偿。对于政府而言，仅以出资额对担保机构承担有限责任；对于担保机构，以担保资本金为限承担担保风险。担保机构可以自行决定是否提供担保，政府、银行、企业之间的关

系明确，有利于担保机构进行市场化运作。但中小企业申请取得担保和贷款的手续稍嫌复杂，并且条件较为苛刻。

（二）马来西亚中小企业担保体系

1995 年之前，马来西亚对中小企业的关注度远不如大型企业。1995 年，马来西亚政府成立了企业发展部，目的是给中小企业提供服务并帮助其提高声誉。2004 年起马来西亚开始更加关注中小企业发展，建立了全国中小企业发展委员会（NSDC）以推动中小企业发展。全国中小企业发展委员会是中小企业发展战略的最高政策制定者，由国家政府总理任该委员会主席，15 个部长和 3 个机构负责人为成员。全国中小企业委员会制定有关中小企业发展的政策，监督协调政策的实施，并确保政策实施的有效性。

马来西亚信用保证公司（CGCMB）设在企业发展部下，主要目标是在中小企业没有足够抵押，甚至是没有抵押的情况下，通过收取一定合理费用来帮助中小企业获得融资，并协帮政府将财政资金输送给有特定需求的目标群体。该公司通过开发和管理适合马来西亚的担保计划体系，有效地把金融机构和企业连接在一起。从 2011 年起，马来西亚信用保证公司开始制定自身转型计划，一是通过更广泛的产品范围来推广中小企业，二是推广中小企业良好的信用文化，建立一个通用的产业信用标准来衡量中小微企业。

（三）菲律宾中小企业担保体系

菲律宾于 1991 年颁布《中小企业宪章》。该《宪章》将银行对中小企业的放贷业务量强制规定在 5% ~10%。从 1992 年到 1997 年，共发放了 1 100 亿比索贷款，这在一定程度上增加了菲律宾中小企业融入资金。但是政府强制投入的资金效率低下，中小企业贷款还贷率不到 50%。在此情况下，菲律宾成立了中小企业担保基金会，即从政府强制放贷转向以市场为导向的基金担保制度。该基金会的宗旨是鼓励私营部门尤其是私营银行向中小企业提供贷款。如今，该基金会已成为业务广泛的担保机构，覆盖了除住宅建设和纯贸易活动之外的其他行业。基金会担保有其侧重点，主要放在中小企业市场的战略项目上，与其他政府和私营担保机构互为补充。

此外，菲律宾还成立了中小企业发展委员会，负责协调发展政策的公布与实施，将该委员会制定的基本政策和设计方案等信息传递到银行和中小企业等担保机构中去。同时还通过各类工商会组织、各种论坛和研讨会的宣传，使中小企业理解设计方案和意图，从而更容易获得贷款担保。

菲律宾政府参与的中小企业信用担保项目，都有较明确的政治目标：(1) 政府的担保计划都明确规定了担保对象的规模及性质，被担保企业都要符合政府规定的中小企业标准；(2) 明确重点支持那些通过正常融资渠道不能获得贷款和融资的中小企业，主要是没有足够抵押品又有发展潜力的中小企业；(3) 各担保计划都因地制宜地规定了担保重点，明确规定不给投机活动提供担保。此外，还有相应的分散和规避风险措施（如规定担保比例等），金融机构广泛参与其中。

（四）印度中小企业担保体系

从印度政府1951年成立地区金融公司，1990年成立印度小工业开发银行，到1994年印度小工业开发银行设立“微型信用项目”，1999年设立软件和IT产业国家风险基金，2000年成立小规模工业信用担保公司。经过60年的建设和运行，印度形成了包括政策性贷款机构、政策性信用担保机构和政府投资基金在内的完善的中小企业政策性金融支持体系。

长期以来，由于缺乏信用担保机构，银行对中小企业贷款的积极性一直不高。为了增加商业银行向中小企业的贷款数量，印度政府发起了信用担保计划（Credit Guarantee Scheme，CGS），进一步完善中小企业政策性金融支持体系。为保证该计划的运行和实施，2000年7月1日，印度政府联合印度小工业开发银行正式成立小规模工业信用担保基金（Credit Guarantee Fund Trust for Small Industry，CGTSI）。印度政府财政部、小规模工业和乡村工业部共投入了12.5亿卢比的资金作为该基金初始运行资金。2006年，《印度微型、中小型企业法》的实施后，印度小工业信用担保基金更名为印度微型、小型企业信用担保基金（Credit Guarantee Fund Trust for Micro and Small Enterprises，CGTMSE），该基金规定，任何符合条件的金融机构对微型、小型企业提供的运转资金贷款和设备贷款，只要其贷款数额最高不超过1 000万卢比，该基金都将为其担保，担保期限一般不超过5年。对于不同规模的贷款和不同类型的企业，基金规定了不同的担保比例和最大的信用担保金额，最高可提供85%比例的信用担保，向中小企业所收的费用相对较低。①

## 六、国际中小企业融资担保业务操作特点

从国际劳工组织（International Labor Organization，ILO）关于中小企

① 李志广：《借鉴印度经验，建立和完善我国中小企业政策性金融支持体系》，河北大学硕士学位论文，2009年。

业融资担保有关资料显示看，我国融资担保业务操作方法与国际一般方法有所不同。经济环境和信用环境的差异，使得中国担保业务有别于国际一般方法。同时，这些不同点，在一定程度上增加了我国担保业务操作的风险和难度。

（一）担保机构股东构成

利益相关者参股或参与担保机构管理，对担保业务的开展和风险控制有积极的促进作用。比较多见的是借款人参股或贷款人参股。借款人参股形成共同基金模式；贷款人参股也是一种常见的方法，其主要作用有：扩大担保机构资金规模，加强与银行等机构的合作关系，扩大担保业务范围，增加双方业务量，促进信息沟通，有利于风险控制等。部分国家银行在担保机构持股的情况见表3－11。

**表3－11　　银行在小型/微型企业融资担保机构的持股情况**

| 国家 | 担保机构 | 银行股份比例 |
| --- | --- | --- |
| 比利时 | SCM | 50% |
| 哥伦比亚 | FNG | 2.8% |
| 法国 | SOFARIS | 40.7% |
| 德国 | Burgschaftsbanken | 56.0% |
| 匈牙利 | Credit Guarantee plc | 46.8% |
| 印度 | DICGC | 信用担保基金的97% |
| 日本 | CGCS + CIC | 约15% |
| 韩国 | KCGF | 67% |
| 韩国 | KOTEC | 61.3% |
| 马来西亚 | Credit Guarantee Corp. | 不低于50% |
| 摩洛哥 | Dar Ad Daman | 约20% |
| 尼泊尔 | Credit Guarantee Corp. | 7.0% |
| 罗马尼亚 | Loan Guarantee Fund | 2.0% |
| 西班牙 | SGR network | 约10.0% |
| 瑞士 | Tourist Industry scheme | 50.0% |
| 中国台湾 | SMB Credit Gtee Fund | 26.9% |
| 泰国 | SICGC | 44.3%（国有银行除外） |
| 津巴布韦 | Credit Guarantee Company | 50.0% |

资料来源：莎拉·格雷等著，中国国际经济技术交流中心、中国经济技术投资担保有限公司、北京大学中国中小企业促进中心译：《小型/微型企业担保基金操作指南》，北京，经济科学出版社，2002。

（二）风险承担比例

担保机构与银行实行比例担保是担保机构防范项目风险的一个重要措施。国外担保人和贷款人承担的风险比例一般为：担保人承担60%～80%，银行承担20%～40%。担保比例一般不能大于80%，大于这一比例，银行的道德风险将很难控制。

图3－3是哥伦比亚国民担保基金在15年间的统计数据，从中可以看出担保比例与担保机构发生损失之间的相关性。由图3－3可见，担保机构承保比例在50%以下的贷款，担保机构损失的概率最小。当担保比例超过50%以后，担保机构承担的风险将迅速增加，平均担保比例每增加10%，担保机构的损失概率就增加1倍。

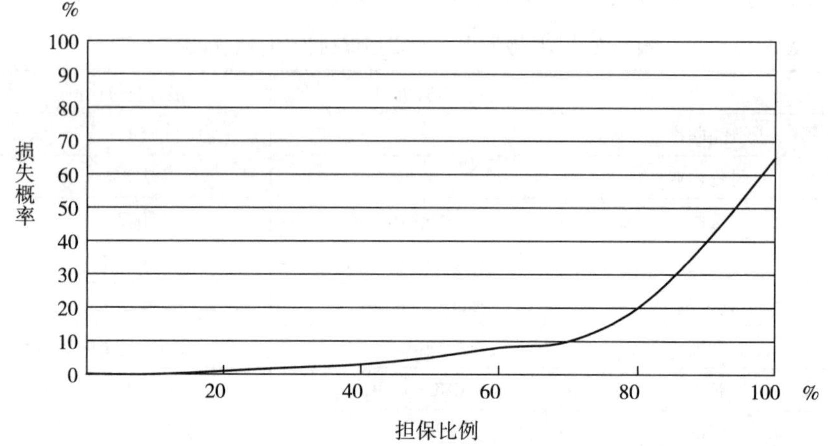


资料来源：莎拉·格雷等著，中国国际经济技术交流中心、中国经济技术投资担保有限公司、北京大学中国中小企业促进中心译：《小型/微型企业担保基金操作指南》，北京，经济科学出版社，2002。

**图3－3　担保比例与担保机构损失概率的相关性**

在我国，近几年虽然已经开始有担保比例低于100%的情况，但低于80%的情况仍然很少。

（三）保证责任承担方式

在国际普遍应用的担保业务体系中，担保机构在风险承担次序上处于第二位，贷款人首先需争取对借款人以及对借款承担连带责任的第三方提供的担保物进行处置变现，之后才可要求担保机构代为清偿债务余额。我国担保机构普遍承担连带责任，在风险承担次序上与借款人同处于第一顺位，一旦借款人违约，银行可直接要求担保机构代偿。即国际

一般方法担保机构承担一般保证责任，我国担保机构一般情况承担连带保证责任。

（四）担保机构与银行的分工

（1）在国际一般中小企业融资担保操作体系中，担保机构的主要工作包括：

- 选择符合合作条件的贷款人，与贷款人签约；
- 根据经营宗旨，界定客户范围；
- 建立担保业务管理规范；
- 按照合同约定对不能按期偿还的贷款进行赔付；
- 协助银行进行债务追索，并获得相应比例的抵押物收入；
- 对银行发放的担保贷款进行监控，并根据风险程度调整给予银行的权限；
- 实时监控并定期评估自身担保业务各类指标及风险水平，并及时进行调整。

（2）银行的工作包括：

- 根据与担保机构共同制定的担保标准，对借款人进行审查；
- 对审查合格的借款人，发放有担保的贷款；
- 按时向担保机构提供业务报告；
- 催收贷款。当担保贷款出现逾期时，诉诸法律；
- 处置抵押物，并将相应比例的收入转给担保人。

此模式下，担保机构的主要工作是，在选择合作贷款人和界定借款人范围的基础上，对银行发放有担保的贷款的操作进行管理，及对担保机构自身进行风险管理；而对借款人的审查、贷款催收、抵押物的操作等担保业务操作都由银行完成。即银行承担了担保业务的前台工作，担保机构主要承担担保业务的中后台工作。在我国现行担保业务模式下，担保人与贷款人还不能达到全面合作，担保机构与银行工作有很多重复，不利于工作效率的提高，没有真正建立互惠互利的业务平台。

（五）保费交付

国际通行的方法是，保费由贷款人交付，然后以提高利率等方法将这部分成本转移给借款人。担保人收到保费时，担保生效；若贷款人没有按时交纳保费，担保自动失效。此方法的含义是，贷款人是受益人，根据“谁受益谁付费”的原则，贷款人应当为这一服务付费。

（六）担保物操作

银行在要求担保人提供信用担保时，同时要求借款人提供担保物。

担保物的操作由银行进行。即借款人将抵押物抵押给银行，不能按时还款时，银行首先向借款人催收债务，然后处置抵押物，不足部分由担保人代为偿还。回收的抵押物在银行和担保机构之间按比例分配。

## 七、中小企业信用担保体系建设的国际经验

（一）良好的社会信用环境

欧美、日本等市场经济成熟国家，有着发达的金融制度和金融市场，建立了较为完善的社会化征信和评级体系，借款人、贷款人、担保人之间的信息不对称现象得到有效抑制，使金融机构、担保机构和企业之间容易形成风险共担机制，从而降低了担保机构经营风险。

（二）完善的法律体系

许多国家和地区都对中小企业信用担保机构制定了专门的法律加以规范，如美国的《中小企业法》、《中小企业投资法》，日本的《信用保证协会法》、《中小企业信用保险公库法》，韩国的《信用保证基金法案》、《技术信用保证基金法案》、《地域信用保证基金法案》等。在诸如企业信息披露、经营状况公开、财产抵押及处分、争议解决、欺诈处理等方面都有完备的法律和诉讼渠道，为担保机构开展业务提供了有效的制度保障①。

（三）完备的政府财力支撑机制

信用担保机构由政府出资成立，资本金拨付有政府全额拨款和政府、金融机构等共同出资两种方式，如美国小企业管理局的资金是由联邦政府直接出资，国会预算拨款；日本信用担保公司的基本财产由政府出资、金融机构摊款和累计收支余额构成；韩国信用保证基金资金来源的主要渠道是政府出资和金融机构捐资。同时，政府实行财政补贴、税收优惠、损失补偿等扶持信用担保机构持续发展的政策措施②。

（四）完善的社会化风险分散机制

银行和担保机构建立风险共担机制，担保机构对贷款本金提供比例担保，如日本是担保70% ~80%的本金、美国是担保75% ~80%的本金；建立再保险制度，如日本金融公司为地方信用保证协会担保业务提供70% ~90%的再保险③。

---

① 见本书第三章第二节。
② 见本书第三章第二节。
③ 见本书第三章第二节。

（五）与银行共同操作业务的担保业务平台

银行是担保业务的前台，承担了借款人审查、发放有担保的贷款、管理抵押物，催收贷款等工作；而担保机构是担保业务的中后台，主要承担选择符合合作条件的贷款人，界定客户范围，建立担保业务管理规范，对银行发放的担保贷款和自身风险进行监控等工作。这种操作方法使担保机构大大扩展了业务前台，同时避免了担保机构和银行对客户的重复评估，大幅度提高了工作效率和资金使用效率。

## 第三节　保证担保（Surety Bonds）

保证担保是非融资担保，是所谓“绿色”品种，即低风险品种。其担保的功能主要体现在，担保机构以其信用保证债权人和债务人之间的交易合同履约。保证担保在世界各地区均有开展，主要包括工程保证、忠诚保证、司法保证、关税保证及特许经营权保证等。各品种在不同的国家有立法规范其运行，并且在担保业界有规范的运行方法。承做保证担保的机构包括专业担保机构、保险公司（主要是承做信用保险的保险公司）及银行。国际主要再保险公司均承做保证担保的再保险业务。

### 一、主要业务品种

保证担保主要包括工程保证、司法保证、忠诚保证、海关保证、特许经营保证等品种。

（一）工程保证（Construction Bonds）

工程保证是保证担保的最大品种，是指在进行公共或私人建设工程时，所有投标人必须提供投标保证，保证善意竞标，按标价签约；中标后按所签合同价格提供全额或一定比例的履约保证及相应的其他工程保证。保证人出具的工程保证合同向业主承诺，承包商将依照所签合同，按期交付工程，履行合同价格，支付工程分包商和供应商的人工费及材料费等。如果委托人不能履行合同，由保证人按保证合同的约定承担责任。

工程保证保护了各利益相关者的利益，包括业主、设计师、建筑师、监理和承包商等。对业主，承包商出具保证担保合同，说明保证担保公司已对承包商能力进行了肯定，一旦承包商违约，担保公司愿承担所承诺的责任，业主的工程质量和工期得到保护；对设计师和建筑师，经过担保公司的承保，承包商具备履约能力完成工程，设计师及建筑师的工作能够得到回报；对承包商，担保公司的介入，筛选掉了不合格的承包商，使得竞争更为公平。

由于法律环境和经济环境的不同，不同的地域、国家，有不同的业务运作模式。以工程保证中的履约担保为例，北美和欧洲的业务运作模式有明显的差别。北美模式要求提供高比例履约担保，在签约承包商不能按合同要求完成建设项目时，担保公司要协助寻找其他承包商完成项目建设，保证合同履行，是真正的合同保证，均为附条件担保。担保由专业担保公司提供，不允许由银行提供。担保比例为100%合同价格。欧洲模式中，提供担保的机构以银行为主，保险公司和担保公司承做的工程履约担保只占不到20%的市场份额。提供低比例的“见索即付”担保，即“罚金”式担保（Penalty Bonds）。当承包商不能履约时，担保人向业主支付合同价格一定比例的赔偿金。担保比例一般在10%～20%。由于在北美，法律规定不允许银行提供工程保证，同时又采取高比例担保，因此，美国担保公司的工程保证业务规模大大高于其欧洲同行。

工程保证主要包括投标保证、履约保证、预付款保证、维修保证、付款保证、供货保证、分包商保证等七类①。

1. 投标保证。保证投标人诚意投标，中标后按标价签约，并提交履约和付款保证合同。担保额一般在合同价格的5%～10%。

2. 履约保证。保证承包商履行合同条款，按施工计划完成工程，承担业主因承包商违约招致的损失。担保额为100%合同价格（美国模式）。有的履约保证含一年期的维修保证。

3. 预付款保证。由担保人为承包商向业主提供，保证承包商在收到业主预付款后将工程款专款用于工程建设。如果承包商未将预付款用于工程建设，由保证人按照约定履行保证责任，赔偿业主损失。

4. 维修保证。保证完工后一定时间内修复因施工不当或材料缺陷引起的问题。一年期维修保证通常是履约保证的一部分，不必单独出具；一年以上或无履约保证且单独要求维修保证时，才另行出具维修保证合同。担保额在合同价格的5%～10%。

5. 付款保证。保证承包商向分包商和材料供应商支付应付账款，避免分包商或材料供应商因未得到付款而对在建工程或工程材料行使留置权，从而保证业主对已完工程的合法权益。担保最高额为合同价格的100%。

---

① 刘新来主编：《信用担保概论与实务》（修订版），北京，经济科学出版社，2006。

6. 分包商保证。如同业主对总承包商提出担保要求一样，总承包商要求分包商提供履约和付款保证。

7. 供货保证。供货担保常用于政府采购招标，保证投标人按质、按量、按时交货。

（二）司法保证（Judicial Bonds）

1. 受托人担保：受托人是接受委托、代替无能力或丧失能力的人处理其事务、在法律和法庭的监督下受托保管他人财产的人或委员会，受托人一般都是律师或注册会计师。受托人担保保证受托人忠实履行与其职责相关的所有义务，对受托处理的财产有令人满意的交代。受托人是被担保人，法庭是受益人。

受托人担保保证合同的条款和条件由法庭订定。受托人的职责包括接管、清理并保护遗产，偿付债务，投资运作，交纳税款，将余额（遗产）分配给有资格的继承人，向法庭提交阶段性财务报告或最终账目。担保人将赔付因受托人盗用、偷窃或未及时接收、清理和保护遗产，以及不遵守法律规定、不依从法庭判决而造成的任何损失，直至担保限额。

2. 法庭担保。

（1）原告担保：原告申请审判前冻结属于被告或在被告掌握中的财产时，法庭要求的诉讼担保。原告诉讼担保保证若法庭最终判决被告胜诉，冻结行为错误，原告将返还被冻结的财产并赔偿损失。冻结包括查封、扣押等。

（2）被告担保：原告担保的对应担保，当被告申请释放或解除因原告申请而冻结的财产时，或被告申请延期执行法庭判决、等待进一步的司法程序如上诉时，法庭要求被告提供担保。被告担保保证审判结果或上诉法庭最终宣判原告胜诉，被告将服从判决，返还财产并支付判决赔款。

（三）忠诚保证（Fidelity Bonds）

忠诚保证是保证担保领域的第二大品种，也称为犯罪担保或忠诚保证担保。忠诚保证，是担保机构为雇佣机构提供对其雇员忠诚履行职责的担保。忠诚担保以大数法则为运作机理，因此，既是担保的一个种类，又是保险的一个种类，忠诚担保也称为忠诚保险。

在没有专业忠诚保证业务时，雇主为保护自己免受因破坏行为导致的损失，采用雇员交纳现金担保或储存现金的方式。19 世纪中叶，伦敦的“担保保险公司”是向雇主提供由于雇员轻罪给其造成损失的保险单的第一家保险公司。这是忠诚保证（保险）的诞生。大概 10 年后，也是在伦敦，与人寿保险相结合的新险种推向市场。

最先为忠诚保证确立标准的是美国。在当时的欧洲国家，雇员往往是雇主的邻居，忠诚保证几乎没有需求。与欧洲相比，美国的这一需求增长较快。移民的涌入，新的经济领域的开启，大规模建设的施工，使得欧洲原有的雇主与雇员的关系破裂。从19世纪到20世纪，快速发展的工业、第二次世界大战造成的移民导致了欧洲经济环境的改变，欧洲的忠诚保证需求逐步显现。

根据国际上忠诚保证业务的经验，忠诚保证可担保的行为包括偷窃、挪用、诈骗、违反信用、计算机诈骗或者其他故意行为等法定侵权行为。范围一般包括：

（1）直接由被担保人造成的损失；

（2）第三人造成的损失，但被担保人负有法律责任的；

（3）外部人员直接用非法手段操作投保人的电子数据，从而获取收益，使得投保人财产受到损失。

赔付金额为担保额范围内或直接损失的20%以内，以及投保人经证实的以下损失：

（1）确认损失的成本。

（2）追诉成本。

（四）海关保证（Customs Bonds）

海关保证又称海关担保，是指政府除了接受制造、贸易或者运输在某个时点需要缴纳进/出口税货物的公司的现金保证金之外，也接受保证担保（或是银行担保）。类似的货物包括酒精、酒精类饮料、烟草、雪茄以及很多其他产品。

海关担保的受益人是国家的税收机关。它通常分析每个公司涉及的产品，然后单方面决定这些公司应提供的现金保证金或是担保的数额。

与履约保证不同，海关担保没有到期日。海关担保只有在以下两种情况下才能被解除，一种是税收机关已经收到全额保证金，另一种是税收机关收到了另一个可接受的银行或是担保公司的保函。也就是说，海关担保是没有到期日的，这和履约担保的本质是不同的。因此，海关担保承担的风险比履约保证更大。

海关担保的优点是没有逆向选择。税法通常向所有的公司要求海关担保，无论这个公司的信用能力和实力如何。但是，因为没有到期日，所以需要仔细、定期地监控每一项风险。担保方要坚持让风险方提供抵押物，海关担保要坚持“零损失”的承保理念。

（五）特许经营保证（Concession Bonds）

特许经营保证也称特许经营担保，其本质上是履约保证。但特许经营担保与普通的履约保证有很多不同之处。当一个建筑承包商被政府授予先建设、再运营高速公路、铁路和机场的特许经营权，政府会要求承包商提供特许经营担保，以确保特许经营权获得者履约。政府由于自身原因，决定不用财政资金作为建设经费，而是允许私人企业来建设一些特殊项目的时候，会授予其特许经营权。特许经营权的授予期限很长，会达到十年、二十年甚至更长。

对于担保公司，特许经营担保的难度在于，对任何一个承包商承保十年、甚至二十年的风险都是很大的，需要对公众、受益人、地方和政府等各方面审慎考察评价。在很多国家，一届政府不会持续十年、二十年，有些国家的新政府会尊重前任政府的承诺，有些国家则不会。特许经营担保往往带着敏感的政治信号——费率或是票价的变化。

在政府换届后，特许经营权获得者常常会发现自己处于困境中。因为政府可能会改变或冻结费率或票价，货币贬值也可能对他们产生负面影响，使得特许经营权获得者无法继续经营。

从事特许经营担保时，担保方要考虑以下三个因素：一是通常情况下极长时间的风险承担（风险暴露）；二是建筑承包商的资质，这同其他履约保证一样；三是未来政府的“道德立场”，以及现任政府尊重前任政府的承诺的概率。

## 二、保证担保市场

保证担保在北美、欧洲、拉丁美洲及亚洲的部分地区（日本和韩国）有较为成熟的市场。美国是最大的保证担保市场，据统计，其保费收入占全球保费收入的56%。其余依次为韩国、意大利、墨西哥和日本。保证担保的最大品种为工程保证和忠诚保证。

（一）美国保证担保市场

美国保证担保市场已有100多年历史，法律体系完善，各品种均有相应的法律规定。美国保证市场的产品主要分为三大类：合同保证（Contract Bonds）、商业保证（Commercial Bonds）和忠诚保证（Fidelity Bonds）。合同保证（工程保证）保函相对合同金额比例高，一般为100%，且法律禁止银行从事保证担保业务，这使得美国成为世界上最大的保证担保市场。美国保证和忠诚保证协会（SFAA）的统计数据显示，美国保证市场（含合同保证和商业保证）2009年保费总收入51亿美元，与2008年54.4亿美元略有下降，损失率为18.5%，比上年的11.5%有较大幅度上升。2009年，忠诚保证保费总收入为10.67亿美元，与上年基本持平，损失率为51.7%，比2008年39%有较大幅度上升。

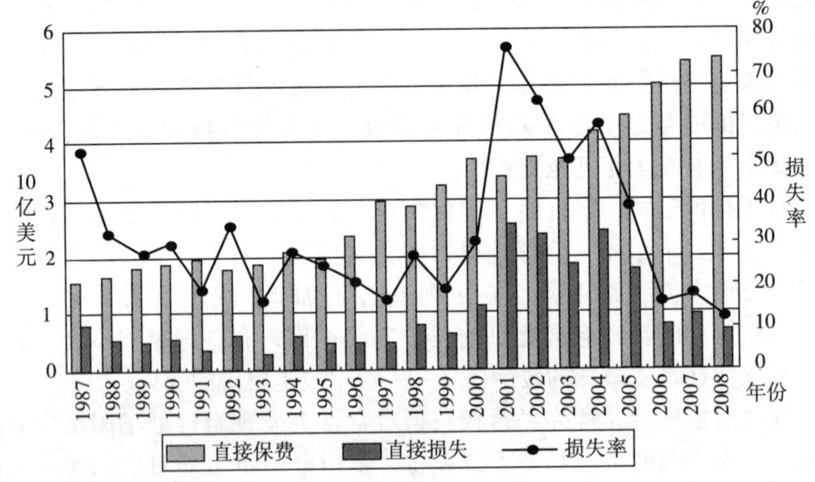


**图3-4　1987—2008年美国保证担保保费收入和损失率①**

（二）欧洲保证担保市场

欧洲保证担保市场的主要品种包括工程保证和海关保证等，其市场份额远小于美国。市场发展平稳，保费收入基本稳定。欧洲保证担保市场仍是银行占主导地位，银行市场份额基本处于70%～90%，保证公司占10%～30%。由于意大利等国对银行从事保证担保业务有所限制，保证担保公司市场份额相对较高，意大利担保机构与银行的市场占有率各为50%。欧洲保证担保公司的保费收入普遍偏低，最大的担保商保费收入排名也远在美国10大担保商之后。主要原因在于：一是工程保证欧洲模式是低比例、赔付式担保，保函相对合同金额的比例比较低，大多是10%，少数可达30%；二是面临银行的激烈竞争。2007年，保费收入最多的国家是意大利，保费总收入5.11亿欧元；保费收入最少的国家是瑞典，仅800万欧元②。

① 资料来源：美国保证和忠诚保证协会（SFAA）。
担保损失率=（担保代偿额－担保追偿额）/担保业务收入×100%。
商业保证（Commercial Bonds）：指保证担保中除合同保证及忠诚保证外的其他担保业务。
② 中国投资担保有限公司：《2008中投保发展报告》，2008年9月。

（三）拉美保证担保市场

墨西哥、哥伦比亚、巴西、阿根廷和委内瑞拉五国占据了拉美保证担保市场份额约80%；其中，墨西哥居于拉美保证担保市场领先地位，市场份额约43%。2006年，拉美保证担保市场保费收入总计为9.96亿美元，损失率31%，业务利润率33%，共有约316家保证担保机构。墨西哥和危地马拉等国的法律规定必须由保证担保公司从事保证担保业务，其他国家没有类似的法律限制，拉美保证担保市场呈现保证担保专营机构和综合保险集团并存格局。

拉丁美洲的保费总收入与GDP和公共支出的占比关系，均呈上升态势，说明保费收入增长水平超过GDP和公共支出的增长速度。拉丁美洲保证业务的渗透率为0.04%。保费收入占GDP比例最高的是巴拿马（0.25%），其次是厄瓜多尔的0.18%，哥伦比亚的0.1%、玻利维亚0.06%及阿根廷的0.06%。保费收入占公共支出比例最高的前五名分别是巴拿马（2.25%）、厄瓜多尔（1.57%）、危地马拉（0.74%）、多米尼加共和国（0.62%）和萨尔瓦多（0.57%）①。

（四）韩国保证担保市场

韩国是亚洲最大、世界第二大保证担保市场，也是一个高度垄断市场，主要有两家保证担保机构：首尔保证保险公司（SGIC）和韩国工程保证公司（CG），均为国有控股企业。2008财年，首尔保证保险公司保费收入为8 840亿韩元，损失率50.3%，在保余额170万亿韩元；韩国工程保证公司保费收入为1 100亿韩元，在保余额85.3万亿韩元。

## 第四节　金融担保（Financial Guaranty Insurance）

金融担保也称金融担保保险，指对金融产品提供的担保，其担保功能主要体现在信用增级和风险管理。通过以担保机构自身的高信用等级对金融产品提供信用增级，调整产品风险定价，降低债务人/发行人的发行成本；同时，作为一种风险管理工具，降低了金融产品的风险度，为债权人/投资人提供符合其风险偏好投资产品。金融担保主要包括债券担保和结构化融资担保。20世纪70年代以来，美国的资本市场发展迅速，直接融资比重高，金融衍生品丰富，金融产品流动性强，产生了对金融担保的较强需求。因此，金融担保主要在美国开展，按照监管规定，由

① Latino保险的胡安·费尔南多·塞拉诺在泛美担保协会2009墨西哥年会上的发言。

金融单线担保机构（Monolines）承做。

## 一、监管和法律环境

1986年，美国规定担保机构从事债券担保业务必须以单线公司的形式操作，并在州保险法中将金融担保保险划入财产保险分类。1989年，美国纽约州颁布的《保险法》中第69条款，对金融担保保险公司进行严格监管，该条款对其定义、资本要求、准备金提取和业务范围等作了明确规定；此后，美国其他州以此为基础制定了相应的监管法律。

## 二、担保理念和标准

“零损失”担保理念代表了金融担保业一直遵循的稳健、规避损失（Remote Loss）的信用文化。“零损失”担保理念的基本内容包括：一是担保对象的信用等级必须在投资级以上，美国纽约州保险法第69条款规定，单线保险商担保组合中投资级以上的比例不能低于95%；二是严格的过程监管和担保对象信用质量发生恶化时的纠错机制；三是专业的风险分析和定价能力，建立风险分析模型，测算预期损失分布，以此为基础确定信用保护强度；四是按照“先内部增级后外部增级”的原则设计信用增级结构，以最大限度地避免违约损失。

## 三、行业发展概述

金融担保业起源于美国，开展金融担保业务的单线保险商和再保险商都在美国。获得并持续保持最高信用等级（AAA）是金融担保保险机构生存和发展的基础，1974年市政债券担保协会（MBIA）成为首家获得AAA信用等级的单线担保保险商；截至2007年末，共有15家金融担保保险机构（详见图3-5），其中，10家直接担保公司，包括7家AAA级公司、2家AA级公司和1家A级公司；5家再保险公司，包括3家AAA级公司和2家AA级公司。

金融担保保险机构从市政债担保业务起步，逐步进入结构化融资担保市场。1971年，美国市政债保证公司（AMBAC）开出了世界上第一份市政债券保函，标志着金融担保业的诞生；20世纪80年代后期，金融担保公司开始涉足资产证券化担保业务领域；随着行业监管逐步规范和金融市场快速发展，20世纪90年代至2007年，金融担保业进入了快速发展阶段，其中，市政债券担保协会（MBIA）、美国市政债保证公司（AMBAC）、金融担保公司（FSA）、金融担保保险公司（FGIC）四家公

| Primary Insurers | |
|---|---|
| ACA Financial Guaranty Corp. | A/ 稳定 |
| Ambac Assurance Corp. | AAA/ 稳定 |
| Assured Guaranty Corp. | AAA/ 稳定 |
| CIFG Financial Guaranty | AAA/ 负面 |
| Financial Guaranty Insurance Co. | AAA/ 稳定 |
| Financial Security Assurance Inc. | AAA/ 稳定 |
| MBIA Insurance Corp. | AAA/ 稳定 |
| PMI Guaranty Co. | AA/ 稳定 |
| Radian Asset Assurance Inc. | AA/ 稳定 |
| XL Capital Assurance Inc. | AAA/ 稳定 |
| **Monoline Reinsurers** | |
| Assured Guaranty Re Ltd. | AA/ 稳定 |
| BluePoint Re Limited | AA/ 稳定 |
| Channel Reinsurance Ltd. | AAA/ 稳定 |
| RAM Reinsurance Co. Ltd. | AAA/ 负面 |
| XL Financial Assurance Ltd. | AAA/ 稳定 |

资料来源：标准普尔，《Global Bond Insurance 2007》。

**图 3－5　2007 年末金融担保保险机构信用等级分布情况**

司处于行业前列，占据了大部分的市场份额。2006 年，单线担保保险商在保余额（本息合计）3.26 万亿美元，新增担保额（本金）5 741 亿美元，保费收入 38 亿美元。

随着美国次贷危机引发国际金融危机，由于深度介入结构化信用产品市场，2007 年第 4 季度以来，金融担保机构遭受巨额代偿损失，欧洲央行金融稳定报告（2009 年 7 月）显示，截至 2009 年 5 月末，美国金融担保商损失高达 226 亿美元；巨额亏损导致其财务状况严重恶化，偿付能力大幅下降。2008 年以来，主要单线金融担保公司相继被三大评级机构大幅下调信用等级，如美国市政债保证公司（AMBAC）、金融担保保险公司（FGIC）等。最大的金融担保机构——市政债券担保协会（MBIA）也多次被降级，从 AAA 级逐渐被降至 2010 年 12 月的 B 级。AAA 评级的金融担保机构在 2007 年底为 7 家，至 2010 年 10 月，最后一家 AAA 级机构阿硕德市政债保证公司也最终被标普公司降至 AA +。由于丧失了最高信用等级和资本基础严重受损，导致金融担保机构的承保能力大幅下降，

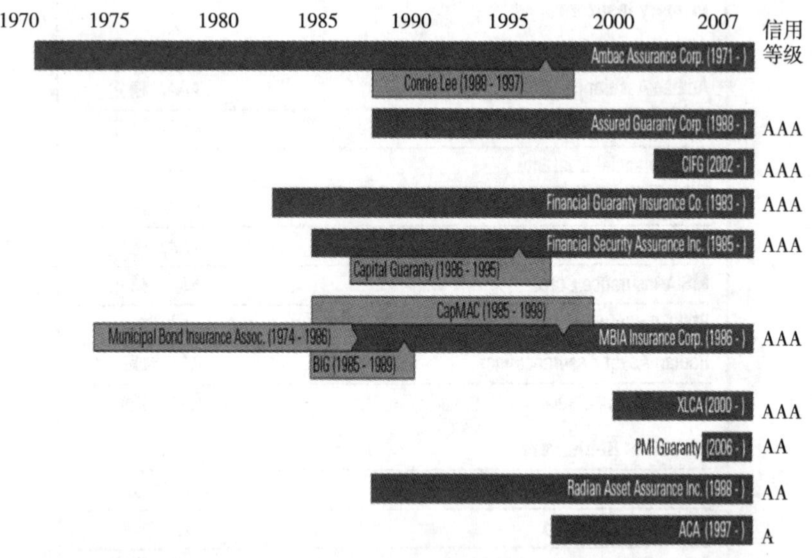


资料来源：标准普尔，《Global Bond Insurance 2007》。

**图 3－6　截至 2007 年单线担保保险商信用等级分布历史表现**

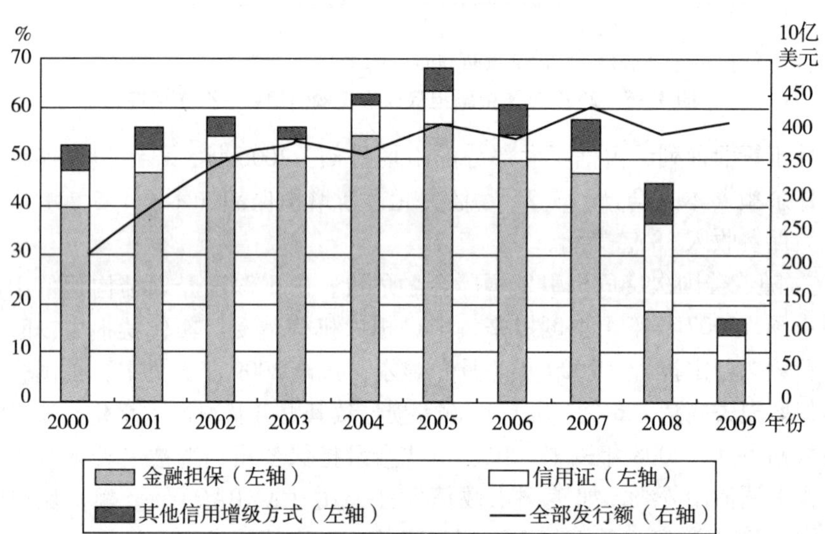


资料来源：标准普尔，《For The U. S. Bond Insurance Market, There May Be No Turning Back》，2010 年 1 月。

**图 3－7　2000—2008 年单线担保保险商市政债担保市场渗透率**

多数机构已难以开展业务。在市场需求大幅萎缩和承保能力大幅下降的双重作用下，金融担保行业陷入严重困境。有业界分析认为，未来的金融担保将回归公共融资领域，由于市场需求存在，市政债担保业务仍会继续发展。同时，对金融担保机构的评级标准将更为审慎，监管也将更为严格。

## 第五节　国际担保业协会

### 一、主要协会组织

（一）泛美担保协会（PASA）

泛美担保协会（Pan American Surety Association，PASA），成立于1972年，由美洲大陆12家信用保险及担保公司在牙买加首都金斯敦发起成立，总部设在阿根廷首都布宜诺斯艾利斯。协会宗旨是促进发展担保机构和组织，鼓励私营企业参加保证担保保险；增强公众对信用保险和担保的意识，改善行业运作的法律环境。

泛美担保协会会员最初限于担保公司及担保再保险公司。1988年修改了协会章程，开始吸收信用保险公司及其再保险商入会。而今泛美担保协会已发展成为拥有35个国家、130家会员公司的国际性组织，包括了担保、信用保险和再保险业界的大多数主要公司，是世界三大信用保险及担保组织之一。

泛美担保协会作为行业组织代表，通过接触客户、受益人和代理人或竞争对手等利益集团，帮助各方沟通信息，减少不当竞争；组织公共和民营政治经济讨论，将担保行业引入广泛的公众视点，促进对担保或信用保险的关注与合作。协会内设保证担保、信用保险、诉讼担保、经济交流和教育培训等委员会，进行相应各议题的研究活动，此外，每年在不同地点举办的年会是业内交流即时商情的理想论坛，也为会员公司提供了交互合作的机会。

中国投资担保有限公司从1998年起，先后加入了泛美担保协会、国际信用保险和保证协会及美国保证和忠诚保证协会，通过协会的平台，迈出了与国际担保业接轨的步伐。

（二）国际信用保险和保证协会（ICISA）

国际信用保险和保证协会（International Credit Insurance & Surety Association，ICISA），国际信用保险和保证协会于1928年在巴黎成立，常设

机构秘书处现位于荷兰阿姆斯特丹。是国际上第一家信用保险协会，迄今已有八十余年历史。自1950年以来，该协会开始吸纳保证担保公司入会，并逐步发展成为信用保险和保证担保行业国际最知名的协会之一。目前，协会会员单位已达45家，遍布五大洲26个国家。ICISA会聚了当今全球范围内主要的信用保险和保证保险公司，成员的业务量占据全球信用保险业务的95%以上，支持着全球超过2万亿美元的贸易应收账款，并为价值几十亿美元的建设项目、服务和基础设施提供着担保。国际信用保险和保证协会与泛美担保协会（PASA）、伯尔尼联盟（Berne Union）并称为国际三大信用保险和保证协会。

该协会自成立以来，在信用保险和保证行业发展中发挥了重要作用。协会致力于研究信用保险及保证业务相关问题，为会员单位提供信用保险和保证业务承保理论及实务的经验交流平台，促进会员单位构建互惠互利的关系，与相关监管及立法部门保持密切接触，改善会员单位的立法及经营环境。

（三）美国保证和忠诚保证协会（SFAA）

美国保证协会（The Surety Association of America，SAA），成立于1908年，已有百年历史，于2006年5月更名为美国保证和忠诚保证协会（The Surety & Fidelity Association of America，SFAA）。美国保证和忠诚保证协会是美国一家非营利机构，注册地为哥伦比亚特区。目前，美国保证和忠诚保证协会有502家会员单位，其中绝大多数为在美国有执照从事保证、忠诚保证、再保险的公司。该协会一共有9家外国会员，均为美国境外的保证、忠诚保险公司，包括中国、韩国、加拿大、百慕大、墨西哥和西印度群岛等国。美国保证协会会员单位的主要业务是工程保证担保、商业保证担保和忠诚保证担保等。

该协会自成立以来，在美国保证行业发展中发挥了重要作用。协会向会员提供保证合同样本，发布行业费率水平、统计数据、风险类别、损失数据等信息；沟通保证担保业与国会、各政府机构之间的关系，在公共政治、相关政策问题上代表保证担保公司的共同利益，向政府解释、宣传保证担保业的观点和意见。

（四）欧洲共同担保协会（AECM）

欧洲共同担保协会（European Association of Mutual Guarantee Societies，AECM），成立于1992年，办公地点在比利时首都布鲁塞尔。欧洲共同担保协会是欧洲中小企业担保机构/担保基金的协会组织，在21个欧盟国家和土耳其运作，拥有34个成员单位，其中包括共同和私营担保

机构，以及公立担保机构（担保基金或具有担保业务的开发银行）。欧洲共同担保协会代表了欧盟三大机构（欧盟委员会、欧洲议会和欧盟理事会）及其他多边机构的政治利益。其成员的共同使命是为具有经济效益但缺乏银行能接受的担保品的中小企业提供贷款担保。2009 年，欧洲共同担保协会成员机构的担保业务组合为 7 040 亿欧元，承保项目 340 亿项。2009 年担保额较 2008 年上升 58%。

## 二、国际担保行业协会的作用

### （一）开展业务合作

多数担保机构业务范围在本国国内，这时他们了解国内市场即可。如业务涉及国际建筑合同和出口相关业务，担保受益人可能在国外。这样，担保机构需要受益人所在国的同行联合开展业务，或进行当地合同的审查，合同可能应用不同的语言和形式。跨国的担保业务合作，很多采用前后台担保的形式。

### （二）建立业务网络

如果担保机构想使自己的产品覆盖国际市场的风险，则需要可靠的国际业务网络。当地合作者不仅仅是共同承做项目，并且承担一定比例的风险，因此，会尽其努力促使合同成功履行。另外，为达到分散风险的标准，担保机构需要再保险。可取的再保险商包括世界著名的再保险机构，和国际上与本机构不产生竞争的、运作成功的担保机构。

### （三）统计、咨询及信息共享

进行行业业务数据统计分析，发布统计结果并提供咨询服务。包括担保业务数据统计、风险分析、担保赔付、损失、费率水平等，有的协会还向会员提供保证合同样本等。发挥信息咨询中介作用，提供国家、市场、法律等信息，使会员意识到某些在开发或在推销产品的风险或优势。发行协会简报、年会文集和协会公告等，使会员与市场动态保持同步。会员可以通过协会内的信息论坛讨论共同关心的问题，分享思想和见解，获得最新理念。通过信息交流，协助担保机构利用可用资源控制风险，实现“零损失”的要求。

### （四）技术支持、培训及人员交流

提供培训计划，增强并扩大对担保产品的理解。特别提供会员公司之间的国际互派雇员交流项目，促进会员公司之间的国际合作。为会员提供资料、专家法律意见及组织支持，以便会员与国家或国际政府管理机构或其他贸易组织进行沟通，利用资深会员专业技术帮助其他会员公司开发市场。每个成员都会参加国际协会举办的论坛或研讨会。除去信息和经验的共享外，还可直接从人员层面了解国外同行的业务。由于很多担保机构有共同承做业务（以前后台担保的方式等）或互为再保险商，人员层面的相互了解是很重要的。

（五）维护行业利益

国际担保业的共同利益是国际协会的另一项重要工作。工作方式包括集中各担保公司和信用保险公司的意见，代表行业与国际组织、政府机构等管理部门对话，促进和改善担保业的法律环境等。

# 第四章　国内担保行业的发展

信用担保机构和融资性担保机构都是对担保机构的称谓，融资性担保机构也是信用担保机构，信用担保机构也可以是融资性担保机构。以融资性担保机构为主体的中国担保业从1993年开始起步，目前已成长为一个新兴的、初具规模的行业，在机构建设、业务能力、承保规模和业务种类等方面取得了长足进步。快速发展的担保业，在缓解中小企业融资难、促进地方经济发展和社会信用体系建设等方面发挥了积极的作用，并逐渐成为我国多层次金融体系的重要组成部分。

## 第一节　发展历程

从行业管理的角度，我国担保业的发展可分为三个阶段：1）担保机构由金融监管部门监管阶段；2）担保机构由多个政府部门管理阶段；3）由银监会牵头的融资性担保部际联席会议进行行业监管，行业进入规范发展阶段。

### 一、担保机构由金融监管部门监管阶段（1993—1999年）

1993年12月，由国务院批准特例试办并经中国人民银行批准设立，原国家经贸委和财政部共同发起成立了中国首家全国性专业担保机构——中国经济技术投资担保有限公司（2006年更名为中国投资担保有限公司，以下简称中投保），标志着我国担保行业的诞生。中投保公司初始注册资金5亿元人民币，作为非银行金融机构，由中国人民银行监管。

1994年8月中国人民银行发布实施的《金融机构管理规定》中明确规定：金融机构包括信用担保公司，融资担保业务属于金融业务，并对其实行金融许可证制度。未取得许可证者，一律不得经营金融业务。

1995年6月我国《担保法》颁布，并于当年10月1日开始实施。1997年12月，最高人民法院根据实际需要和《担保法》实施以来司法实践中遇到的问题，着手制定关于适用担保法的若干规定。

1999年1月，根据中共中央办公厅、国务院办公厅发布的《中央党政机关金融类企业脱钩的总体处理意见和具体实施方案》的精神，中投保公司转给中央大企业工委管理。由于担保机构不再接受人民银行有关部门监督管理，从而大大降低了其后成立的大批担保机构的准入门槛。

在这一阶段中，全国性专业担保机构成立，作为非银行金融机构管理，准入门槛高。我国《担保法》及之前《民法通则》的颁布实施，使得担保业务得到了法律保障。此阶段担保业务属探索开展，担保业务基本是融资性担保业务。

## 二、担保机构由多个部门管理阶段（2000—2008 年）

1999 年 1 月，国务院专题会议确定由财政部作为行业主管部门，牵头起草行业管理办法。之后，国家经贸委设立中小企业司，从支持中小企业发展的角度推进担保机构的发展。这一阶段中，财政部、发改委、工信部、人民银行、银监会、建设部、司法部、证监会、工商总局等有关部委和地方政府也从各自的职能出发，从不同角度对担保机构进行管理，并分别制定了一些部门规章或指导意见。

改革开放 30 年来，我国经济持续增长，至 2008 年世界金融危机前，保持了 GDP 平均增长两位数的令世界瞩目的业绩。这一时期中，我国市场经济进程不断加快，经济转型过程中，中小企业发展起了重要的作用。担保作为促进资金融通、降低交易成本的手段，需求大幅度增长，融资性担保成为缓解中小企业融资难的有效措施。《物权法》、《中小企业促进法》等相关法律法规陆续颁布，使得担保机构的法律环境得到进一步改善。

2000—2002 年，担保机构的资金来源以政府出资为主。截至 2002 年底，全国共有担保机构 848 家。其中，政府完全出资和参与出资的机构占机构总数的 72.4%，政府未出资的占 27.6%。2003 年之后，随担保市场需求迅速扩大，投资人对担保业商业前景的预期升高，使得社会资本纷纷进入，推动民营担保机构数量快速增长，民营担保机构数量占比从 2002 年底的 27.6%，上升到 2009 年底的 85%。

此阶段中，担保行业的资本规模、业务规模和业务种类等迅速增加。至 2008 年底，全国担保机构资本金总计约 3 000 亿元，年新增承保额约 5 400亿元。担保业务品种以间接融资担保为主，并形成规模；债券担保等直接融资担保出现；工程保证、诉讼保全等非融资担保也有部分机构在承做。

在担保业的快速发展的同时，行业风险也不断积累。据不完全统计，

在全行业担保机构中，正常开展担保业务的机构不高于50%，很多担保机构担保业务量很少或根本不从事担保业务，“异化”现象不断出现。多头管理导致担保行业监管缺位，加之担保机构缺乏市场准入门槛和机构行为规范，使得担保业处于盲目发展和无序竞争状态。机构数量猛增，质量良莠不齐，机构的资本实力和盈利能力大多较弱，部分机构经营不规范，违规、失信行为屡有发生。这些现象，对银行业金融机构等债权人形成了潜在的风险，对担保业造成了严重负面影响。

## 三、融资性担保机构由融资性担保业务监管部际联席会议监管阶段（2009 年至今）

2009 年 2 月和 4 月，国务院及其办公厅相继发布了《国务院办公厅关于进一步明确融资性担保业务监管职责的通知》及《国务院关于同意建立融资性担保业务监管部际联席会议制度的批复》，对担保行业监管体制做出重大调整，建立由银监会牵头、其他七部委参加的融资性担保业务监管部际联席会议制度，这两份文件确立了我国融资性担保业新的监管体制，在担保行业发展史上具有里程碑意义。2010 年 3 月 8 日，经国务院批准，银监会等七部委联合发布实施《融资性担保公司管理暂行办法》，对融资性担保机构的市场准入、机构管理、业务运行、风险管理、信息披露等方面做出了明确规定，开始对融资性担保机构实行监管。至此，融资性担保行业进入了规范发展的新时期。2010 年开始，《融资性担保公司董事、监事、高级管理人员任职资格管理暂行办法》等多项监管配套措施先后出台，并开始进行行业规范整顿。至 2012 年底，通过监管机构审查，领到融资性担保机构经营许可证的担保机构为 8 590 家。同时，在规范管理的环境下，担保行业保持了运行平稳，发展较快的态势。行业监管的确立，控制了行业风险，促进了担保行业健康可持续发展。

同时应当注意到，未进入监管体系的非融资性担保机构，数量上已远超融资性担保机构。在 2011 年货币政策回归稳健的大环境下，一些机构趁中小企业资金需求紧张之危，打着“担保”的旗号大肆从事高利放贷，甚至非法集资、非法吸收公众存款等严重违法违规活动。这些所谓的“担保机构”绝大多数是不从事担保业务的非融资性担保机构。非融资性担保机构缺乏监管和规范，风险频发，如何对其进行规范，亟待我们研究思考和解决。[①] 2013 年底由银监会等八部委发布了《关于清理规

---

① 文海兴、张正：《规范非融资性担保机构势在必行》，载《当代金融家》，2011（11）。

范非融资性担保公司的通知》，在全国范围内集中开展了清理规范非融资性担保公司的专项活动。对非融资性担保公司的管理还需进一步强化，并建立强有力的长效机制。

## 第二节　发展现状

### 一、机构数量

截至2009年底，全国共有担保机构约14 000家，其中2008—2009年担保机构数量增长尤为迅速，详见图4－1。截至2012年底，通过监管机构审查、纳入监管体系的融资性担保机构为8 590家。2007年以来担保机构数量激增的主要原因在于：一是政府加大担保机构的扶持力度；二是担保市场的商业前景日益显现，吸引社会资本大量涌入；三是监管体制重大改革强化了市场准入门槛提高的预期。担保机构数量众多，但发展很不平衡。2009年年底以前的14 000家机构中，正常开展担保业务的只占有较少比重。

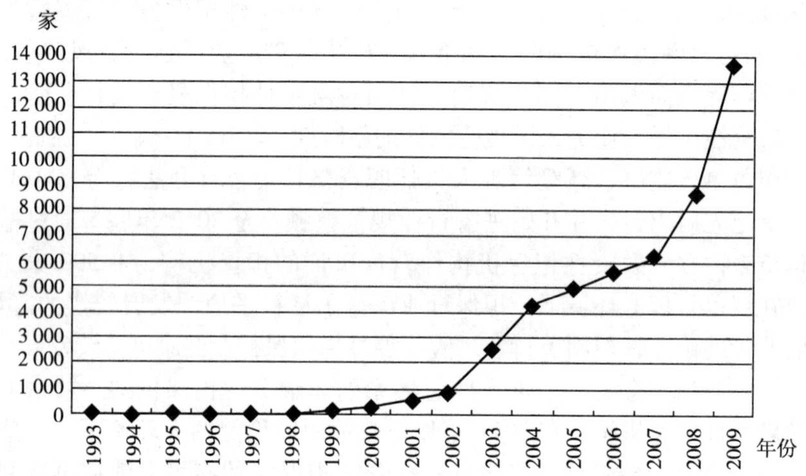


资料来源：中投保公司，《2010中投保发展报告》，2010年10月。

**图4－1　1993—2009年中国担保机构数量**

### 二、机构分类

（一）按出资人性质分类

一般分为政府出资和民营（含外资）出资两类；其中，政府出资包

括全额出资和部分出资。在我国担保业发展过程中，政府推动起了重要作用，2003 年以前，政府出资成立的担保机构占了绝大多数，2002 年年末政府出资成立的担保机构约占总数的 72.4%。2003 年以来，随着担保市场快速发展，民营出资成立的担保机构数量迅猛增长，占比大幅增加，并呈现逐年攀升趋势，详见图 4－2，截至 2009 年末，民营出资成立的担保机构数量占总数的比重上升至约 85%。

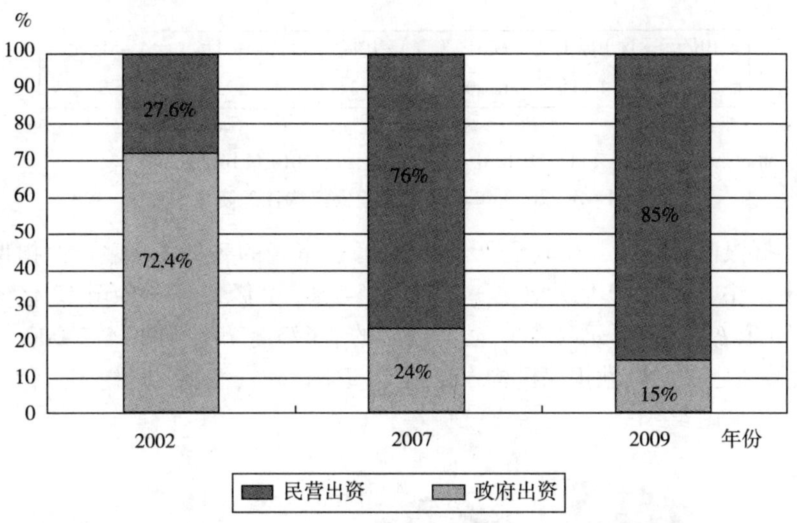


资料来源：中投保公司，《2010 中投保发展报告》，2010 年 10 月。

**图 4－2　中国担保业中政府出资和民营出资担保机构数量占比**

据银监会统计，在截至 2012 年年底通过审查的 8 590 家融资性担保机构中，国有控股的有 1 907 家，占比 22.2%；民营（含外资）控股的有6 688家，占比 77.8%。国有控股担保机构比重有所上升。

（二）按注册资本规模分类

按注册资本规模可以分为：大型担保机构（5 亿元以上）、中型担保机构（1 亿～5 亿元）、小型担保机构（2 000 万～1 亿元）、微小型担保机构（500 万～2 000 万元）、微型担保机构（500 万元以下）。虽然担保机构数量增长很快，但大多数资本实力偏弱。数据显示（详见图 4－3），截至 2009 年年末，注册资本金额在 1 亿元以上的担保机构近 600 家，占比约 4.7%；2 000 万～1 亿元的担保机构数量最多，占比约 52%；500 万元以下的占比约 19%。近年来，随着社会资本纷纷进入担保市场，担保机构资本实力较快增长；其中，大中型担保机构数量有了较大增长，注册资本金额 10 亿元以上的机构达到 25 家。

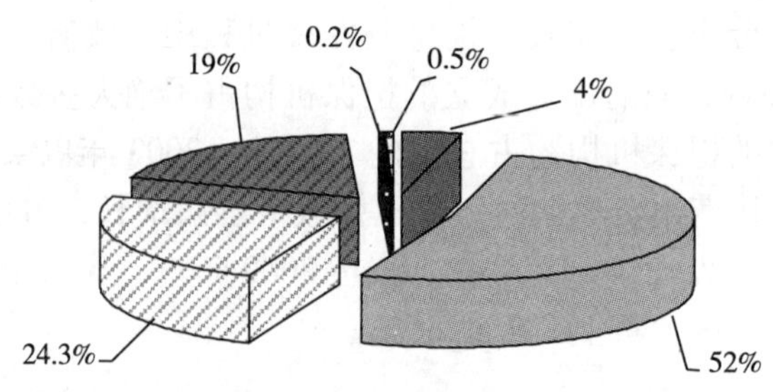


资料来源：中投保公司，《2010 中投保发展报告》，2010 年 10 月。

**图 4－3　2009 年年末中国担保机构注册资本分布**

据银监会统计，在截至 2012 年底通过审查的 8 590 家融资性担保机构中，注册资本 10 亿元（含）以上的 54 家，1 亿元（含）至 10 亿元的 4 150 家，2 000 万元（含）至 1 亿元的 3 673 家；注册资本 2 000 万元（含）以上的融资性担保机构占比约 91. 7%，融资性担保机构实力稳步增强。详见图 4－4。

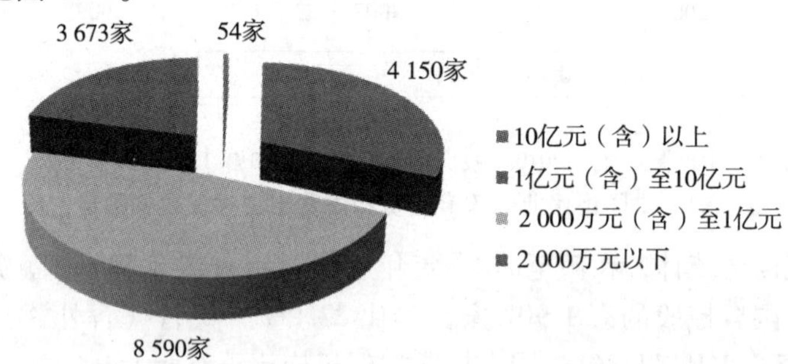


资料来源：银监会网站。

**图 4－4　2012 年末纳入监管体系的融资性担保机构注册资本分布**

（三）按业务范围分类

按业务范围可以分为综合性担保机构和专业性担保机构。从国际担保业发展来看，国外担保机构大都是采取专业化经营，如中小企业融资担保机构/体系、单线金融担保机构、信用保险与保证担保机构等。从国内来看，我国担保机构从中小企业贷款担保业务起步，随着展业环境不断改善和担保市场逐步发育成熟，业务品种逐步拓展到贸易履约担保、工程保证、诉讼保全担保和金融产品担保等。目前，绝大多数担保机构主要从事间接融资担保业务；只有少数资本实力和业务能力强的大型担

保机构实行综合性经营。

## 三、资本金规模和业务规模

近年来，随着担保机构资本实力日益增强、担保市场快速发展，担保机构的承保规模快速增长，业务领域不断拓宽，业务种类日益丰富。截至2009年末，全国担保机构资本规模（含担保基金）总计约7 000亿元，比2003年大幅增加了约12倍；年度新增担保额总计约1.2万亿元，比2003年大幅增加了13.7倍；2002—2007年，放大倍数（新增担保额/资本规模）呈逐年小幅上升之势，2008年开始小幅下降，2009年降至约1.7倍，详见图4－4。

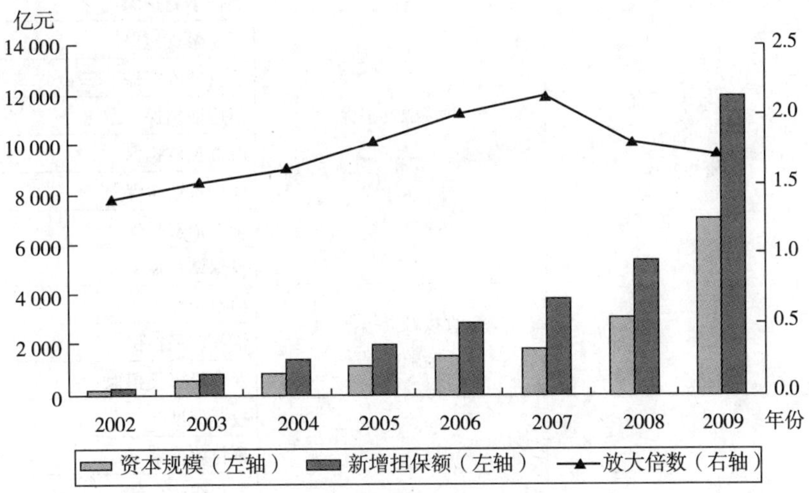


资料来源：中投保公司，《2010中投保发展报告》，2010年10月。

**图4－5　2002—2009年中国担保机构的资本金和承保规模**

据银监会统计，截至2010年底，全国融资性担保机构资产总额5 923亿元，净资产4 798亿元。在保余额总计11 503亿元，较上年增长64.6%。融资性担保放大倍数2.07倍。截至2011年底，融资性担保机构资产总额9 311亿元，净资产7 858亿元。在保余额总计19 120亿元，较上年增长39.1%。融资性担保放大倍数2.1倍。截至2012年底，融资性担保机构资产总额10 436亿元，净资产8 886亿元。在保余额总计21 704亿元，较上年增长13.5%。融资性担保放大倍数2.1倍。行业监管确立后，行业资本实力和业务量稳步增长，放大倍数略高于2倍。

## 四、业务品种

国内担保业务从中小企业融资担保起步，随着市场对担保需求的不断增加和多样化，担保领域越来越广泛，担保业务品种也不断增加。经过20余年的发展，担保品种已涉及了国际通行的三大类业务，融资性担保、金融担保及保证担保，具体品种不少于几十种。此处仅列出主要担保品种，详见表4-1。

**表4-1　　　　　国内主要担保业务品种**

<table>
<tr><td rowspan="12">融资性担保</td><td rowspan="9">间接融资担保</td><td>贷款担保</td></tr>
<tr><td>票据承兑担保</td></tr>
<tr><td>贸易融资担保</td></tr>
<tr><td>项目融资担保</td></tr>
<tr><td>信用证担保</td></tr>
<tr><td>融资租赁担保</td></tr>
<tr><td>住房置业担保</td></tr>
<tr><td>个人消费担保</td></tr>
<tr><td>投保结合业务</td></tr>
<tr><td rowspan="3">直接融资担保（金融担保）</td><td>债券担保</td></tr>
<tr><td>信托产品担保</td></tr>
<tr><td>保本投资类担保</td></tr>
<tr><td rowspan="8">非融资性担保</td><td rowspan="6">工程保证</td><td>投标保证</td></tr>
<tr><td>预付款保证</td></tr>
<tr><td>工程履约保证</td></tr>
<tr><td>供货履约保证</td></tr>
<tr><td>工程维修/质量保证</td></tr>
<tr><td>业主支付保证</td></tr>
<tr><td rowspan="2">司法担保</td><td>财产保全担保</td></tr>
<tr><td>执行担保</td></tr>
<tr><td rowspan="2">再担保</td><td colspan="2">融资性再担保</td></tr>
<tr><td colspan="2">非融资性再担保</td></tr>
</table>

根据《融资性担保公司管理暂行办法》，“融资性担保是指担保人与银行业金融机构等债权人约定，当被担保人不履行对债权人负有的融资性债务时，由担保人依法承担合同约定的担保责任的行为。”融资性担保仍是我国担保业务的主要构成，据银监会统计，至2012年底，融资性担保贷款余额为14 596亿元；其中，中小企业融资性担保贷款余额11 445

亿元，占比 78.4%。

直接融资担保也称为金融担保，在资本市场运行，为金融产品提供信用增级服务，随金融创新的发展而发展。其属性仍是融资性担保，但与间接融资担保的业务结构及风险特点均有很大不同。国内金融担保业务中，债券发行担保占有较大比重，《融资性担保公司管理暂行办法》中，也给出了相应的管理规定。

非融资性担保中，国内主要开展的品种是诉讼保全担保和工程保证。工程保证中，以银行出具保函、担保机构为银行提供反担保的形式为主。目前开展的品种主要是投标保证、履约保证及预付款返还保证，多由融资性担保机构操作。

再担保由再担保机构及部分省级担保机构提供，其作用包括：（1）为直接担保机构分散风险；（2）通过再担保业务为直接担保机构增信；（3）建立地区担保业务体系。目前运行的再担保业务的担保形式，有承担连带保证责任的单项业务比例再担保、整体业务比例再担保；也有承担一般保证责任的再担保。

## 五、业务组合

我国担保业的业务组合中，融资性担保占有最大比重。2009 年，贷款类担保业务占比 72%，比 2007 年下降 6 个百分点；金融产品担保业务

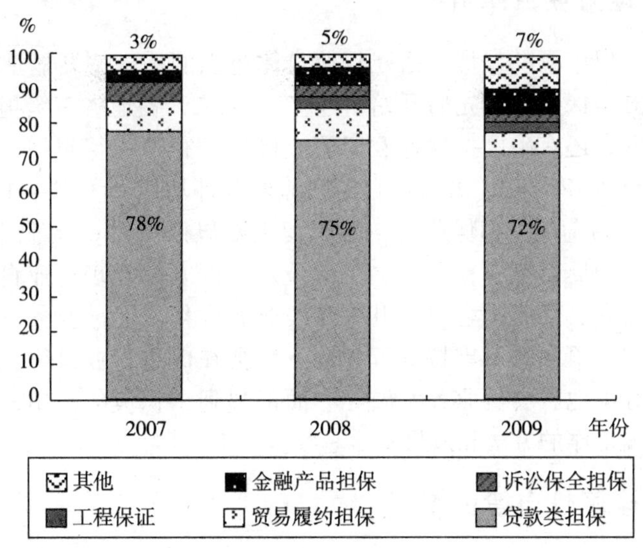


资料来源：中投保公司，《2010 中投保发展报告》，2010 年 10 月。

**图 4－6　2007—2009 年中国担保机构承保组合（按新增担保额）品种分布**

占比7%，比2007年上升4个百分点；两者合计占比从2007年的81%降至2009年的79%。2009年，工程保证业务占比2%，贸易履约担保业务占比6%，诉讼保全担保业务占比3%；其他类担保业务占比10%，比2007年上升5.5个百分点。

## 第三节　自律组织

以融资性担保机构为主体的担保业在我国尚属新兴行业，行业监管确立时间不长，行业发展还不够规范。许多担保机构和专家学者一直在呼吁应尽快建立全国性行业自律组织，发挥自律、服务、维权、协调等功能，配合行业监管工作，促进行业健康发展。监管体系确立后，监管部门对此项工作亦非常重视。

广义的现代监管体系应当包括完善的法律环境、专门的政府监督机构、多层次行业自律组织和消费者权益保护组织。融资性担保行业自律一方面是对国家法律、法规政策的遵守和贯彻，另一方面是行业内行规行约的自我约束行为。自律组织熟悉融资性担保机构运作情况，能够有效实行行业自律；行业自律组织的规范含有行业标准和道德标准的约束，能够协助监管部门发挥监管作用，是监管部门直接监管的补充与延伸。

### 一、地方性自律组织

随着担保市场的发展，组建行业自律组织的需求逐渐显现。2002年开始，地方担保业协会先后开始组建。10年来，各地省市级担保协会已成立几十家，还有中国担保业联盟等全国性准行业自律组织。据银监会统计，截至2012年底，各省市自治区除西藏外均成立了省级担保业协会（联合会）。目前地方担保业协会的职责主要包括：为政府部门、担保机构及会员单位提供服务；要求会员单位规范经营，实现行业自律；组织开展行业研究、交流、培训；组织开展业务合作，促进业务发展；维护会行业权益，争取政策支持等。各地方协会在促进行业自律、维护行业权益、服务本地区会员业务发展等方面都起到了积极的作用，但其组织方式及开展工作的方法和效果不尽一致。

### 二、全国性自律组织

2009年4月，国务院在《国务院关于同意建立融资性担保业务监管部际联席会议制度的批复》中，确定建立由银监会牵头的融资性担保业

务监管部际联席会议制度，明确了行业监管构架。2010 年 3 月，《融资性担保公司管理暂行办法》发布，对融资性担保机构的设立条件、业务规范、监管规则和法律责任等做出了规定，为行业规范管理奠定了基础；同时还明确提出，建立融资性担保行业自律组织，履行自律、维权、服务等职责。

融资性担保业务监管部际联席会议及各成员单位一直高度重视并积极推进融资担保行业自律组织的组建工作。经国务院同意，中国融资担保业协会已于 2013 年 9 月 17 日正式成立。中国融资担保业协会的成立，是我国融资担保行业规范发展和进一步走向成熟的标志，在融资担保业发展史上具有里程碑式的意义。

中国融资担保业协会的职责主要包括：

1. 行业服务。从担保业务实践的角度为我国相关法律、法规、司法解释、规章和部门政策的制定工作提供意见与建议；开展国际交流与合作，发展与各国专业担保、保险组织的双边或多边交流活动；编辑发行行业出版物，建立行业门户网站，举办行业研讨活动。组织经验交流，开展企业管理、专业技术、信息化建设及法律事务等咨询服务。

2. 行业研究。研究融资担保行业的发展问题，参与行业发展规划的制定工作；组织和参与融资担保行业的理论与实务研究；根据政府主管部门委托，组织和参与对研究成果的评审；开展现代化管理的研究，推广担保机构管理成果；调查、收集发布行业信息，根据授权开展统计。

3. 行业自律。组织制定自律性行规行约；制订会员间业务合作技术标准和业务规范；建立融资担保行业客户信息系统和客户信用评估体系，开展融资担保行业的专业培训；根据相关法律法规的授权或主管部门的委托，负责融资担保行业的相关专业资格考试及评定。

4. 行业维权。积极向政府部门反映会员诉求，维护会员的合法权益。

5. 行业协调。维护融资担保行业内的公平竞争，协调会员关系；发展与有关团体和组织的合作关系。

全国性行业自律组织的建立，将进一步完善我国融资性担保行业监管体系，为融资性担保机构提供多方服务，促进行业走上健康发展的轨道。

## 第四节 运行模式

我国担保业务运行方式主要依靠各担保机构自行设计，20 多年来，随业务发展和行业间业务交流不断优化。业务开展较好的机构都有相对稳定成熟的业务运行方式，虽然不同规模、不同地区、不同业务品种的担保业务运行方法会有一定差距，但担保业务流程和主要业务环节均有相似之处。

## 一、担保业务流程

担保业务流程是担保业务运行的基础载体，同时也是业务风险管理体系的重要组成部分。由于融资性担保机构操作的业务规模、业务品种、风险偏好、担保项目额度、客户群均有所不同，各融资性担保机构采用的业务流程也不尽相同，主要随业务风险度的变化而调整。

一般担保业务流程通常分为受理与评估、审批、承做三个阶段，详见图4-7。一是受理与评估阶段，包括受理和评估环节；业务部门受理客户申请并进行初评，由评审部门或业务部门进行项目评估，提出评审意见。二是审批阶段，包括审查和审批环节；一般项目由风险管理部门进行审查并提出意见，也可由专业委员会进行论证并提出意见；根据业务特点设定审批方式，包括：评审委员会、审批委员会、总经理办公会、董事会等。三是承做阶段，包括开立保函和在保监管等环节。如果客户履约，项目正常结案。如果客户违约，发生代偿，业务流程还包括诉讼追偿、资产处置等环节。

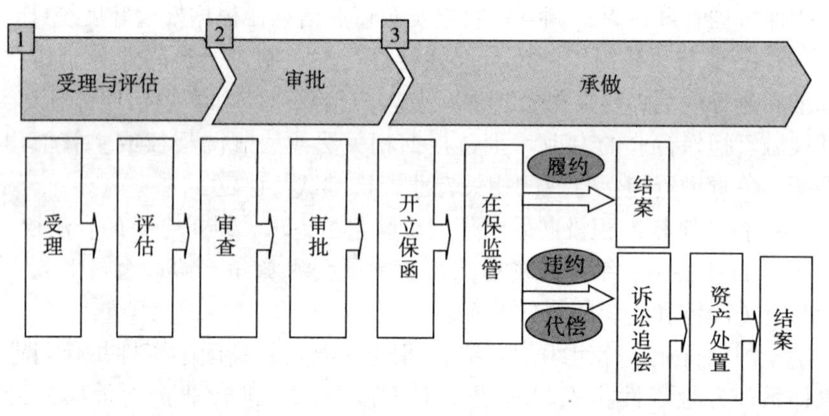


**图4-7 担保业务流程图**

担保业务的一般流程主要可归结为以下步骤①：

---

① 刘新来主编：《信用担保概论与实务》（修订版），北京，经济科学出版社，2006。

1. 申请担保；

2. 担保机构审查项目是否符合受理条件；

3. 对符合受理条件的项目，进行现场考察、资料审查和项目正式评审；

4. 根据项目评审结果，按决策程序进行决策；

5. 对于决定承保的项目，落实反担保措施；

6. 收取担保费；

7. 签订委托担保合同、反担保合同、保证合同及相关协议；

8. 对在保项目进行跟踪和监管；

9. 解除担保责任：

（1）无代偿解除，担保项目结束；

（2）代偿解除，进行追偿程序：若全部收回代偿损失，项目结束；若未全部收回代偿损失，核销损失，项目结束。

## 二、主要业务环节

### （一）担保业务受理

担保业务受理是担保业务操作的第一步，担保机构均会界定担保业务受理的基本条件，一方面可排除高风险担保品种和高风险项目，控制担保业务的系统风险；另一方面也作为项目初选条件，不符合基本条件者，不再进行正式评估，以提高工作效率，降低业务成本。担保项目首先应符合国家相关法律法规、行业监管政策，其次应符合本机构业务定位，具备风险控制能力，担保项目收益水平良好等。项目受理的基本条件一般涉及：业务的合法合规性、客户合法性、资产状况、信用水平、生产及营销能力、持续经营能力、反担保措施的有效性等。市场定位不同、业务范围不同的担保机构，项目受理条件不尽相同。

### （二）担保业务评估

担保项目评估是控制担保业务项目风险的最重要措施之一。其作用在于，全面科学地了解、分析、评价担保项目的各方面，包括企业素质、经营状况、财务状况、信用状况、用款项目和反担保措施，并分析项目主要风险所在，对担保项目做出综合评价，为本公司是否承保该项目提供决策依据。通过项目评估，使承保项目的代偿风险降至最低。由于担保业务的高风险性和所遵循的“零损失”原则，担保项目评估基本由担保机构自行承担。为规避道德风险，担保业务评估应遵循“审保分离”的原则。

担保项目评估的内容主要可分为三部分，即借款人资信评估、用款项目评估和反担保措施评估。根据项目具体情况，评估内容侧重会有所不同。

1. 客户资信评估。

客户资信评估是担保项目评估的基本内容，主要有客户资信评估和评级两种方式。其评价内容相似，主要区别在于评估结果的表示方法不同。

客户资信评估主要从评价企业的履约意愿和履约能力两方面入手，从定性和定量两个角度对企业进行评价。评估内容主要包括：一是企业素质，包括法定代表人素质、员工素质、管理素质、发展潜力等；二是经营能力，包括销售收入增长率、流动资产周转次数、应收账款周转率、存货周转率等；三是盈利能力，包括资本金利润率、成本费用利润率、销售利润率、总资产利润率等；四是偿债能力，包括资产负债率、流动比率、速动比率、现金流等；五是履约能力，包括贷款到期偿还率、贷款利息偿还率等；六是发展前景，包括宏观经济形势、行业产业政策对企业的影响，行业特征、市场需求对企业的影响，企业成长性和抗风险能力等。其评估结果用定性方法表示，表现形式为文字叙述，是对企业偿债能力的最终判断。

企业资信评级是根据担保业务特点和客户群的特点，设计专用/通用评级体系，采用标准化、规范化的程序和方法，综合考察客户履约意愿和履约能力等方面的情况，从定性和定量两个角度对客户进行评价。评价内容与客户资信评估相似，评价结果主要以定量方法—信用级别表示。企业资信评级是信用风险量化管理的基础，在担保机构中有所应用，但不够广泛。

2. 用款项目评估。

对于固定资产投资贷款担保项目和担保贷款用于小型项目建设或技术改造项目时，要对建设项目或技改项目进行评估。主要包括：项目建设的必要性、合法性及可行性，项目所属行业分析，产品市场分析，项目技术分析，项目投资估算及资金筹措计划，项目进度预测，项目经济效益预测，项目风险分析等，得出对项目偿债能力的判断。对于房地产开发项目，要考察项目的合法性，开发商资质及建设能力，投资估算、资金投入及资金筹措计划，项目定位及形象进度，做出市场预测及现金流预测，判断项目还款能力。

3. 反担保措施评估。

对于信用反担保，其评估方式与担保项目企业资信评估类似；对其

他反担保方式的评估，可归结为担保物的评估和反担保方案的评估。反担保措施评估的目的在于考察其是否可以控制最终风险。担保业务操作中，一般认为，反担保措施降低的风险只是相对的，担保项目操作应首先关注第一还款来源，即借款人的还款能力。当然，主要依靠反担保措施的“典当”式担保业务在行业中也占有一定的比重。

（三）反担保措施设置

设置适当反担保措施，是担保项目得以顺利实施的重要保障。担保业务操作中，根据项目风险度，经常有一个项目设置几种反担保措施，或在项目的不同阶段设置不同的反担保措施的情况。

反担保是当担保人为债务人向债权人提供担保时，担保人为了分散、化解风险而要求债务人向其提供的担保措施。反担保实质上也是一种担保，是对担保的担保措施，反担保适用《中华人民共和国担保法》关于担保的规定。反担保方式可以是债务人提供的抵押或者质押，也可以是其他人提供的保证、抵押或者质押。反担保措施作为被担保人不能按合同履约的保证。债务人如不能按期履约，保证人代为履行义务后，依法享有代位追偿权，可以执行预先设定的反担保措施，以加大企业的违约成本，促使企业提高履约意愿，降低担保机构代偿的风险。按中国的现行法律制度，依法设定了抵押权和质押权的特定物，在担保的债权范围内不作为破产财产进行分配，担保人具有优先受偿权，可以对抗第三人。因此，设定抵押、质押等反担保措施可以最大限度地保护担保机构的利益。

反担保措施能否有效保护担保人的利益，取决于反担保措施的合法性、变现价值、变现费用、变现税负、变现的难易程度等因素。谨慎核实和科学评估反担保措施的合法性、权属、价值、可变现性，详细分析其与项目的匹配程度，才能设置有效的反担保措施。

反担保措施既包括物的反担保、权利反担保，也包括信用反担保。较常见的种类主要有：

信用反担保：法人信用反担保、自然人信用反担保（个人连带责任）；

抵押反担保：房产抵押、土地使用权抵押、在建工程抵押、机器设备抵押、动产抵押、浮动抵押等；

质押反担保：动产质押、权利质押、股权质押、票据质押等。

（四）项目审批

项目决策应建立内部横向制衡机制，应遵循“担保评审与担保决策相分离”的原则。业务成熟度较高，业务量较大的机构，会考虑分级授权、分类审批的方式。审批方式包括会议审批和签署审批，签署审批应坚持“四只眼睛”原则，即双签制。业务量较小的机构一般采用集中会议审批的方式。

（五）签约承保

担保机构承做担保业务时，需要与有关方面签订的基本合同一般包括：

1. 与委托保证人签订《委托保证合同》。

2. 与借款人和反担保人签订《反担保合同》。

3. 与借款人和贷款人签订《保证合同》。

（六）在保项目监管

在保项目的监管主要有如下几方面工作：

1. 承保后，业务经理到被担保人的经营现场进行调查，检查资金是否及时足额到位，是否按合同约定使用资金。

2. 对抵（质）押物定期进行检查。

3. 业务人员要定期对项目进行跟踪调查，了解其重大经营策略调整、管理结构及组织结构变化、重要管理人员的变动、重大负债等可能影响担保合同履行的情况。

（七）代偿和追偿

如果委托保证人在担保贷款到期日未能按时足额归还银行贷款，担保机构需代替委托担保人归还其所欠银行的债务，即发生代偿。在代偿款支付以前，担保机构应核查原始合同，确认合同各方是否严格履行了合同义务；审查是否存在欺诈行为及虚假资料。代偿后，应及时落实追偿权利，并开展追偿工作。

## 三、担保业务风险管理

风险管理是担保业务的功能之一，风险管理能力是融资性担保机构的基本业务能力。作为专业风险管理机构，担保机构经营和管理风险，取得风险回报。其经营的风险均属于投机性风险，没有风险也就没有担保业务。另外，加之担保业务高风险低回报的特点，风险管理可以说是担保机构“永恒的主题”。

（一）担保业务风险分析

担保业务风险可主要归结为系统性风险和非系统性风险，其中，本节分析的第一项宏观经济环境风险及第二项担保行业风险是系统性风险，

其余为非系统性风险。其风险分布如图 4－8 所示。非系统风险又可分为业务风险和项目风险，从担保机构的角度看，其可控程度由下而上呈递减趋势。项目风险管理和业务风险管理是融资性担保机构的日常工作，而系统风险只能规避，无法控制。

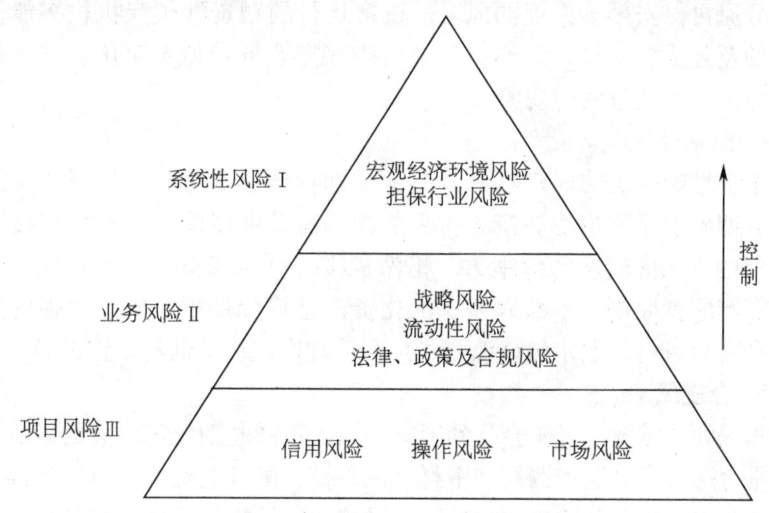


**图 4－8　担保机构风险金字塔**

1. 宏观经济环境（经济周期）风险。

我国担保行业诞生以来，国内经济主要处于上升周期。但其中也经过了 1998 年的亚洲金融危机和 2008 年的国际金融危机。1998 年时，我国担保机构数量很少，经济环境的变化未对担保机构产生明显的影响；近两年左右，受国际金融危机及欧债危机影响，我国经济增速放缓，出现一定面积的企业效益下滑甚至倒闭的现象，对部分担保机构的影响是明显的。应当注意到，美国等国家的经济危机曾给本国担保业带来很大打击，因此，担保行业对宏观经济环境风险应给予更高的重视。融资性担保机构对应的方法主要是：跟踪宏观经济变化，加强对业务重点行业和区域的跟踪研究，及时调整担保机构风险政策。

2. 担保行业风险。

担保行业长期以来鱼龙混杂，缺乏有效监管，行业透明度差。个别担保机构出现的业务风险、机构管理不善或违规经营可能给全行业带来负面影响；未进入监管体系的非融资性担保机构的违法违规现象，也可能引起银行等金融机构对担保全行业信用水平的质疑，导致行业业务停顿，产生“蝴蝶效应”。行业监管体系的明确和监管措施的实施，将使这一风险明显降低。

3. 战略风险。

战略风险主要指融资性担保机构的业务定位、业务品种选择、业务组合安排、业务平台建设、风险偏好、分支机构设置策略、业务发展规划、分保再保安排等方面的风险。正常运行的融资性担保机构多能采取审慎的业务战略安排，但亦有部分机构存在业务定位不明确、分支机构或业务扩张速度过快的现象。

4. 流动性风险。

融资性担保机构固定资产及其他长期资产比重过高、投资业务或担保业务期限安排不当均会带来担保机构的流动性风险，流动性直接影响着融资性担保机构的偿付能力。担保机构应坚持安全性、流动性、收益性的资产配置原则，不断调整、优化资产结构和期限结构，增强资产流动性和资金备付，制定风险监测指标和管理措施，降低流动性风险。

5. 合规风险。

担保业务涉及的行业会受到国家和地区不同时期经济政策的影响，如政府平台融资、房地产调控、钢材水泥调控、出口退税等；担保项目方案设计中各方权利义务的界定、反担保措施及监管措施设置的有效性、客户经营均有可能涉及合法性的问题，或出现“打擦边球”的现象；行业监管明确后，合规风险是担保机构近期需要特别关注的风险，担保业务和投资业务触及“红线”的情况还不少见。

6. 信用风险。

信用风险指债务人、合作机构不能完全履行合同规定的责任时，或当交易对手未能完全履行金融工具义务，从而给债权人或金融工具持有者带来损失的风险。信用风险是融资性担保机构面临的最主要风险。我国现阶段市场经济不健全，信用环境不佳，担保业务信息不对称及逆向选择明显，信用风险控制的难度显而易见。融资性担保机构的信用风险评估技术也处于较为初级的阶段，项目评估主要依靠业务人员的经验。评估方法为定量分析与定性分析相结合，但对于管理不规范的中小企业及微型企业，量化分析只能占有较小比重。“专家法”是现阶段担保项目评估的最主要、最有效的方法。风险量化分析、风险分散、风险组合等技术亦有所应用。

担保项目风险控制是融资性担保机构风险控制的最大量工作，坚持项目操作全过程风险控制，做好事前的风险评估、事中的在保监管和事后的风险化解等工作，不断提高对风险识别与计量能力，严格执行业务

流程各环节的操作规范，是担保机构控制项目风险的基本措施。

7. 操作风险。

操作风险指因公司内部程序、员工管理以及信息系统等不完善，或执行不力，造成直接或间接损失的风险。主要影响因素有：机构设置、授权机制、流程与规范建设、监督机制、信息系统、人员操守等。操作风险管理重在各项制度的建设与执行。通过加强内部控制建设，提高员工风险防范意识和能力等，可降低和控制操作风险。

8. 市场风险。

担保业务面临的市场风险包括由于利率、汇率等价格变化及客户所处行业市场的变化导致的担保业务收入降低或发生代偿的风险。跟踪了解市场变化，加强市场风险的识别、评估，加强计量技术的研究应用，检测产品组合风险承受能力和资产安全程度，提高市场风险控制的前瞻性和有效性，是融资性担保机构控制市场风险的主要方法。

（二）风险管理原则

1. 全面性原则。

风险管理应贯穿担保机构各类业务活动，覆盖各项业务流程和各个操作环节，覆盖所有部门、岗位、人员，覆盖信用风险、市场风险、操作风险、流动性风险等各类风险。

2. 重要性原则。

在全面性原则的基础上，对于重要业务品种、重大项目、高风险事项及重点岗位给予特别关注，并制定预警方法及处置预案。

3. 集中管理原则。

担保业尚处于发展阶段，其业务具有高风险的特点，业务稳定性不强，风险特点及风险度不易识别，有些融资性担保机构分支机构建立较快，业务扩张速度较快。风险管理组织形式采用集中管理为宜，谨慎授权。

4. 制衡性原则。

风险管理应当在治理结构、机构设置及业务流程、权责分配等方面相互制约，风险检查评价部门独立于风险内控的建立和执行部门，并有直接向高管层报告的渠道，形成由高层直接领导的、以独立的风险管理部门为中心、与各业务部门紧密联系的、职能上独立的风险管理体系。

5. 程序性原则。

融资性担保机构的业务活动过程中，应遵循事前授权审批，事中执行，事后审计监督的程序性原则，对担保业务及其他风险事项形成稳定有效的风险管理程序。

6. 适应性原则。

风险与效率的平衡是融资性担保机构风险管理体系建设的一大难点。风险管理体系应能适应融资性担保机构业务特点、业务规模、市场竞争能力及风险水平，应符合风险管理理念，坚持担保业务“零损失”原则，并具有有效性和可操作性。

（三）风险管理框架

专业担保机构是通过经营和管理风险获取收益的金融服务机构，担保业务运行的过程就是风险管理的过程。全面有效的风险管理体系是担保机构持续发展的必要保证。分析担保业务运行状况，参照全面风险管理体系框架，将融资性担保机构风险管理框架归结如下（见表4－2）：

表4－2 担保机构风险管理框架

| 模块 | 内容 | 定位 |
|---|---|---|
| 风险管理环境 | 风险管理理念、偏好，结构、制度、职责及权限等。 | 风险管理的基础和平台，理念和偏好决定了风险管理目标和政策制定。 |
| 风险管理目标与政策制定 | 风险管理目标政策制定：业务定位、风险容忍度、风险分散与组合、授权、信用评级、缓释政策等。 | 风险管理的出发点，是风险识别、风险评估和风险对应的前提。战略和流程都要符合风险管理政策，以实现其目标。 |
| 风险监测与识别<br>风险评估<br>风险对应 | 风险管理系统，风险识别、风险评估方法及标准，风险系统运行和维护规则、风险限额处理等。 | 风险管理的具体实施流程，是对风险管理政策的细化和执行。 |
| 内部控制 | 内控结构及运行，内部审计，规范操作程序。 | 风险管理目标实现和风险管理流程有效运行的保证。 |
| 风险信息处理与报告 | 风险信息的数据格式规范，风险报告制度。 | 保障全面实施风险管理的媒介，各项风险管理活动的沟通报告机制。 |
| 后评价和持续改进 | 风险管理体系评价问责制度，全面风险管理的激励约束机制。 | 对风险管理体系进行再控制再完善，保持风险管理体系有效性、科学性、适应性。 |

（四）风险管理措施

具体的风险管理措施一般包括：

1. 确定风险偏好，选择适当的业务定位。确定适合担保机构自身的业务品种和客户群。

2. 建立适合市场开发和风险控制的业务平台。包括银行等金融机构、开发区等地方政府部门或行业管理部门、特定的客户群组织（如行业协会）、特定的保后监管业务提供者等。

3. 建立合理的风险分散机制。主要是银行业金融机构等债权人、担保人、客户的风险分担机制及再担保机制，包括争取与银行业金融机构等债权人建立比例担保机制、与其他担保机构或再担保机构建立联合担保、再担保机制，设置客户反担保措施标准及自有资金投入标准等。

4. 建立符合风险管理原则的业务组织构架。

- 建立风险管理工作渠道；
- 明确部门职责和岗位职责；
- 建立平行制衡机制；
- 建立项目经理责任制及 AB 角制度；
- 建立授权管理制度；
- 严格项目审批制度。

5. 建立业务流程及各环节业务操作规范。

制定业务流程。针对不同业务品种，分析其风险特点及风险度，在权衡风险控制能力和业务运行效率的基础上，确定业务流程。

制定业务规范。对不同业务品种制定相应业务规范。同时，对每一业务环节规定：操作部门、责任人、工作内容、操作规范及标准、承接条件及完成条件、工作要求等，并明确各环节所承担的责任。

6. 坚持担保业务操作全过程风险控制。

事前：合理确定业务定位，进行翔实的项目评估，审慎设置担保方案和反担保措施，设置风险预案，严格审批制度。

事中：坚持担保项目保后过程监管，落实监管措施，建立风险预警机制，必要时进行项目跟踪评估。

事后：进行担保业务后评估，业务组合风险分析及业务审计。

## 第五节　行业特点

我国担保行业产生于计划经济向市场经济转型的过程中，在一定程度上借鉴了国际担保业的成功经验，同时又要适合我国的经济环境、金融环境、信用环境及法律环境。现阶段我国市场经济的成熟度很大程度上影响着担保行业的发展，行业整体上尚处于起步发展阶段。充分了解我国担保行业和担保机构的运行状况，详尽分析其特点，合理定位综合评价工作，是我们建设融资性担保机构评价体系的基础。

## 一、担保从业环境和配套扶持政策方面

### （一）经济环境支持担保业发展

在计划经济向市场经济转化、经济高速发展的社会环境中，支持中小企业发展，促进经济转型，调整经济结构是经济发展面临的重要问题。作为缓解中小企业融资难的一项有效措施，担保行业的发展一直得到了国家政策的支持。其方式包括减免担保机构营业税、资本金补偿、代偿补偿、中小企业担保补贴、担保贷款贴息等。担保行为法律制度基本建立，但规范担保机构的组织法律制度依然缺位。行业发展速度很快，机构数量从1993年的1家，发展到2009年底的约14 000家。至2012年底，通过监管机构审查、纳入监管体系的融资性担保机构为8 590家。净资产数额从1994年的5亿元，发展到2012年底，进入监管体系的8 590家担保机构的净资产总额为8 886亿元。我国“十二五”规划中，已明确地将担保列入金融服务业中。

### （二）行业监管确立，行业开始进入规范发展阶段

从1999年担保机构明确统一的行业监管长期缺位。国家财政部、工业和信息化部、住房和城乡建设部、发改委、银监会、证监会等多个管理部门从不同的方面对担保行业分别进行管理。机构设立、运行及信息披露均没有强制性要求，没有准入淘汰机制，没有业务许可管理，没有行业标准。担保机构经营管理、业务运行和信息披露主要依靠机构自律。2009年2月，国务院办公厅发布《关于进一步明确融资性担保业务监管职责的通知》，明确了行业监管体制，成立了融资性担保部际联席会议及其办公室，银监会作为牵头部门；成立了银监会融资性担保业务工作部，作为内设机构，并作为联席会议办事机构。经国务院批准，2010年3月银监会等七部委发布实施了《融资性担保公司管理暂行办法》，规定了融资性担保机构的设立变更及终止条件、业务范围、经营规则及风险控制及监督管理等。2010年银监会相继发布了《关于印发〈融资性担保机构经营许可证管理指引〉的通知》等多项监管配套措施，从业务许可管理、公司治理、内部控制、从业人员管理、业务统计、信息披露、风险事件报告、银担合作等方面规范了担保行业运行。行业监管的明确，结束了担保业处于多头管理、行业监管缺位的情况，担保业开始进入全面监管和规范发展的新阶段。

### （三）行业自律长期缺位

行业协会是以促进会员单位实现共同利益为宗旨行业自律组织，其

职能一般包括：配合监管部门督促会员自律，维护行业利益，促进行业健康发展，为会员提供服务，促进市场公开、公平、公正，提高行业服务水平等。2000 年以后，随着担保机构数量和业务量迅速上升，组建行业自律组织的需求逐渐显现。2002 年开始，地方担保业协会先后组建，2002 年至 2011 年，全国共成立省级担保业协会（联合会、联盟）30 家，另有中国担保业联盟等全国性准行业自律组织。作为进入规范发展阶段的担保业，行业自律组织的建立势在必行。

在中国银监会的支持与指导下，中国融资担保业协会筹备工作顺利推进。2012 年 4 月 23 日，经报国务院批准，民政部对申请筹备成立该协会的事项予以批复，同意筹备成立；2012 年 12 月 17 日，召开了该协会（筹）会员代表大会；2013 年 1 月 18 日完成注册；2013 年 9 月 17 日该协会成立大会召开，中国融资担保业协会正式成立。该协会接受中国银监会的业务指导和监督管理，主要职责包括：行业服务、行业研究、行业自律、行业维权及行业协调等。全国性行业自律组织的建立，将进一步完善我国融资性担保行业监管体系，为融资性担保机构提供多方服务，促进行业走上健康发展的轨道。

（四）业务操作环境有待完善

1. 社会信用体系尚不完善。由于我国中小企业以及担保机构的外部征信和评估制度尚未有效建立，加之政府相关部门的信息使用平台分割，数据信息不能共享和查询，导致银行对融资性担保机构、融资性担保机构对企业无法及时获得全面有效的信息，难以实施科学决策，影响了决策效率。信息不对称、不透明，信息真实性难以核实是担保业务操作的难题。中国人民银行、中国银行业监督管理委员会2010 年 12 月联合发布实施了《融资性担保公司接入征信系统管理暂行规定》，规定融资性担保公司经批准可以接入中国人民银行企业信用信息基础数据库和个人信用信息基础数据库。此《规定》将在一定程度上缓解担保业务信息不对称风险。

2. 风险分散体系建设有待加强。风险分散是担保机构风险管理的重要方法，也是融资性担保机构风险管理体系中不可或缺的部分。此处风险分散主要指与银行业金融机构的比例担保及担保业务的分出（再担保）。由于我国市场经济体制还不够健全，担保业还在起步发展阶段，运行模式缺乏制度基础和法律保障，融资性担保机构风险分散渠道非常有限。融资性担保机构仍然很难普遍实现与银行业金融机构的比例担保；再担保机构正在逐步建立，但有些机构运行还不稳定，责任承担方式不一，业务机制还不健全。不能建立有效的风险分散体系，使得融资性担保机构很难调整业务组合风险，容易造成风险集中，制约了融资性担保机构承保能力。

3. 部分业务操作手续复杂且具有不确定性。融资性担保机构作为非金融机构，其业务具有金融性质，其业务操作面临许多困难和不确定性。例如，全国各地抵押登记的做法不一，有些地区不认可担保机构的抵押登记资格，部分地区抵押登记手续烦琐且收费高，有些地区的抵押登记部门办理手续时间长并按被抵押资产价值的一定比例收取评估费和抵押登记费等。

## 二、行业素质及机构经营方面

### （一）行业发展速度快，资本金来源多样

我国市场经济的建立及经济的高速发展使担保业需求日益显现，加之政策的鼓励和行业准入门槛的取消，2000 年以来，担保机构数量和资本金数量“井喷”式上升。由于担保业务高风险低收益的特点，行业建立初期，担保机构资本金以国有资本为主，作为扶植中小企业发展和促进高新技术产业化的政策支持。至 2002 年底，政府出资成立的担保机构约占总数的 72%。2003 年以后，随着担保市场快速发展，民营资本及外资也看到了担保行业的商机，民营出资成立的担保机构数量迅猛增长，外资或中外合资担保机构也不断出现。截至 2009 年底，国有资本出资成立的担保机构数量占总数的比重下降至 15%。可以认为，2003 年以后成立的担保公司以民营企业为主，民营资本很大程度上推动了担保机构数量的上升。规范整顿后，截至 2012 年底，8 590 家融资性担保机构中，国有控股1 907家，民营及外资控股 6 683 家，分别占比 22.2% 和 77.8%①，国有资本占比有所上升。考虑到我国的担保业仍以中小企业融资担保为主，这与美国、日本、韩国的中小企业融资担保体系的资本构成有明显的区别，成为我国担保业的一个“特色”。

### （二）融资性担保是我国担保业的最主要业务

我国的担保业务从中小企业融资担保开始，在 20 世纪 90 年代，几乎所有的担保业务都是间接融资担保，即银行贷款担保业务。2000 年以后，诉讼保全担保、工程保证担保等非融资担保业务开始发展。2007 年，随着国家企业债担保政策的调整，债券担保等金融产品担保较快进入了担

---

① 银监会网站，http：//www. cbrc. gov. cn。

保市场。尽管在担保行业业务组合中，近10年来非融资性担保的比重有所上升，但融资性担保仍是我国担保业的最主要业务。

与国际担保业务的运行方式相比，我国的担保业务有混业经营的特点，这与我国经济环境和行业起步发展阶段有关。国际发达国家的运行方式是，三大类担保业务，即中小企业融资担保/银行贷款担保、保证担保/非融资担保及金融担保/资本市场金融产品担保，由不同的担保机构承做，业务运行、机构管理和行业监管均有不同的方法。我国担保机构中，承做中小企业融资担保的机构仍占大多数。同时，有些规模大实力强的担保机构会同时运行2~3类担保业务，不同业务类别的运行方式和风险特点并无清晰的界定。另外，较大型的担保机构，尤其国有出资的省级担保机构，有些同时承担再担保业务；再担保机构由于其业务开发和市场开拓等原因，很多也同时承做直接担保业务。

（三）业务风险控制结果较好

担保业务是高风险业务，收益水平却很低。有效控制项目风险，提高盈利能力和持续经营能力始终是担保从业人员面临的一大难题。同时，融资性担保机构为银行业金融机构提供了大量的债权担保，如果风险控制不利，容易产生系统性风险。

根据担保的原理，担保业务所收取的担保费是中介服务费，而不是风险补偿。担保业务与保险业务的重要区别之一就是，保险遵循“大数法则”，而担保则遵循“零损失原则”。因此，控制项目风险，保持较低的代偿率和损失率，对融资性担保机构的稳定持续经营至关重要。据不完全了解，正常运行的融资性担保机构代偿率普遍不高。据银监会统计，2011年行业融资性担保代偿率为0.5%，损失率为0.02%。据了解很多省级担保机构代偿率长期控制在1%以下，很多区县级的小型担保机构亦有很好的风险控制能力，取得了较好的业绩。可以说，正常运行的融资性担保机构风险意识较强，能够较为严格地控制项目风险。受宏观经济环境等因素影响，2012年融资性担保代偿率有所上升，为1.3%，损失率仍维持在较低水平，为0.1%。

（四）担保机构数量多，实力不一

截至2009年底，我国在工商注册的担保机构将近14 000家，担保机构注册资金规模从几十万元至30亿元不等，其中5亿元以上的占0.7%，500万元以下的占19%。大型担保机构年新增担保额可达数百亿元，而不做担保业务，业务完全“异化”的机构也不在少数。调查显示，正常经营担保业务的机构不足50%。有的名为“担保”，实则高息揽存或非法集资来放高利贷以及从事与担保无关的高风险业务，有的仅为关联公司套取银行资金提供方便，有的甚至采用欺骗手段骗取银行贷款。

据北京市信用担保协会统计，至2010年底，北京市机构名称带有“担保”字样的有700余家，已开展业务160~170家。经对其中127户开展的统计，截至2010年底，北京市担保机构净资产10亿元以上的有6家。2010年度，新增担保额在100亿元以上的担保机构有两家，在18亿元至100亿元的担保机构8家。另外，127家中，27家担保机构新增担保额为零。

2010年3月《融资性担保公司管理暂行办法》实施后，担保机构差距明显缩小，融资性担保机构注册资金规模不得低于500万元。经过规范整顿，截至2012年底，进入监管体系的8 590家融资性担保机构中，注册资本2 000万元（含）至1亿元的3 673家，占机构总数的42.76%；1亿元（含）至10亿元的4 150家，占机构总数的48.31%；注册资本10亿元（含）以上的54家，占机构总数的0.63%。注册资本2 000万元（含）以上的融资性担保机构占比约91.7%。平均注册资本为9 642万元，较规范整顿前的平均注册资本2 500万元提高了2.8倍[①]。各省注册资金要求最低的与《融资性担保公司管理暂行办法》要求持平，为500万元，最高为1亿元。

（五）担保功能没有得到充分发挥

据统计，2002年至2010年，我国担保行业平均放大倍数始终维持在2倍左右，行业平均放大倍数始终小于2.2倍[②]。据银监会披露的数据，2010年底，行业融资性担保平均放大倍数为2.07倍，2011年底及2012年底均为2.1倍。各机构业务开展很不均衡，其中不乏有些规模大、经营能力强的担保机构，放大倍数可达7~8倍，甚至10倍左右，且不需要在银行存入担保保证金；同时也有很多实力不强、资信水平不高的机构不能真正得到银行业金融机构的认同，只能在银行保证金的基础上放大1~2倍；更有部分机构没有开展担保业务，而是直接放贷，或没有开展任何业务。因此，行业平均资金效率很低，盈利能力和持续经营能力差。总体看来，担保业务的经济杠杆等功能没有得到充分发挥。这也是有些机构没有承做担保业务，有些机构不能得到银行认可的具体体现。

（六）行业透明度低，公信力有待提高

《融资性担保公司管理暂行办法》及其配套措施发布实施前，行业长

① 银监会网站，http://www.cbrc.gov.cn。

② 中国投资担保有限公司：《中投保发展报告2010》，2010年10月。

期缺乏信息披露制度，担保机构信息披露依靠自律。银行、担保客户及行业管理部门等利益相关者往往不能得到合作担保机构的真实信息，加之有些担保机构业务“异化”，弄虚作假，其使得合作机构很难判断担保机构的真实增信能力和履约能力，只能审慎从事，减少与担保机构的合作，或要求较高的保证金。作为信用提供者的担保机构，自身信用不能得到有效证明。另外，行业信息不透明，统计数据缺乏，外界无法对担保行业做出客观明确的评价，行业风险不能被有效识别，行业公信力无法得到社会认同。业内实力强、业绩好、严格自律的机构，也很难被外界有效区分。银监会2010年发布的《关于加强融资性担保行业统计工作的通知》、《融资性担保机构重大风险报告制度》、《融资性担保公司信息披露指引》等监管配套制度，明确规定了行业信息披露方法，这些制度的实施，将大大提高行业透明度及公信力。

（七）尚未形成标准化业务操作规范

各类担保业务中，均有很多品种。如间接融资担保中，有贷款担保、银行承兑汇票担保、信用证担保、住房置业担保、个人消费担保等；直接融资担保中，有债券担保、保本投资产品担保、信托产品担保等；保证担保/非融资担保中，有工程保证担保、交易履约担保、诉讼保全担保等。同时，还有以融资解决方案出现的投保结合产品，及担保与风险投资结合的投保结合产品等。各机构根据产品风险度和操作能力自行设计项目操作方案、业务流程和业务规范。担保业务很大程度尚不能形成标准化产品，也无标准化的业务流程和操作规范。行业自律组织的建立，将有助于行业标准建设。

# 第五章　企业评价的理论与方法

## 第一节　企业评价概论

企业评价是由专业的机构或独立的第三方或企业部门，按照一定的方法和程序，在对企业进行全面了解、考察调研和分析的基础上，针对有关企业整体发展状况、行业地位、合规性、竞争力、可靠性、安全性等的评价，一般以专用符号或简单的文字形式来表达评价结果。企业评价的目的，有的源于政府部门的监管需求，有的是企业管理的需要，有的是社会性的对比需要，有的是受某些机构之托对另外一些企业进行专业判断，等等。

就目前的实际应用来说，最具有影响力的企业评价有三类：企业信用等级评价、绩效评价和监管评价。下面分别研究这三种评价。

### 一、信用等级评价

现代市场经济是建立在法治基础之上的信用经济。在资本市场上，由于存在着严重的信息不对称性，企业向投资者筹资的交易成本非常高。为了降低和消除信息的不对称性，资本市场目前采取的主要办法是强化信息披露。同时，投资者通常也需要专业的风险评估机构来整理分析企业披露的信息，并以简单明了的方式揭示企业的信用风险。这样，信用等级评价制度便逐渐发展和完善起来了。

#### （一）信用等级评价的定义

信用等级评价是指专业的评级机构对企业所负各种债务能否如约还本付息的能力和可信任程度的综合评估，是对债务偿还风险的综合评价，并用简单明了的符号表示。理解信用等级评价，以下几点十分重要[①]：

① 李振宇、陈东明、钟用、朱海峰、蒋建国、万华伟：《资信评级原理》，北京，中国方正出版社，2008。

1. 评级机构。

评级机构是专门从事评级工作、向市场持续提供评级服务并以此为生存发展基础的机构。与银行从事的内部评级相对应，专业的评级机构也称为外部评级机构。在我国，评级机构需要得到有关主管部门的认可或许可才能从事专业的评级业务。

2. 信用等级评价的对象。

评级对象可以简单分为主体评级和债项评级。主体评级一般是指对企业等主体整体的信用质量和偿债能力的评价；债项评级一般是指对特定债务的偿还风险的评价，如债券评级等。

3. 信用等级评价的关键内容。

根据评级的目的，信用等级评价包括对债务偿还能力的评价和债务偿还意愿的评价两个方面。债务偿还能力是指企业或有关方面经营中产生现金流的能力、资产变现产生现金流的能力，与需要偿还债务的压力、正常经营所需要的支出的压力的对比。债务偿还意愿主要是债务人偿还债务的主观想法，是否愿意及时偿还债务。

4. 信用等级评价的特定符号。

为了更好地向投资者提供服务，信用等级评价结果一般用 AAA、AA、A、BBB、BB、B、CCC、CC、C、D 等符号代表不同的等级，以有效区分企业或债券的风险大小。

5. 信用等级的经济含义。

信用等级评价是一种风险评价，它是对债务人偿还债务的可能性的评价，或者说是对债务人违约的可能性的评价。一定的信用等级代表了一定的违约率，如 BBB 级的债券，其 10 年期的违约率在 3% 左右，而 AAA 级的债券的违约率可能为 0. 03% 左右。

6. 信用等级评价的运营机制。

信用等级评价主要在资本市场为不确定的广大投资者提供服务，一般是接受被评估企业的委托，服务费用一般由被评估企业支付。信用评级通过接受委托进行评级，为市场提供评级信息，为投资者提供服务，为政府监管部门提供服务，间接为发行人或委托人提供服务。

（二）信用等级评价的基本做法①

1. 确定信用等级评价品种，划分信用等级。

（1）长期和短期评级。按照债务的期限划分，信用等级评价品种主

① 李振宇、李信宏、邵立强：《资信评级原理》，北京，中国方正出版社，2003。

要应包括长期评级和短期评级。1 年以下为短期评级，1 年以上为长期评级。

（2）主体评级和债项评级。按照评级对象的性质划分，评级可以分为主体评级和债项评级两个大类。

（3）按照主体划分的评级品种。按照评级所涉及的主体的特点划分，主要包括政府、一般企业（非金融机构）、金融机构等。

（4）按照金融工具划分的评级品种。根据我国目前的实践，按照金融工具来划分，评级品种主要有：企业债或公司债，一般指非金融企业发行的期限在 1 年以上的长期债券。短期债券，我国也称为短期融资券，主要是指期限低于一年的债券。其他债券，如可转换债券、可分离交易债券、次级债、混合资本债等。结构融资（资产支持证券）产品是比较特殊的一类证券，一般包括个人住房抵押贷款支持证券（RMBS）、商业住房抵押贷款支持证券（CMBS）、银行对企业贷款支持证券（CLO）、不良资产支持证券以及其他资产支持证券（ABS）等等。

（5）信用等级的划分。一般来讲，长期债务评级分为九级或十级，短期债务评级分为四级或六级。主体评级与长期债务评级的等级划分基本相同。

2. 确定信用等级评价的内容和方法。

确定了评级品种后，就要对评级品种的信用风险特点进行研究和分析，以确定或制定每类评级品种的信用分析内容和方法。

确定评级品种信用分析内容的基本思路是，企业或债务的信用风险及其大小取决于决定企业或债务面临的风险因素。从一般意义上讲，每个企业的风险特点都是不同的。但归纳起来，企业的风险主要包括行业或产业风险、法律和政策风险、自然风险、市场风险、管理风险或操作风险、财务风险或金融风险等。这些风险因素如何组合分析，就会形成不同的方法。具体方法见下节。

3. 制定评级准则。

评级准则，主要是关于不同行业、不同的企业信用风险评价的基本观点和评价标准。评价观点是对风险和事件的看法，是评级机构独立意见的主要体现。评级标准是指一家信用等级评价机构对于信用等级评价各种指标的评判标准及相关处理意见和原则。

4. 采用适当的信用评级程序。

信用评级程序是指信用等级评价机构制订的有关评级的工作流程，目的是保证信用等级评价工作的质量，并使评级对象和社会公众了解信

用等级评价。根据监管部门的要求，整个评级过程需 3 ~4 周，一般包括评级准备、实地调查、初评阶段、评定等级、结果反馈与复评、结果发布、文件存档、跟踪评级等阶段。

## 二、企业绩效评价

### （一）企业绩效评价定义

企业绩效评价是指运用数理统计等科学方法，采用特定的指标体系，按照统一的标准，一定的程序，通过对比分析，对企业一定经营期间的经营效益和经营者业绩做出客观、公正和准确的综合评判。

企业绩效评价的目的一般包括：为股东评价管理层与经营层服务；为管理层评价下属企业或事业部门服务。企业绩效评价是重要的企业管理工具。良好的绩效评价有利于对企业经营者的业绩进行准确而全面考核，建立激励与约束机制，正确引导企业的经营行为，促进企业全面提高经营管理水平，不断提高企业竞争力。绩效评价也有助于投资者做出理性的投资决策。

### （二）国外企业绩效评价的主要方法

随着理论研究和实践的不断发展，企业绩效评价方法经历了从传统到现代的演变。传统方法主要包括杜邦分析法、沃尔综合评分法、财务报表结构指标评价法、相对值指标评价法等；现代方法主要包括经济增加值评价法、平衡计分卡评价法、绩效金字塔评价法、主成分分析法、聚类分析法等。下面对一些主要的绩效评价方法进行研究①。

1. 杜邦分析法。

杜邦分析法利用几种主要的财务比率之间的关系来综合地分析企业的财务状况。各种主要财务比率间的关系为，股东权益报酬率 = 总资产净利率 × 权益乘数 = 销售净利率 × 总资产周转率 × 权益乘数。

杜邦分析法存在的不足是，指标较单一，很难全面反映企业财务状况；不能提供重要的现金流量信息。

2. 沃尔综合评分法。

沃尔综合评分法利用线性关系把若干财务比率联系起来，采用指数法计算一个综合指标以评价企业综合的财务状况。沃尔综合评分法理论上的一个弱点是未能证明为什么选择这些个财务比率而不是更多或更少，另外，它也未能证明每个指标所占比重的合理性。

---

① 陆庆平：《企业绩效评价论》，北京，中国财经出版社，2006。

3. 经济增加值（EVA）评价法。

1982 年，美国思腾思特咨询公司提出了经济增加值（Economic Value Added）的概念，它是指从调整后的税后经营利润中减去债务成本费用和股本成本费用的剩余收入。基本的 EVA 计算公式为，EVA = NOPAT - WACC × C。NOPAT（Net Operating Profit After Taxes）表示税后净营业利润；WACC（Weighted Average Cost of Capital）加权平均资本成本；C（Economic Capital Employed）是经济资本总额。如果 EVA 的值为正，则表明公司获得的收益高于为获得此项收益而投入的资本成本，即公司为股东创造了新价值；如果 EVA 的值为负，则表明股东的财富在减少。

与传统的绩效评价体系相比，EVA 克服了传统财务指标没有考虑资本的机会成本的缺陷，具有鲜明的特点和明显的优越性：（1）EVA 不受公认会计准则的限制，可以比会计利润更准确地反映企业绩效；（2）EVA 将股东利益和经理业绩紧密联系在一起，促使经营者站在所有者的角度思考，将其工作重点转移到增加股东财富和实现企业战略目标。

尽管 EVA 具有上面这些突出的优点，但在实际应用中仍存在着一些缺陷：（1）在计算 EVA 的过程中，必须对有关会计信息进行调整，过多的调整项增加评估成本；（2）同传统绩效评价方法一样，EVA 系统对非财务指标缺乏重视；（3）EVA 理论在金融机构、周期性企业、风险投资公司、新成立公司中应用较为困难；（4）由于经济增加值指标评价的单一性，价值评价模式无法控制企业的日常业务流程；（5）EVA 没有考虑企业股东以外的相关者利益。

4. 平衡计分卡（BSC）评价法。

1992 年，哈佛商学院教授开普兰和复兴方案公司总裁诺顿提出了被称为平衡计分卡（Balanced Score Card）的企业绩效评价模式。作为对以往的企业财务评价方法的补充，平衡记分卡引入了顾客满意、内部业务流程、学习和成长三个未来业绩的驱动因素。平衡记分卡没有固定的指标体系，企业在实施过程中需要根据自身的愿景和战略、不同的市场环境进行设计。

平衡计分卡评价方法的优点主要体现在以下方面：（1）实现了财务指标与非财务指标之间的平衡；（2）通过战略地图使指标间的因果关系更为明确；（3）通过目标声明进一步解决了战略目标分解时长期目标与短期目标相协调的平衡问题；（4）平衡计分卡是一个开放式的结构，企业可以依据实际情况制定分类标准和选取评价指标。

在实践中，平衡计分卡也暴露出一定的局限性，如指标覆盖面较大，

难以突出重点指标，不便于指导企业战略实施和决策的迅速制定。

（三）我国国有企业绩效评价

20世纪90年代后期，随着市场经济体制的逐步完善、现代企业制度的逐步建立，企业经营的环境发生了巨大的变化，市场竞争日趋激烈。为了对企业一定经营期间的资产运营、财务效益等经营成果进行定量及定性对比、分析，做出真实、客观、公正的综合评判，有效发挥综合绩效评价工作的评判、引导和诊断作用，推动企业提高经营管理水平，适应现代企业的发展和企业核心竞争力的构建，我国国有资产管理部门认真研究国外绩效评价经验，结合中国实际情况，发展出一套评价国有企业绩效的指标体系。1999年，财政部等四部委联合颁布实施了《国有资本金效绩评价规则》和《国有资本金效绩评价操作细则》。在此基础上，《企业绩效评价操作细则（修订）》和《中央企业综合绩效评价实施细则》分别于2002年和2006年颁布实施。

我国现行的国有企业综合绩效评价指标由二十二个财务绩效定量评价指标和八个管理绩效定性评价指标组成。其中，财务绩效定量评价指标由反映企业盈利能力状况、资产质量状况、债务风险状况和经营增长状况四个方面的八个基本指标和十四个修正指标构成，用于综合评价企业财务会计报表所反映的经营绩效状况；企业管理绩效定性评价指标包括战略管理、发展创新、经营决策、风险控制、基础管理、人力资源、行业影响、社会贡献八个方面的指标，主要反映企业在一定经营期间所采取的各项管理措施及其管理成效①。

现行的国有企业绩效评价方法仍然有许多有待进一步改进的地方，如评议指标难以定量分析，可操作性不强，评议结果的诊断性不强等等。

## 三、监管评价

（一）监管评价的目标

监管评价具有广义的监管评价和狭义的监管评价之分，狭义的监管评价指的是监管当局针对被监管企业进行的评价，这是一般意义上的监管评价。广义的监管评价包括监管当局、自律组织等机构对行业个体进行的评价。

出于各种原因，各国政府对各行业企业都会进行不同程度的监管。

① 国务院国有资产监督管理委员会：《中央企业综合绩效评价实施细则》（国资发〔2006〕157号），2006年。

从监管程度上看，国家对金融业的监管是最为严厉的，并且监管体系相对成熟。金融监管的目标主要包括以下几个方面：有效控制和管理货币供给，实现货币供求均衡，为经济发展创造一个良好的货币金融环境；确保负债性商业金融机构的稳定性和安全，提高商业性金融机构的生存能力，增强金融市场的内在稳定性；保护债权人、存款人的利益，约束债务人行为，维持金融市场稳定和秩序；改善金融市场的资源配置效率，实现有效配置和公平竞争。为了实现监管目标，监管当局通常会建立一套监管体系，并且为了能够具体地实施，会提出明确的监管指标以及相应的监管标准，而监管评价是监管当局对被监管对象是否符合监管要求的评估。通过监管评价，监管当局能够发现被监管对象存在的问题，并且可以要求其及时整改以防范相应的风险，不管是对于监管目标的实现还是被监管对象的稳健经营均具有重要的意义。

（二）国际商业银行业监管评价

在监管实践中，对银行业的监管是比较成熟的，尤其是巴塞尔委员会提出的针对商业银行业的监管框架具有很大的影响力，本小节以此为例研究商业银行监管评价。

1.《巴塞尔协议》的诞生。

1988年7月，巴塞尔委员会通过了《关于统一国际银行的资本计算和资本标准的协议》（简称《巴塞尔协议I》）。《巴塞尔协议I》在国际银行界建立了一套国际通用的、以加权方式衡量表内与表外风险的资本充足率标准，也是第一次巴塞尔委员会提出具体可行的监管指标和标准。其核心指标是资本充足率，同时对资本的构成有详细的标准，对各种风险资产规定了详细的标准。相当多的监管机构开始以该标准对银行进行监管评价。

2.《巴塞尔协议Ⅱ》的监管评价体系。

1999年6月，巴塞尔委员会推出了《新巴塞尔资本协议》（简称《巴塞尔协议Ⅱ》）第一个征求意见稿。新协议提出了一个能对风险计量更敏感、并与当前市场状况相一致的新资本标准，明确将市场风险和经营风险纳入风险资本的计算和监管框架，并要求银行对风险资料进行更多的公开披露，从而使市场约束机制成为监管的有益补充。2004年6月，十国集团的央行行长一致通过《资本计量和资本标准的国际协议：修订框架》的最终稿，并决定于2006年底在十国集团开始实施。此后，25个欧盟成员国、澳大利亚、新加坡和中国香港等发达国家和地区也表示将利用新协议对商业银行进行监管，部分发展中国家也表示将采取积极措施克服困难实施新协议。

《巴塞尔协议Ⅱ》的第一支柱，即最低资本要求，主要包括三个基本要素：监管资本的定义、风险加权资产和资本对风险加权资产的最低比率。总的资本比率不得低于8%，二级资本不得超过一级资本。

《巴塞尔协议Ⅱ》形成了一个完整的银行业资本充足率监管框架，资本要求与风险管理紧密相连。它全面考虑了商业银行经营业务时的风险，从仅仅对资本充足率的单一监管扩展为多个维度的监管，使得资本分配方法对风险更加敏感，对市场和监管机构更加透明，监管评价指标相比《巴塞尔协议Ⅰ》增加了很多。监管部门可以根据这些指标和标准对银行进行比较全面的评价，并根据评价结果采取监管措施。

3.《巴塞尔协议Ⅲ》继续完善监管评价体系。

2009年以来，巴塞尔委员会对于资本监管制度进行了改革，并发表了一系列国际银行业监管的新标准，被称为《巴塞尔协议Ⅲ》。2010年12月，巴塞尔委员会公布了《巴塞尔协议Ⅲ》的最终版本，拟从2013年开始在银行业金融机构引入该协议，并计划于2019年完全生效。

（1）提高资本充足率要求。《巴塞尔协议Ⅲ》对于核心一级资本充足率、一级资本充足率的最低要求有所提高，引入了资本留存资本，提升银行吸收经济衰退时期损失的能力，建立与信贷过快增长挂钩的反周期超额资本区间，对大型银行提出附加资本要求，降低“大而不能倒”带来的道德风险。

（2）提高资本质量。巴塞尔委员会认为，提高资本质量将使银行经营更为稳健。因此，《巴塞尔协议Ⅲ》在明确定义一级资本构成的同时修改了《巴塞尔协议Ⅱ》中对“商誉”等含糊不清的定义和阐释，明确表示商誉、少数股东权益、递延所得税以及对其他金融机构的投资均不能计入核心一级资本。此外还建议废除之前协议中提出的“三级资本”的概念，在简化资本充足率要求形式的同时，强化对一级资本和二级资本的监管。

（3）扩大风险资产覆盖范围。提高“再资产证券化风险暴露”的资本要求、增加压力状态下的风险价值、提高交易业务的资本要求、提高场外衍生品交易和证券融资业务的交易对手信用风险的资本要求等。

（4）引入杠杆率。为弥补资本充足率要求下无法反映表内外总资产的扩张情况的不足，减少对资产通过加权系数转换后计算资本要求所带来的漏洞，推出了杠杆率指标。

（5）加强流动性管理。为降低银行体系的流动性风险，引入了流动性监管指标，包括流动性覆盖率和净稳定资产比率。同时，巴塞尔委员会提出了其他辅助监测工具，包括合同期限错配、融资集中度、可用的无变现障碍资产和与市场有关的监测工具等。

（三）我国商业银行监管评价

为了对商业银行进行持续监管、分类监管和风险预警，推行同质同类银行比较和差别监管模式，逐步统一同质同类银行的监管标准，中国银监会于2006年1月发布了《商业银行监管评级内部指引（试行）》①，对在中华人民共和国境内依法设立的所有商业银行（包括中资商业银行、外资独资银行和中外合资银行）进行监管评级。进行商业银行监管评级的目的在于：（1）建立银行机构的风险和经营状况的分析框架，帮助监管机构及时识别、判断银行的风险状况和严重程度。以便于监管机构全面掌握商业银行的风险状况。（2）通过对商业银行主要经营管理要素的评价，系统地分析、识别商业银行存在的风险和问题。监管机构据此确定对商业银行的监管重点，包括非现场监管、现场检查的频率和范围，帮助监管机构合理配置监管资源，提高监管效率。（3）有利于监管机构实施分类监管，针对性地采取监管措施，提高监管有效性。监管评级结果将作为监管机构实施分类监管和依法采取监管措施的基本依据。

该评价体系借鉴了“骆驼（CAMEL）评级体系”，将英国、新加坡和中国香港等国家和地区监管机构的良好经验和我国的具体实践相结合，包括资本充足状况（Capital Adequacy）、资产质量状况（Asset Quality）、管理状况（Management）、盈利状况（Earnings）、流动性状况（Liquidity）和市场风险状况（Sensitivity to Market Risk）6个评级要素，每个评级要素包括若干个定量指标和定性因素。每个定量指标和定性因素都采用6级评价结果，各层次的评价指标采用加权平均方法汇总，定量指标和定性因素的权重分别为60%和40%；6个评级要素的权重见表5-1。

**表5-1　评价要素的权重**

| 评价要素 | 权重 |
|---|---|
| 资本充足状况 | 20% |
| 资产质量状况 | 20% |
| 管理状况 | 25% |
| 盈利状况 | 10% |
| 流动性状况 | 15% |
| 市场风险状况 | 10% |

① 中国银监会：《商业银行监管评级内部指引（试行）》（银监发〔2005〕第88号），2005年12月10日。

该评级体系的结果可以将商业银行划分为6个等级，综合评价分值在90分（含90分）至100分的商业银行为1级、在75分（含75分）至90分的商业银行为2级、在60分（含60分）至75分的商业银行为3级、在45分（含45分）至60分的商业银行为4级、在30分（含30分）至45分的商业银行为5级、在0分至30分的商业银行为6级。

（四）我国证券公司监管评价

为有效实施证券公司常规监管，合理配置监管资源，提高监管效率，促进证券公司持续规范发展，中国证监会于2009年12月发布了《证券公司分类监管规定》①，并与2010年5月进行了修订，以证券公司的风险管理能力为基础，结合市场竞争力和持续合规状况，评价和确定证券公司的类别。证券公司分类评价每年进行一次，评价期为上一年度5月1日至本年度4月30日。

证券公司的风险管理能力评价旨在评级证券公司对流动性风险、合规风险、市场风险、信用风险、技术风险及操作风险等管理能力，评价指标分解为资本充足、公司治理与合规管理、动态风险监控、信息系统安全、客户权益保护、信息披露6类评价指标。证券公司的市场竞争力评价指标体现为证券公司经纪业务、承销与保荐业务、资产管理业务、成本管理能力、创新能力等要素。证券公司的持续合规状况评价指标体现为司法机关采取的刑事处罚措施，中国证监会及其派出机构采取的行政处罚措施、监管措施及证券行业自律组织纪律处分的情况。

该评级体系设定正常经营的证券公司基准分为100分。在基准分的基础上，根据证券公司风险管理能力评价指标与标准、市场竞争力、持续合规状况等方面情况，进行相应加分或扣分以确定证券公司的评价计分。证券公司的风险管理能力评价指标分解为若干个二级评价指标，根据评价标准计算指标得分；针对市场竞争力和持续合规状况列示了相应的扣分和减分标准。

评价结果可以将证券公司分5大类11个级别：

A类公司风险管理能力在行业内最高，能较好地控制新业务、新产品方面的风险，A类公司包含AAA、AA和A，共计3个级别；

B类公司风险管理能力在行业内较高，在市场变化中能较好地控制业

---

① 中国证监会：《证券公司分类监管规定》（证监会公告〔2009〕12号），2009年5月31日。

中国证监会：《关于修改〈证券公司分类监管规定〉的决定》（证监会公告〔2010〕17号），2010年5月14日。

务扩张的风险，B 类公司包含 BBB、BB 和 B，共计 3 个级别；

C 类公司风险管理能力与其现有业务相匹配，C 类公司包含 CCC、CC 和 C，共计 3 个级别；

D 类公司风险管理能力低，潜在风险可能超过公司可承受范围；

E 类公司潜在风险已经变为现实风险，已被采取风险处置措施。

从巴塞尔委员会、我国商业银行监管评级和证券公司监管评价看，监管评价的基本思路为：一是根据需要明确监管目的和目标——保持行业的稳健和促进公平竞争；二是根据这个监管目标和目的，提出具备监管可行性的核心监管评价指标——如资本充足情况；三是围绕该监管评价核心指标，结合行业实际发展情况和监管实践不断补充完善监管框架和监管评价体系，形成更为完善的监管评价指标体系；四是根据监管评价体系，监管部门就可以对行业内的企业进行严格的评价和监管，并引导行业健康发展。

从以上分析中可以看到，由于企业评价的目的和目标存在差异，企业评价的种类繁多，因而相应的评价方法也很多，评价的指标或指标体系也有很大的差别。但总体上说，都是根据评价的目的和目标来选择评价的方法、体系及评价的组织。这是企业评价活动的基本规律。

## 第二节　企业评价的主要模型、方法与技术

目前国际国内流行的企业评价模型很多，大体可以划分为四大类：专家判断模型、统计评价模型、启发式算法模型和信用风险高级计量模型。本节将对这些模型进行简要的介绍，主要集中在模型的基本架构和这些模型在企业评价领域的应用方法，作为研究担保机构评价模型的借鉴。

### 一、专家判断模型

专家判断模型是指根据专家的经验，根据企业评价的目的，将企业评价要素分解为若干个评价变量，相应确定各个变量的相对权重，采用一定的汇总方法，计算受评企业的评价值的方法。虽然专家判断模型存在许多不足之处，但是由于专家判断模型直观易懂、操作便利，在企业评价领域中发挥着重要作用。专家模型的具体方法主要包括要素分析法、功效系数法和层次分析法等。

#### （一）要素分析法

要素分析法属于专家判断方法的范畴，被各类机构广泛采用。其主

要思路为：首先，将影响企业评价目标的有关要素进行分解，形成评价变量，记为 $r_1$，$r_2$，…，$r_n$；其次，确定各个评价变量的量化映射关系，计算变量的定量评价值，记为 $x_1, x_2$，…，$x_n$；再次，确定各因素的权重，$w_1$，$w_2$，…，$w_n$，其中 $w_1 + w_2 + \cdots + w_n = 1$；最后，依据权重，将变量的量化评价值进行汇总，得出企业的整体评价值。根据汇总方式，可以将要素分析法分为加权和法和加权积法。

1. 加权和法的汇总算法为

$$x = \sum_{i=1}^{n} w_i \times x_i$$

2. 加权积法的汇总算法为

$$x = \prod_{i=1}^{n} (x_i)^{w_i}$$

要素分析法的实施步骤如下：

第一步，根据评价目标或目的进行评价要素分解。在评价要素分解方面，许多学者或机构进行了深入的研究，他们从不同角度对评价要素进行了分解。比较著名的要素分析法有：

（1）5C 要素分析法。该评价的目的是了解和区分企业贷款的信用风险。根据这一目的，将评价要素分解为五个评价变量，分别为：借款人品德（Character）、经营能力（Capacity）、资本（Capital）、资产抵押（Collateral）、经济环境（Condition）。

（2）5P 要素分析法。该评价的目的也是了解和区分企业贷款的信用风险。5P 法将评价要素也分解为五个评价变量，分别为：个人因素（Personal）、资金用途因素（Purpose）、还款财源因素（Payment）、债权保障因素（Protection）、企业前景因素（Perspective）。

（3）骆驼评估法。该评价的目的是了解和区分银行的信用风险。CAMEL 法将评价要素也分解为五个评价变量，分别为：资本充足率（Capital Adequacy）、资产质量（Asset Quality）、管理水平（Management）、收益状况（Earnings）、流动性（Liquidity）。由于其英文第一个字母组合在一起为“CAMEL”，译成中文为骆驼而得名。

与这三种方法齐名的还有：5W 要素分析法、4F 法要素分析法、CAMPARI 法、LAPP 法等。这些方法都是评价专家根据某种理论分析和自身经验，提炼出来的评价变量，具有较大的主观性。

第二步，量化映射关系建立。在确定了评价变量后，需要建立映射关系，将这些变量转换为数值。建立量化映射关系的方法很多，主要包括线性变换、标准 0 ~ 1 变换、给定最优值区间的变换和规范化变换等①。假设各个企业的评价变量实际取值为 $x = (x_1, x_2, \cdots, x_n)$。

（1）线性变换方法。如果企业评价变量的指标值越大，表示个体在这方面表现越好，则称该评价变量为正指标；如企业评价变量的指标值越大，表示个体在这方面表现越差，则称该评价变量为逆指标。正指标的线性变换为

$$f_i = \frac{x_i}{\max\{x_i\}}$$

逆指标的线性变换为

$$f_i = 1 - \frac{x_i}{\max\{x_i\}} \text{或者} f_i = \frac{\min\{x_i\}}{x_i}$$

（2）标准 0 ~ 1 变换。正指标的标准 0 ~ 1 变换为

$$f_i = \frac{x_i - \min\{x_i\}}{\max\{x_i\} - \min\{x_i\}}$$

逆指标的标准 0 ~ 1 变换为

$$f_i = \frac{\max\{x_i\} - x_i}{\max\{x_i\} - \min\{x_i\}}$$

（3）给定最有区间的变换。该方法适合于既非正指标又非逆指标的指标类型。设给定的最有区间为 $[y_i^0, y_i^1]$，$y'_i$ 为容忍下限，$y''_i$ 为容忍上限，则

$$f_i = \begin{cases} 1 - \dfrac{x_i^0 - x_i}{x_i^0 - x'_i}, & if x'_i < x_i < x_i^0 \\ 1 & , if x_i^0 < x_i < x_i^1 \\ 1 - \dfrac{x_i - x_i^1}{x''_i - x_i^1}, & if x_i^1 < x_i < x''_i \\ 0 & otherwise \end{cases}$$

（4）规范化变换。规范化变化的计算方法为

$$f_i = \frac{x_i}{\sqrt{\sum_{i=1}^{n} (x_i)^2}}$$

规范化变换也属于线性变换范畴。常用于计算各方案与某种虚拟方案的欧氏距离。

① 岳超源：《决策理论与方法》，北京，科学出版社，2003。

第三步，权重确定。权重确定方法有专家法和成对比矩阵法。专家法是根据资深专家的经验，给出各个评价变量的权重。在实际过程中，一般需要邀请多位专家根据自身经验确定权重，采用各位专家的平均值作为评价变量的权重。

成对比矩阵法[①]是由托马斯·萨迪（T. L. Saaty）教授提出，是层次分析法的重要组成部分，也是层次分析法的精髓部分。成对比矩阵法的实施过程包含四个步骤：第一，在评价变量的基础上设计成对比矩阵；第二，专家组成员填写成对比矩阵；第三，评价人员对成对比矩阵进行一致性检验；第四，计算权重。成对比矩阵的实施流程详见图5－1。

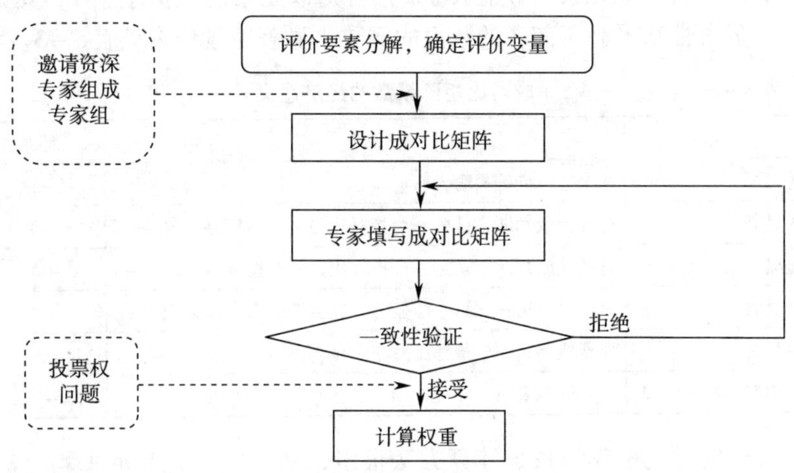


**图5－1　成对比矩阵法的操作流程**

成对比矩阵是一个n阶方矩，为

$$\begin{pmatrix} a_{11}=1 & a_{12} & \cdots & a_{1n} \\ a_{21} & a_{21}=1 & \cdots & a_{2n} \\ \vdots & \vdots & \ddots & \vdots \\ a_{n1} & a_{n2} & \cdots & a_{nn}=1 \end{pmatrix}$$

其中，矩阵对角线上的元素全部为1（表示定性指标与自己相比，显著性水平相同，参见显著性量化规则表）；矩阵的每个元素都与对角上相对应的元素互为倒数，即 $a_{ij}=1/a_{ji}$ 。因此，专家填写成对比矩阵的时候，只需要填写上三角部分即可。成对比矩阵具体形式见表5－2。

① Saaty A L. *The Analytic Hierarchy Process.* Mc Graw－Hill, New York, 1980.

表 5－2　　成对比矩阵的形式

| 变量 | $r_1$ | $r_2$ | … | $r_n$ |
|---|---|---|---|---|
| $r_1$ | 1 | | | |
| $r_2$ | | 1 | | |
| ⋮ | | | ⋮ | |
| $r_n$ | | | | 1 |

矩阵的每个元素的数值代表该行所对应的指标表征企业信用质量与该列所对应的指标表征企业信用质量相比，显著性水平的相对高低。如果前者高于后者该元素的数值大于1，否则该元素的数值小于1，其数值为后者显著性水平高于前者的数值的倒数。显著性量化表见表 5－3。

表 5－3　　成对比矩阵系数的经济意义

| 定义 | 说明 | 判断值 |
|---|---|---|
| 同等显著 | 两个指标同等显著 | 1 |
| 略为显著 | 有经验或判断，认为一个指标比另一个指标略微显著 | 3 |
| 明显显著 | 有经验或判断，认为一个指标比另一个指标显著 | 5 |
| 相当显著 | 深感一个指标比另一个显著，显著性已有实践证明 | 7 |
| 绝对显著 | 强烈地感到一个指标比另一个显著得多 | 9 |
| 两个相邻判断的中间 | 需要折中采用 | 2，4，6，8 |

关于成对比矩阵的系数计算方法很多，其中归一化几何平均方法其计算步骤为

第一，计算矩阵每行元素的几何平均值。

$$\beta_i = \sqrt[n]{\prod_{j=1}^{n} a_{ij}};$$

第二，计算定性指标的系数。

$$w_i = \frac{\beta_i}{\sum_{i=1}^{n} \beta_i}$$

由于成对比矩阵的填写质量对定性系数有巨大的影响，要确保定性系数必须客观、真实反映专家的意见，并且要求专家在填写成对比矩阵的时候保持逻辑上的一致性，维持指标体系在宏观层面和微观结构的一致性，需要对每位专家填写的每个成对比矩阵进行一致性检验。成对比矩阵一致性检验的步骤：

第一，计算矩阵的最大特征根，除了代数方法计算特征根的方法外，

还可以采用下列公式计算

$$\lambda_{max} = \sum_{j=1}^{n} \beta_j \times s_j$$

式中：$s_j = \sum_{i=1}^{n} a_{ij}$ 为成对比矩阵的第 $j$ 列元素之和。

第二，计算一致性指标（Consistency Index，*CI*）

$$CI = \frac{\lambda_{max} - n}{n - 1}$$

第三，计算一致性比例检验（Consistency Ratio，*CR*）

$$CR = \frac{CI}{RI}$$

式中，*RI* 为平均随机一致性指标（Random Index，*RI*），项目分析人员查阅表5－4即可。

**表 5－4　　一致性判断指标的参考值**

| 矩阵阶数 | 1 | 2 | 3 | 4 | 5 | 6 | 7 | 8 |
|---|---|---|---|---|---|---|---|---|
| *RI* | 0 | 0 | 0. 52 | 0. 89 | 1. 12 | 1. 26 | 1. 36 | 1. 41 |
| 矩阵阶数 | 9 | 10 | 11 | 12 | 13 | 14 | 15 | |
| *RI* | 1. 46 | 1. 49 | 1. 52 | 1. 54 | 1. 56 | 1. 58 | 1. 59 | |

之后，进行一致性判断：如果 $CR < 0.1$，接受该成对比矩阵的一致性；$CR \geqslant 0.1$，拒绝接受该成对比矩阵的一致性。

第四，计算整体评价要素数值。采用汇总公式计算得到评价要素的数值。

（二）功效系数法

功效系数法又名功效函数法，借鉴了多目标规划的原理，方法既适用于定量评价要素，又适用于定性评价要素。功效系数法的实施步骤为：

第一，根据对评价对象的分析和评价目标和目的，需要详细研究选取评价变量，并确定每个评价变量的满意值和不允许值，以此作为变量取值的上限和下限。在实际操作过程中，通常将行业的最好值作为满意值，将行业的最差值作为不允许值。

第二，收集受评个体的评价要素的信息，并根据下面的公式计算变量的功效系数。

计算正指标和逆指标的功效系数的方法相同，为

$$g_j = \frac{\text{指标值} - \text{不允许值}}{\text{满意值} - \text{不允许值}}$$

其中，$g_j$为变量$j$的功效系数。请注意：对于正指标而言，满意值 > 不允许值；对于逆指标而言，满意值 < 不允许值。

第三，计算变量$j$的单项评价值，计算公式为

$$k_j = 60 + 40 \times g_i$$

第四，确定每个变量的权重，分别记为$w_1, w_2, \cdots, w_n$。

第五，计算受评个体的总体评价值，计算公式为

$$总体评价值 = \sum_{j=1}^{n} w_j \times k_j$$

有人提出了修正的功效系数法，与原始方法稍有不同。修正的功效系数法的计算过程为：

第一，确定评价变量，与原始方法相同。评价人员需要将指标值划分为若干（设为$M$个）评价档次，对每个评价档次赋予一个标准系数，分别为

$$h_1(=1) > h_2 > h_3 > \cdots > h_M$$

第二，确定指标的权重，与原始方法相同。

第三，计算评价变量的单项评价值。计算方法为

计算上档基础评价值：$g_j^{m-1} = w_j \times h_{m-1}$

计算本档基础评价值：$g_j^{m} = w_j \times h_m$

计算调整评价值：

$$l_j = \frac{x_j - h_m}{h_{m-1} - h_m} \times (g_j^{m-1} - g_j^{m})$$

计算单项指标得分：$k_j = l_j + g_j^{m}$

其中，$x_j$为评级变量$j$的实际值，$m$为满足$h_{m-1} > x \geq h_m$的自然数。

第四，计算评价个体的总体评价值，为

$$总体评价值 = \sum_{j=1}^{n} k_j$$

可以发现，修正的功效系数法在解决离散变量或者定性变量的时候，是比较有效的。

（三）层次分析法①

层次分析法（Analytic Hierarchy Process，AHP）是最优秀的决策理论之一，该方法是将定性因素的表现性能数量化的有效方法，被广泛应用

① Saaty A L. *The Analytic Hierarchy Process.* Mc Graw－Hill，New York，1980.

于决策领域中①。层次分析法由美国运筹学专家托马斯·萨迪(T. L. Saaty)教授于20世纪70年代提出。该方法基于主观判断和偏好，是一种多目标多标准的决策方法，采用对一系列可选项进行两两比较，由此得出每个可选项的偏好量化值（Saaty，1980）。由于层次分析法在处理复杂决策问题的有效性和实用性，被各个领域广泛采用，诸如军事学、行为科学、政策分析、计划、医疗和环境科学等。

层次分析法的思路和实施步骤与要素分析法和功效系数法一样：第一步，确定评价变量；第二步，制定定量映射规则；第三步，确定评价变量的权重；第四步，计算整体评价数值。

评价人员需要将一个非结构化问题或者半结构化问题，映射成结构层次问题，即需要将评价要素体系分解如图5－2所示的树形结构，每一层次都由可管理的元素组成，这些因素又可以通过下一层次的因素集合表达。指标树需要满足两个要求：（1）某个评价要素的所有细分要素能够替代该要素，解释个体的属性；（2）细分指标之间不具有相关性。

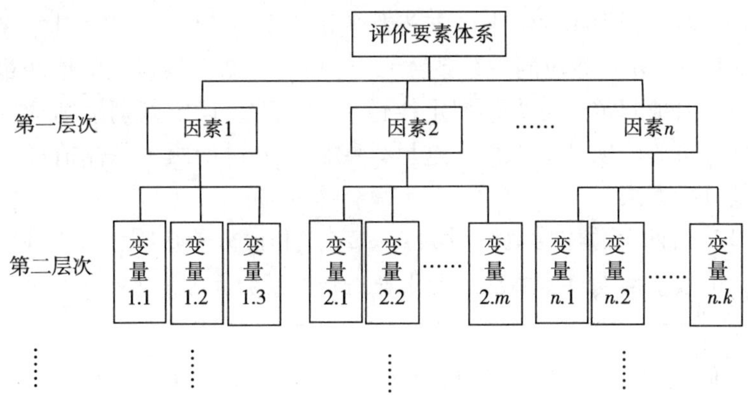


**图5－2 评价要素分解**

在层次分析法中，需要对每个层次的要素赋予权重，权重确定方法为成对比矩阵法。确定权重后，即可进行整体评价要素值的计算，计算方法为：评价人员评定最低层次指标的数值，自下而上汇总，汇总方式为加权和法。

① 陈公越、于盟、许威：《金融风险测量和全面风险管理》，上海，上海科学技术出版社，2011。

邓文剑：《中国保险公司治理评价体系》，湖南大学硕士论文，2008年。

## 二、统计评价模型

### （一）判别分析法[①]

判别分析在企业评价领域扮演着重要角色。判别分析在企业信用评价领域的基本应用思路为：根据既定评级对象的信息（主要是财务数据），构建判别函数（通常表现为分组度量和一系列财务指标的函数）并设定判别规则，然后对受评企业的表现特征进行测度并归类。学者们对于判别分析的研究成果非常丰富，本文只介绍线性判别分析法和 K 阶近邻判别分析法。

1. 线性判别分析法。

正如前文所指出的，判别分析的关键问题是寻找合适的判别函数。为简便起见，有时可以寻找在某种意义下最优的线性判别函数，这就引出了线性判别问题。线性判别分析（又称作 Fisher 判别分析），其基本思路是将既有分类对象的特征指标用线性组合的方法变成单变量函数（线性判别函数，在信用评级中可定义为评分函数，形为 $y=AX$，其中 $X$ 为一列特征指标，$A$ 为相应的一行系数），然后计算新考察对象的单变量值并将新考察对象归类。可见，拟定线性判别函数，设定判别准则构成了线性判别分析的两项基本工作。这里，我们主要讨论两个总体情形中的线性判别分析方法。

（1）若两个总体均值（设为 $\mu_1$、$\mu_2$）和协方差矩阵（设为 $V_1$、$V_2$）可知，可基于两类总体差别最大化导出判别系数为 $A=(V_1+V_2)^{-1}(\mu_1+\mu_2)$。

进而可得线性判别函数为 $y=(V_1+V_2)^{-1}(\mu_1+\mu_2)X$

判别准则为两总体均值的加权平均，即 $\bar{\mu}=(V_1+V_2)^{-1}(V_1\mu_1+V_2\mu_2)$，进一步得出分组依据

$$D_1=\{y^* \mid (V_1+V_2)^{-1}(\mu_1-\mu_2)(y^*-\bar{\mu})\geqslant 0\}$$

$$D_2=\{y^* \mid (V_1+V_2)^{-1}(\mu_1-\mu_2)(y^*-\bar{\mu})<0\}$$

式中：$y^*$ 为根据新样本的标志值和判别函数计算得到的量值。

（2）若未知两个总体的均值和协方差矩阵是未知的，可从两个总体分别抽样中得出各自的无偏估计量，进而得到判别函数，并设定判别准则。

① 刘世平：《数据挖掘技术及应用》，北京，高等教育出版社，2010。

此时，判别系数为$A = (\bar{V}_1 + \bar{V}_2)^{-1}(\bar{\mu}_1 + \bar{\mu}_2)$

相应地，线性判别函数为$y = (\bar{V}_1 + \bar{V}_2)^{-1}(\bar{\mu}_1 + \bar{\mu}_2)X$

判别准则为$\bar{\mu} = (\bar{V}_1 + \tilde{V}_2)^{-1}(\bar{V}_1\bar{\mu}_1 + \bar{V}_2\bar{\mu}_2)$

分组依据为$D_1 = \{y^* \mid (\bar{V}_1 + \bar{V}_2)^{-1}(\bar{\mu}_1 - \bar{\mu}_2)(y^* - \bar{\mu}) \geqslant 0\}$

$D_2 = \{y^* \mid (\bar{V}_1 + \bar{V}_2)^{-1}(\bar{\mu}_1 - \tilde{\mu}_2)(y^* - \bar{\mu}) < 0\}$

其中，$\bar{\mu}_1 = \frac{1}{n_1}\sum_{i=1}^{n_1} x_i$，$\bar{\mu}_2 = \frac{1}{n_2}\sum_{j=1}^{n_2} x_j$，$\bar{V}_1 = \frac{1}{n_1 - 1}\sum_{i=1}^{n_1}(x_i - \bar{\mu}_1)(x_i - \bar{\mu}_1)'$，

$\bar{V}_2 = \frac{1}{n_2 - 1}\sum_{j=1}^{n_2}(x_j - \bar{\mu}_2)(x_j - \bar{\mu}_2)'$。

式中：$y^*$ 为根据新样本的标志值和判别函数计算得到的量值，$n_1$、$x_i$ 与 $n_2$、$x_j$ 均为样本容量与相应的标志值。

在企业评价分析中，可以将受评企业表达为好企业或坏企业两个总体情形，或者属于某特定类别或不属于某特定类别等具体情形。对于两类总体，基于已知或者抽样信息，一旦我们能够界定反映其间差异性的指标（分组变量，即上文中的$y$），且具备必要的分组变量观测值，同时也能够分离出两个总体共有的影响分组变量的一系列指标（即上文中的$X$），我们就可以由判别函数，计算出新样本的指标值，进而根据判别准则，对新样本进行分组归类。

2. $K$ 阶近邻判别分析法①。

$K$ 阶近邻判别分析的基本思路是：假定有 $d$ 组样本（已知评级对象）集合，每组样本为 $N_i, i = 1,2,\cdots,d$；设每个样本均有 $m$ 个相同的指标，则所有样本均处于一个 $m$ 维的特征空间；对于一个新样本（新的评级对象，也可用 $m$ 个相同指标进行刻画），问题在于如何将其归类；把新样本放入在 $m$ 维特征空间中，通过构造距离公式（如欧式空间距离），任意两样本之间的距离为

$$\sqrt{\sum_{i=1}^{m}(x_i - y_i)^2}$$

基于一定的距离尺度，可以划定临近新样本的样本总数$K$；若$K$个近邻中，属于各组的样本数分别为 $k_i, i = 1,2,\cdots,d$ 且 $\sum_{i=1}^{d} k_i = k$，则可由 $k_i$

① Arnaud，Oliver著，任若恩、徐晓肆、马向前、蒋云賨译：《信用风险度量与管理》，北京，中国财政经济出版社，2005。

中最大者判断新样本的归属。

K 阶近邻判别分析法同线性判别分析法明显不同。前者不需要估计参数，属于典型的非参数估计范畴；后者则需要估计参数，属于参数分析方法。K 阶近邻判别分析法直截了当，在既有样本容量较少、分组适中时计算较为简便。其最大缺憾则在于，既有样本容量过大时计算往往较为复杂；同时，K 的具体选定标准也具有相当的主观性。K 值过小分类往往不稳定，过大往往会淡化有价值的信息。尽管国外有学者提出

$$K \approx \sqrt[4]{n}, n = \sum_{i=1}^{d} N_i$$

但业界对 K 至今尚无公认的最优选择标准。

在企业评价时，针对分类性问题，只要既有评价对象数量适中、指标设计较为合理，就可以运用 K 阶近邻判别分析法，通过分别测定受评企业与既有评价对象之间的欧式距离，设定近邻数 K，进而判断新评级对象所处的类别。

（二）支持向量机方法①

严格地讲，支持向量机方法也属于判别分析的范畴。鉴于支持向量机理论丰富，在多个学科中都有较为广泛的应用，因此本文将单独介绍支持向量机方法。支持向量机方法在企业评价领域的应用思路与前文介绍的判别分析基本相同。

支持向量机方法是建立在统计学习理论的 VC 维理论和结构风险最小原理基础上的，根据有限的样本信息在模型的复杂性（即对特定训练样本的学习精度）和学习能力（即无错误地识别任意样本的能力）之间寻求最佳折中方案，以期获得最好的推广能力。支持向量机是由 Vapnik 领导的 AT&TBell 实验室研究小组在 1963 年提出的一种新的非常有潜力的分类技术，SVM 是一种基于统计学习理论的模式识别方法，主要应用于模式识别领域。

支持向量机（Supported Vector Machines，SVM）是一种基于统计学习理论的模式识别方法。其基本思想是，找到一个超平面，使之能够尽可能多的将两类数据点正确分开，同时使分开的两类数据点距离分类面最远。从数学上看，支持向量机问题可转化为一个受限二次规划问题（Constrained Quadratic Programing），求最优解可得到分类器（最佳分割超

① 刘世平：《数据挖掘技术及应用》，北京，高等教育出版社，2010。

Arnaud，Oliver 著，任若恩、徐晓肆、马向前、蒋云赟译：《信用风险度量与管理》，北京，中国财政经济出版社，2005。

平面）。

对一组观测样本指标值及其所属类别 $(x_i, y_i), i = 1, 2, \cdots, n$，当实数 $x_i$ 属于第一类时 $y_i = 1$；否则，$y_i = -1$。下面我们针对样本集的线性与非线性可分割情形，给出优化方程，至于具体的求解过程可由 MATLAB 软件实现。

1. 线性情形下的支持向量机算法。

具有线性可分割的样本集需要满足如下条件：存在 $wx + b = 0$，使得

$$y_i = \begin{cases} 1, wx_i + b \geqslant 0 \\ -1, wx_i + b \leqslant 0 \end{cases}$$

这一模型可以表述为感知器规则：为 $(wx_i + b)y_i \geqslant 1$。线性情形下的超平面可以分为样本集线性可分割和样本集线性不可分割两种情形：

i）样本集线性可分割时的最佳分割平面可以表达为

$$\begin{cases} \min\limits_{w,b} & \dfrac{1}{2}\| w \| \\ s.t. & y_i(wx_i + b) \geqslant 1 \end{cases}$$

ii）样本集线性不可分割时的最佳分割平面可以表达为

$$\begin{cases} \max\limits_{\alpha} & \sum\limits_{i=1}^{n} \alpha_i - \dfrac{1}{2} \sum\limits_{i=1}^{n} \sum\limits_{j=1}^{n} \alpha_i \alpha_j y_i y_j x_i x_j \\ s.t. & 0 \leqslant \alpha_i \leqslant C, \sum\limits_{i=1}^{n} \alpha_i y_i = 0 \end{cases}$$

2. 非线性情形下的支持向量机算法。

对于非线性决策函数的 SVM 的情况，基本解决思想是通过一个非线性的映射关系从低维空间变换到高维空间，要求能够得到在高维空间中应用的线性判别方法。非线性情形的支持向量机的分类超平面为 $w\Phi(x) + b = 0$，

最佳超平面问题可以写为如下形式

$$\begin{cases} \max\limits_{\alpha} & \sum\limits_{i=1}^{n} \alpha_i - \dfrac{1}{2} \sum\limits_{i=1}^{n} \sum\limits_{j=1}^{n} \alpha_i \alpha_j y_i y_j K(x_i, y_j) \\ s.t. & 0 \leqslant \alpha_i \leqslant C, \sum\limits_{i=1}^{n} \alpha_i y_i = 0 \end{cases}$$

式中：$K(x_i, y_j)$ 为核函数（或称为内积核）。常见的核函数有：

多项式核函数：$K(x_i, y_j) = ((x_i)' y_i + 1)^p$；

高斯径向基核函数：$K(x_i, y_j) = \exp\left[\dfrac{1}{2\sigma^2}(x_i - y_i)^2\right]$；

指数径向基核函数：$K(x_i, y_j) = \exp\left[\frac{-|x_i - y_i|}{2\sigma^2}\right]$；

双曲正切 Sigmiod 函数：$K(x_i, y_j) = \tanh(a(x_i)'y_i + b)$。

如判别分析法的通常思路一样，在支持向量机分析框架下，根据不同分割情形，一旦导出优化解，就可利用判别函数界定不同评级对象的层级，同时也可判断新评价企业的归属组别。

（三）回归分析模型

回归分析模型是数学在其他领域应用最广泛的内容，也是最成功的内容之一。回归分析方法在经济金融领域具有重要的作用。将回归分析方法应用于企业评价领域（尤其是信用评级领域）的研究工作起步很早，且一直受到学者和金融专家的青睐。本文只介绍比较经典的企业评价回归分析模型：Z 计分模型、Logistic 模型和 Probit 模型。其他回归分析模型还有线性回归分析、主成分分析法、条件自回归模型等。

1. Z 计分模型①。

1968 年，美国的 Altman 将线性判别法应用于实践，提出了 Z 计分模型。其基本思路是将财务指标加权汇总，计算出一个总分 Z 来预测计量企业破产的可能性。Altman 的 Z 计分模型包括适用于美国上市公司与非上市公司的两个线性计量模型。

其中，适用于上式公司的 Z 计分模型为

$$Z = 0.012X_1 + 0.014X_2 + 0.033X_3 + 0.006X_4 + 0.999X_5$$

式中：

$$X_1 = \frac{净营运资本}{总资产};X_2 = \frac{保留收益}{总资产};X_3 = \frac{息税前收益}{总资产};$$

$$X_4 = \frac{普通股和优先股市价}{负债的账面价值};X_5 = \frac{销售额}{总资产}。$$

Altman 还给出了判别的临界值（1.81，2.675），即 $Z > 2.675$ 表示企业经营状况和财务状况较好，发生破产的可能性较小；$Z < 1.81$，表明企业正处于破产的边缘；$1.81 < Z < 2.675$，表明企业处于“灰色地带”，财务及经营状况极不稳定。通过连续数年的 Z 计分比较，可以判断企业的财务动向与经营状况。

Altman 提出的适用于非上市公司的 Z 计分模型为

$$Z = 0.717X_1 + 0.847X_2 + 3.107X_3 + 0.420X_4 + 0.998X_5$$

---

① Edward I. Altman, Predicting financial distress of companies: revisting the Z - score and ZETA models, http://pages.stern.nyu.edu/~ealtman/Zscores.pdf, 2000.

式中：$X_4 = \frac{企业账面价值}{负债的账面价值}$；其他指标的含义与上市公司Z计分模型相同。

对于非上市公司的Z计分模型，Altman也给出了判别临界值是(1.23, 2.90)，即Z>2.90，表示企业经营状况和财务状况较好，发生破产的可能性较小；Z<1.23，表明企业正处于破产的边缘；1.23<Z<2.90，表明企业处于“灰色地带”，财务及经营状况极不稳定。

Z计分模型充分考虑了企业的盈利能力、资产管理水平、成长能力及企业的市场价值或者账面价值等因素，较全面地反映了企业的经营状况，对企业破产预测具有一定参考价值。但是，该模型也有明显的缺憾，如对现金流问题考虑较少，忽视了行业之间的差异等。

2. 离散被解释变量统计模型①。

离散被解释变量模型（Models With Discrete Dependent Variables）又被称为离散选择变量模型（Discrete Choice Model，DCM），包括二元离散被解释变量模型和多元离散被解释变量模型。采用离散被解释变量模型（尤其是Logistic模型与Probit模型），建立企业评价模型（尤其是信用评级模型）方便、易行，具有较好的模型表现，在企业评级领域（尤其是信用评级领域）有相当广泛的应用。本文只介绍二元离散被解释变量模型。

二元被解释变量模型是指模型的解释变量是连续的，而被解释变量是二元离散的（取值为0和1）。二元离散被解释变量模型的建模过程体现为效用模型：

当 $y_i = 0$ 时的效用为

$$U_i^0 = x_i B^0 + \mu_i^0$$

当 $y_i = 1$ 时的效用为

$$U_i^1 = x_i B^1 + \mu_i^1$$

当 $y_i = 0$ 时，$U_i^0 > U_i^1$；反之，当 $y_i = 1$ 时，$U_i^0 \leqslant U_i^1$。这两个效用模型相减，得到

$$U_i^1 - U_i^0 = x_i(B^1 - B^0) + (\mu_i^1 - \mu_i^0)$$

可以写成

$$y_i^* = x_i B^* + \mu_i^*$$

---

① Arnaud，Oliver著，任若恩、徐晓肆、马向前、蒋云贇译：《信用风险度量与管理》，北京，中国财政经济出版社，2005。

李子奈、叶阿忠：《高级计量经济学》，北京，清华大学出版社，2004。

读者不难发现，$y_i = 1$ 的概率为

$$\Pr\{y_i = 1\} = \Pr\{y_i^* \geqslant 0\} = \Pr\{\mu_i^* \geqslant - x_i B^*\}$$

当 $\mu_i^*$ 服从标准正态分布时，二元离散被解释变量模型为 Probit 模型；当 $\mu_i^*$ 服从逻辑分布时，二元离散被解释变量模型为 Logistic 模型。其中，Logistic 分布函数为

$$F(x) = \frac{1}{1 + \exp(-x)}$$

标准正态分布函数是读者比较熟悉的分布函数，为

$$F(x) = \int_{-\infty}^{x} \sqrt{2\pi} \exp(-x^2/2) dx$$

在估计模型参数的过程中，需要根据被解释变量的重复观察值的可得性，分为两种情况讨论。

（1）如果被解释变量是重复可以观察的，记 $y_i = 1$ 的比例为 $P_i$，则 Logistic 模型可以通过如下过程转换为线性形式

$$\ln\left(\frac{p_i}{1 - p_i}\right) = x_i B + u_i$$

Logistic 模型也可以通过如下过程转换为线性形式

$$\Phi^{-1}(p_i) = x_i B + u_i$$

其中，$\Phi^{-1}(\cdot)$ 为标准正态分布函数的逆分布函数。采用现行估计方法即可得到二元离散被解释变量模型的参数估计结果。

（2）如果重复观察数据不可以得到时，一般采用最大似然法估计模型的参数，很多统计软件都能进行二元离散被解释变量模型的参数估计。

二元离散被解释变量模型应用于信用评级领域的基本思路为采集样本企业的信用因子为解释变量 $x$，样本企业的违约纪录记为 $y_i = 0$ 或者 $y_i = 1$。再根据离散被解释变量模型的建模流程，建立统计评价模型即可。

## 三、启发式算法模型

启发式算法是指一种依赖于人的想法，采用试探性的逐步挖掘的求解方法。启发式算法是一种搜索式寻找最优解的算法。无论是在学术期刊还是在金融行业的应用案例库中，启发式算法模型都占据着重要的地位。不过，启发式算法在企业评价领域的应用研究还不成熟，有待进一步完善。因此，对于启发式算法应用于企业评价领域的研究，具有较大的前景。

（一）神经网络①

神经网络，也称为人工神经网络或者连接模型。它是一种模拟动物神经网络行为特征，进行分布式并行信息处理的数学模型，是一个非线性动力学系统。1943 年，心理学家 W. Mcculloch 和数理逻辑学家 W. Pitts 提出神经元的数学模型，是神经网络研究的先驱。20 世纪 50 年代末，F. Rosenblatt 设计制作了“感知机”，它是一种多层的神经网络，将神经网络的研究从理论应用于工程实践。20 世纪 60 年代初期，Widrow 提出了自适应线性元件网络，这是一种连续取值的线性加权求和阈值网络，在此基础上发展了非线性多层自适应网络。美国物理学家 Hopfield 于 1982 年和 1984 年在美国科学院院刊上发表了两篇关于人工神经网络研究的论文，引起了巨大的反响，一大批学者和研究人员围绕着 Hopfield 提出的方法展开了进一步的工作。神经网络在多个领域（如模式匹配、分类、识别和自动控制等）都有较为广泛的应用，从理论上讲，神经网络在企业评价中的应用是非常有前景的。

目前，具有代表性的神经网络模型有感知器、误差反向传播算法模型（Back Propagation 神经网络，简称 BP 神经网络）、数据分组处理模型（Group Method of Data Handling 神经网络模型，简称 GMDH 神经网络）、径向基函数神经网络（Radical Basis Function 神经网络模型，简称 RBF 网络）、双向联想记忆（BAM）Hopfield 模型和自适应共振理论等。其中，BP 神经网络是最为成熟的神经网络模型，而且在信用评级领域也有成功的案例。本文以 BP 神经网络为例，介绍神经网络评级模型。

BP 神经网络又称为多层前馈神经网络或误差反向传播神经网络。是一种分层型网络，包含输入层、中间层（又称隐藏层，可能具有两个以上的中间层）和输出层三层结构，如图 5－3 所示。

BP 神经网络的相邻层的神经元之间具有无反馈链接，各层内神经元之间无任何链接。输入信号进入输入层后，传播到隐藏层的神经元，经过作用函数之后，隐节点的输出信号传播到输出层，给出最终的输出数据。节点函数（又称激活函数，要求处处可导）通常选定为 S 形函数（也称 Sigmoid 型函数）。

BP 算法可以追溯到 P. J. Werbos 于 1974 年在学位论文中提出的 BP 学习理论，还有许多学者（如 D. B. Parker（1985，1986），D. E. Rumelhart

① 刘世平：《数据挖掘技术及应用》，北京，高等教育出版社，2010。
梁世栋：《商业银行风险计量理论与实务》，北京，中国金融出版社，2009。

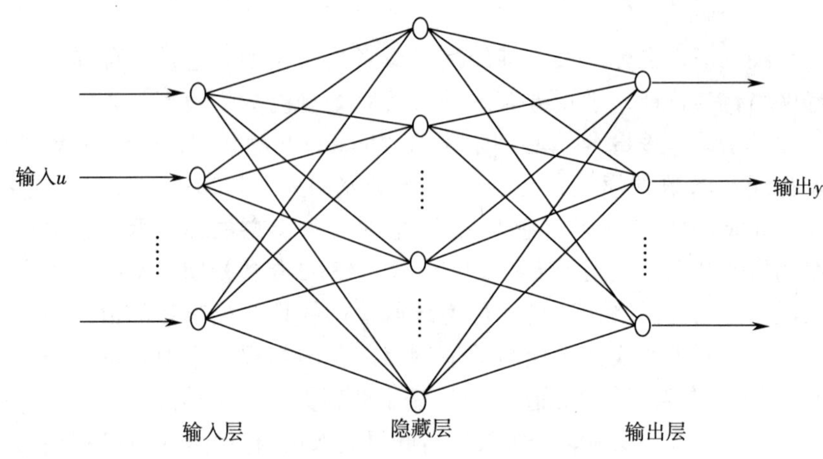


**图 5－3 BP 神经网络拓扑结构**

(1986), R. J. Williams (1986) 等) 都对于 BP 算法有巨大贡献。

BP 算法可以做如下归纳。BP 算法涉及的变量和参数假设：输入向量为 $x = (x_1, x_2, \cdots, x_n)$，隐含层的输入向量为 $hi = (hi_1, hi_2, \cdots, hi_p)$，隐含层输出向量 $ho = (ho_1, ho_2, \cdots, ho_p)$，输出层的输入向量 $yi = (yi_1, yi_2, \cdots, yi_q)$，输出层的输出向量 $yo = (yo_1, yo_2, \cdots, yo_q)$，期望输出向量为 $d = (d_1, d_2, \cdots, d_q)$；输入层与中间层的连接权值 $w_{ih}$，隐含层与输入层的连接权值 $w_{ho}$；隐含层各神经元的阀值 $b_h$，输出层各神经元的阀值 $b_o$；样本个数为 $m$；激活函数为 $f(\cdot)$；误差函数为

$$e = \frac{1}{2}\sum_{o=1}^{q}(d_o(k) - yo_o(k))^2$$

第一步，网络初始化。设置初始系数 $W(0)$ 为区间 $[-1, 1]$ 的随机非零值。

第二步，给定输入/输出样本对，随机选取 $k$ 个样本及对应的期限输出。

第三步，计算隐含层各神经元的输入和输出，计算公式为

$$hi_h(k) = \sum_{i=1}^{n} w_{ih}x_i(k) - b_h \qquad h = 1,2,\cdots,p$$

$$ho_h(k) = f(hi_h(k)) \qquad h = 1,2,\cdots,p$$

$$yi_o(k) = \sum_{h=1}^{p} w_{ho}ho_h(k) - b_o \qquad o = 1,2,\cdots,q$$

$$yo_o(k) = f(yi_o(k)) \qquad o = 1,2,\cdots,q$$

第四步，利用网络期望输出和实际输出，计算误差函数对输出层的各神经元的偏导数 $\delta_o(k)$，计算公式为

$$\frac{\partial e}{\partial w_{ho}} = \frac{\partial e}{\partial yi_o}\frac{yi_o}{\partial w_{ho}}$$

其中，$\frac{yi_o}{\partial w_{ho}} = \frac{\partial(\sum_{h=1}^{p} w_{ho}ho_h(k) - b_o)}{\partial w_{ho}} = ho_h(k)$ 和

$$\frac{\partial e}{\partial yi_o} = \frac{\partial(\frac{1}{2}\sum_{o=1}^{q}(d_o(k) - yo_o(k))^2)}{\partial yi_o} = -(d_o(k) - yo_o(k))yd_o(k)$$

$$= -(d_o(k) - yo_o(k))f'(yi_o(k)) \triangleq -\delta_o(k)$$

第五步，利用隐含层到输出层的连接权值、输出层的 $\delta_o(k)$ 和隐含层的输出计算误差函数对隐含层各神经元的偏导数 $\delta_h(k)$，计算公式为

$$\frac{\partial e}{\partial w_{ho}} = \frac{\partial e}{\partial yi_o}\frac{\partial yi_o}{\partial w_{ho}} = -\delta_o(k)ho_h(k)$$

其中，$\frac{\partial e}{\partial w_{ih}} = \frac{\partial e}{\partial hi_h(k)}\frac{\partial hi_h(k)}{\partial w_{ih}}$，$\frac{\partial hi_h(k)}{\partial w_{ih}} = \frac{\partial(\sum_{i=1}^{n} w_{ih}x_i(k) - b_h)}{\partial w_{ih}}$
$= x_i(k)$

$$\frac{\partial e}{\partial hi_h(k)} = \frac{\partial(\frac{1}{2}\sum_{o=1}^{q}(d_o(k) - yo_o(k))^2)}{\partial ho_h(k)}\frac{\partial ho_h(k)}{\partial hi_h(k)}$$

$$\Rightarrow = -\sum_{o=1}^{q}(d_o(k) - yo_o(k))f'(yi_o(k))w_{ho}\frac{\partial ho_h(k)}{\partial hi_h(k)}$$

$$\Rightarrow = -(\sum_{o=1}^{q}(d_o(k) - yo_o(k))f'(yi_o(k))) \triangleq -\delta_h(k)$$

第六步，利用输出层各神经元的 $\delta_o(k)$ 和隐含层各神经元的输出来修正连接权值 $\delta_{ho}(k)$，计算公式为

$\triangle w_{ho}(k) = -\mu\frac{\partial e}{\partial w_{ho}} = \mu\delta_o(k)ho_h(k)$，于是 $w_{ho}^{N+1} = w_{ho}^{N} + \eta\delta_o(k)ho_h(k)$。

第七步，利用隐含层各神经元的 $\delta_h(k)$ 和输入层各神经元的输入修正连接权，计算公式为

$$\triangle w_{ih}(k) = -\mu\frac{\partial e}{\partial w_{ih}} = -\mu\frac{\partial e}{\partial hi_h(k)}\frac{\partial hi_h(k)}{\partial w_{ih}} = \delta_h(k)x_i(k)$$

于是 $w_{ih}^{N+1} = w_{ih}^{N} + \eta\delta_h(k)x_i(k)$。

第八步，计算全局误差，为

$$E = \frac{1}{2m}\sum_{k=1}^{m}\sum_{o=1}^{q}(d_o(k) - y_o(k))^2$$

第九步，判断网络误差是否满足要求。当误差达到预设精度或学习次数大于设定的最大次数，则结束算法。否则，选取下一个学习样本及对应的期望输出，返回到第三步，进入下一轮学习。

应用 BP 神经网络模型，建立企业评价模型的主要思路为：选择受评企业的评价因子作为输入变量，将受评企业的表现特征（如违约/非违约，信用等级，好企业/坏企业，属于某个类别/不属于某个类别）作为期望输出变量，对模型进行训练学习。

### （二）遗传算法①

遗传算法是一种模拟生物进化的计算方法，是一种比较成功的全局优化搜索方法，受到各界人士的广泛关注。在信用评级行业，已经出现了遗传算法的研究成果，但是这些方法还都不完善、这些研究还不成熟，有待进一步研究。

遗传算法的主要载体是染色体，表现为一串数据（或数组）。遗传算法的核心思想是迭代算法。基本流程如图 5－4 所示。

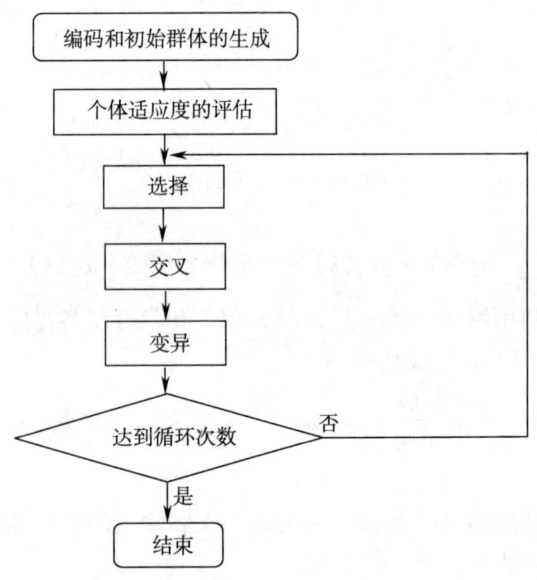


**图 5－4　遗传算法的算法流程图**

① 梁世栋：《商业银行风险计量理论与实务》，北京，中国金融出版社，2009。
刘宝碇、赵宝瑞、王纲：《不确定规划及应用》，北京，清华大学出版社，2008。

遗传算法是对群体中的个体进行遗传操作的，遗传操作的算子主要有三个：选择算子、交叉算子和变异算子，从而实现优胜劣汰的进化过程，这三个算子都是在随机扰动下进行的。在循环过程中，群体中的各个个体，根据适应度评估值，实现一代又一代的优化，逐渐逼近最优值。

编码技术：编码过程是将实际空间数据转换为遗传空间的基因串结构数据，称之为染色体，实现在解空间和编码空间中交替工作，在编码空间对染色体进行遗传操作，在解空间中对解进行评估和选择。常见的编码算法有：二进制编码、离散化、多参数映射编码、可变染色体、一维染色体编码、二维染色体编码和树结构染色体编码等。编码技术是遗传算法中比较关键的问题。

初始群体生成：随机产生一定数目的初始染色体，一般需要初始染色体是解空间的可行解，这些染色体组成一个种群，种群个体设为 *popsize*。生产的初始可行染色体为 $V_1, V_2, \cdots, V_{popsize}$。

适应度评估：用评价函数（*eval*（*V*））来评价每一个染色体的优劣，即染色体对环境的适应程度（成为适应度），作为遗传操作的依据。有两类评价函数可供建模人员选择：第一类评价函数是基于序的函数，即对染色体由好到坏进行重新排序；第二类评级函数是实际目标值的适当缩放调整，设计为评价函数。设 $f_1, f_2, \cdots, f_{popsize}$。为染色体 $V_1, V_2, \cdots, V_{popsize}$。的适应目标函数，则评价函数为

$$eval(V_i) = f_i \Big/ \sum_{j=1}^{popsize} f_j$$

选择算子：从群体中选择优良的个体、淘汰劣质个体的操作为选择算法。对每个染色体 *V* 设定一个概率，以使得该染色体被选择的概率与种群中其他染色体的适应性成比例，选择过程可以总结为如下形式。

第一步：对每个染色体 $V_i$，计算累计概率 $q_i$

$$\begin{cases} q_0 = 0 \\ q_i = \sum_{j=1}^{i} eval(V_j), i = 1, 2, \cdots, popsize; \end{cases}$$

第二步：从区间（0, *popsize*］中产生一个随机数 $r$；

第三步：若 $q_{i-1} < r < q_i$，则选择第 $i$ 个染色体 $V_i$；

第四步：重复步骤 2 和步骤 3 共 *popsize* 次，这样可以得到 *popsize* 个复制的染色体。

交叉算子：交叉操作是遗传算法中最主要的遗传操作，交叉操作后新群体中个体适应度的平均值和最大值都会有明显提高。交叉算子的流

程为

第一步：定义参数 $P_c$ 为交叉操作的概率，从 $i=1$ 到 $popsize$ 重复从 [0，1] 中产生随机数 $r$，选择 $r<P_c$ 时的 $V_i$ 作为交叉的父代；

第二步：将父代染色体随机派对：$(V_i, V_j)$；

第三步：从（0，1）中产生一个随机数 $c$，经过交叉操作 $X=cV_1+(1-c)V_2$ 和 $Y=(1-c)V_1+cV_2$ 产生两个后代 $X$ 和 $Y$。

变异算子：变异操作是将染色体的某一部分内容进行变异。其目的是挖掘群体中个体的多样性，避免计算过程陷入局部最优解的可能性。

第一步：定义参数 $P_m$ 为交叉操作的概率，从 $i=1$ 到 $popsize$ 重复从 [0，1] 中产生随机数 $r$，选择 $r<P_m$ 时的 $V_i$ 作为变异的父代，记为 $V_m$。

第二步：从空间 $R^n$ 中随机产生一个变异方向 $d$，确定一个参数 $M$。

第三步：产生新的染色体 $X=V+M\cdot d$。

第四步：验证新染色体的可行性。如果是不可行的，则随机产生 $(0, M]$ 的随机数代替 $M$。重复上述过程，直到所得的染色体均为可行的。

第五步：用新染色体 $X$ 代替原来的染色体。

## 四、信用风险高级计量模型——KMV 模型[①]

信用风险高级计量模型在计量企业的风险参数（如违约概率）时，将企业的信用风险计量对象分为：违约风险和利差风险。本文只介绍违约风险计量模型。违约风险是指因为合约方违约从而给对方造成直接损失的风险，包含两个方面：（1）违约的可能性；（2）违约发生后的损失。违约概率模型主要用于预测企业在一定期限内发生违约的可能性，是企业信用评价的重要内容。

KMV 模型是美国 KMV 公司[②]于 1997 年开发的，主要用于评估借款企业违约概率的模型。KMV 模型从借款企业所有者的角度考虑贷款归还的问题。模型的优势在于以现代期权理论基础作依托，充分利用资本市场的信息而非历史账面资料进行预测，是一种动态模型，数据和结构更新很快，具有前瞻性。KMV 模型的推出，是对传统违约预测方法的一次革命。

---

① 梁世栋：《商业银行风险计量理论与实务》，北京，中国金融出版社，2009。

詹原瑞：《银行信用风险的现代度量与管理》，北京，经济科学出版社，2004。

② KMV 公司成立于 1989 年，公司名称为其创办者（Kealhofri，McQuown 和 Merton）的第一个字母。

KMV模型的基本思路为，由违约距离（Distance to Default，DD）映射出预期违约频率（Expected Default Frequency，EDF），EDF是每个企业特有的，可以度量企业的违约风险。违约距离通常被定义为

$$DD = \frac{E(V) - DPT}{\sigma v}$$

其中，$E(V)$ 为企业资产的期望（一般为1年）价值，$\sigma v$ 为资产价值的标准差（=资产波动率和资产价值的乘积），$DPT$ 为违约点。

违约点一般可按下述准则确定

$$DPT = \begin{cases} ST + 0.5 \times LT & if ST/LT < 1.5 \\ ST + (0.7 - 0.3ST/LT) \times LT & otherwise \end{cases}$$

式中：$ST$ 表示公司短期负债；$LT$ 表示公司长期负债。

对于上市公司，企业资产期望价值可以其资产市值（股票价格）代替，资产波动率数据可直接从市场统计获得；对于非上市公司，企业资产价值可根据该企业的行业归属、现金流状况等因素确定，其资产波动率可综合公司所属的行业、规模和地理特征而确定。

各企业均可计算出自己的违约距离，然后将违约距离映射为预期违约率。但是具体的映射函数往往是不清晰的，尽管有学者提出采用Merton模型的违约概率求解方式（即 $PD_t = N\{-DD\}$），但是由于该模型假设正态分布、所计算的违约概率通常较低，一般很少使用。在实际操作中，通常采用的是一种简单的统计归类方法：将违约距离相同的大量企业分组排序，然后根据每相同违约距离内一年后实际发生违约的企业数，进而得出该违约距离所对应的预期违约率，即

$$EDF = \frac{\text{一年中实际发生违约的企业数目}}{\text{相同违约距离的企业总数}}$$

一旦明确企业资产价值的运动特征（比如Merton模型中的几何布朗运动），就可由违约距离对企业进行评级分组，进而根据既有的EDF统计分类库（容量非常之大，往往有数千家甚至数万家）推断该企业的违约概率。KMV根据违约率变化而不是信用评级变化构造信用迁移矩阵；虽然在结构上类似后者，但从统计结果看，KMV信用迁移矩阵所统计的违约概率相对较低。

以上对企业评价采用的各种模型、方法及具体技术进行了研究。从研究中可以看出，企业评价所采用的模型和方法多种多样，理论基础也各不相同。我们需要在认真学习和借鉴的基础上，选择合理的模型和方法、技术。

## 第三节 企业评价方法的选择与使用

### 一、评价方法的选择原则

从前文可以看到，可供使用的企业评价方法很多。那么，在对企业进行评价时，到底选择哪种方法来评价企业呢？这是一个十分重要的课题，选择什么样的企业评价方法，将直接影响到企业评价项目的实施效果和项目目标能否达成。可以这么说，选定了合适的评价方法，企业评价项目就已经成功了一半。选择企业评价方法的基本原则有三个：

（1）企业评价项目的目标与评价方法的输出是否一致；

（2）企业评价项目是否满足评价方法所要求的实施条件；

（3）建模取样样本和实际受评样本的同质性。

在实际操作过程中，企业评价项目的目标不同，选择的企业评价方法应当是不同的。前文介绍的企业评价方法的输出内容具有一定的差异。应当根据企业评价项目的目标，选定一种输出内容与项目目标一致的方法。当然这与项目人员的主观偏好也有一定关系，有的项目人员喜欢理论逻辑模型，有的项目人员喜欢归纳演绎模型；有的项目人员喜欢简洁直观的模型，有的项目人员喜欢严谨抽象的模型。

不同的企业评价方法，要求评价项目所具备的条件也不一样。应当选择现有条件达到企业评价方法所要求的条件的评价方法，不能好高骛远，盲目选择那些具有较高深度但是不能满足评价方法所要求的基本条件的方法。这样的话，项目失败的可能性较大。

模型的外延性或稳定性是指将模型应用于建模样本之外的受评企业时，模型的表现是否下降，模型的解释力是否明显减弱。不同类型的模型外延性存在较大的差异，应根据建模取样样本和实际受评样本的同质性情况，选择不同外延性的企业评价方法：如果建模采样样本和实际评价的样本之间存在一定的经济结构、环境影响因素、个体特征的差异时，不能选择模型外延性较差的模型，需要选择经过稳定性验证的模型。

### 二、企业评价模型验证与选择

所谓模型验证，就是对模型输出的结果与主观评价或样本的表现之间的偏差的判断。选择哪种评价方法和模型，基本的依据是能否得到验

证或验证的结果如何。

企业评价模型验证包括排序能力、预测能力和稳定性三个方面的验证。排序能力验证是指在进行企业评价时，企业评价模型能够将采样样本企业和受评样本企业由好到坏进行排序，且与实际表现情况一致。预测能力验证是指模型的输出能够将受评企业划分为好企业和坏企业两大类，如果坏企业的实际频率与模型估算的概率相吻合，则模型预测能力较好，即企业评价模型能够区分企业的好坏。模型的稳定性验证是指将模型应用于建模样本之外的受评企业，模型的排序能力和预测能力是否存在显著性变化。如果企业评价模型的排序能力、预测能力和验证性均较好，则该模型具有一定的应用价值；否则，不具备应用价值。

对于模型的验证方法的研究，一直受到学者和专家们的重视，巴塞尔委员会曾经发表过工作论文《内部评级法验证研究》，总结了评级模型验证方法，列举了可供采用内部评级高级法的商业银行使用的多种验证方法。中国银监会在 2012 年 6 月颁布、2013 年 1 月 1 日实施的《商业银行资本管理办法（试行）》中，要求实行内部评级高级法的商业银行，必须进行模型投产之前的全面验证和模型投产之后定期或者不定期的验证。就违约概率模型而言，中国银监会要求商业银行采用不少于两种方法（包括监测累积准确曲线及其主要指数准确性比率、受试者工作特征曲线及 AUC 系数（Area Under the ROC Curve）、萨默斯 D 方法和柯尔莫哥罗夫 - 斯米尔诺夫检验[①]）进行检验模型的区分能力验证；采用不少于两种方法（包括二项检验、卡方检验、正态检验、红绿灯方法、赫芬达尔指数和条件信息熵等方法）进行模型的预测能力验证。

在企业评价模型全面使用之前，必须对模型进行全面验证，只有通过必要的验证后才能投入使用，因此模型的验证是决定模型能否使用的关键环节。同时，当需要对多个企业评价模型进行选择时，参考每个模型的验证结果是相当有价值的，如果两个或者多个模型的经济意义、模型的解释力相差不大时，应优先选择模型验证结果好的企业评价模型。

目前流行的评级模型验证方法有：受试者工作特征、检测累计准确率曲线、条件信息熵、萨默斯 D 方法、柯尔莫哥罗夫 - 斯米尔诺夫检

---

① Kolmogorov - Smirnov 检验，常简称为 K - S 检验；根据两位苏联著名数学家柯尔莫哥罗夫和斯米尔诺夫命名。

验、二项式检验、卡方检验、正态检验、红绿灯方法、赫芬达尔指数等方法。

企业评价模型的验证思路与信用评级模型的验证思路基本相同。本文以受试者工作特征为例说明企业评价模型验证的基本流程和方法。

受试者工作特征[①]（receiver operating characteristic，ROC）或相对工作特征（relative operating characteristic，ROC）分析起源于20世纪50年代的统计决策理论中，后来应用于雷达信号观察能力的评价，60年代中期大量成功地用于实验心理学、心理物理学和医学决策评价等研究领域。

在进行企业评价时，按采样样本企业和受评样本企业的实际表现情况将受评企业划分为好企业和坏企业两大类，如果企业评价模型能够区分企业的好坏，那么模型输出的结果应该是图5－5的情形。请注意：每个给定的评价临界值 $C$，都有一定比例（可能是0）的企业为坏企业，同时存在一定比例（可能是0）的企业为好企业。

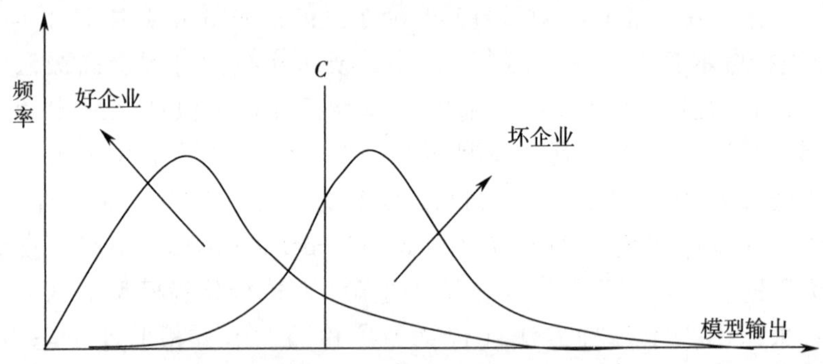


**图5－5　具有区分能力的企业评价模型的输出**

绘制ROC曲线的步骤为：

第一步，给定截断点，制作模型预测的结果交叉分类表。企业评价模型的好/坏定义为：给定一个截断点，如果企业评价模型的输出大于截断点，该企业为好企业，否则该企业为坏企业。统计企业的实际表现情况和模型预测的情况，由此可以得到模型预测结果的交叉分类表，见表5－5。

① Basel Committee on Banking Supervision, Studiers on the Validation of Internal Raing Systems, Working Pper No. 14, 2005.

表 5－5　交叉分类表

| 实际＼预测 | 坏企业 | 好企业 | 实际总户数 | 预测正确率 |
|---|---|---|---|---|
| 违约 | $DD$ | $DN$ | $TD=DD+DN$ | $DD/TD$ |
| 正常 | $ND$ | $NN$ | $TN=ND+NN$ | $NN/TN$ |

在统计学上，$DN$ 属于第Ⅰ类错误，$ND$ 属于第Ⅱ类错误。命中率为在给定截断点下正确划分为坏客户所占的比例，$Y1 = DD/TD$；误警率为在给定临界值下，错误地把好客户归类为坏客户的比例，$X1 = ND/TD$。

第二步，绘制 ROC 曲线并计算 AUC 指标值。分别以 0.95、0.9、…、0（划分可以更细，如 0.99、0.98、…、0）为截断点，求出每个截断点的命中率和预警率，即 $\{(Y1_i,X1_i)\}_i$。以 $X1$ 为横轴，$Y1$ 为纵轴，由点列 $\{(Y1_i,X1_i)\}_i$ 即可绘制 ROC 曲线。ROC 曲线绘制流程见图 5－6。

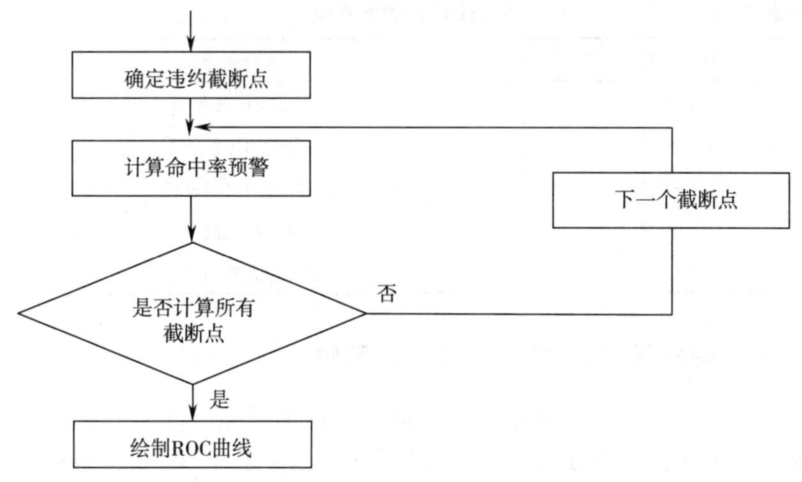


图 5－6　ROC 曲线绘制流程

ROC 和 AUC 经济意义解释：在图 5－7 中，ROC 曲线描述了在一定累计好客户比例下的累计坏客户的比例，模型的分别能力越强，ROC 曲线越往左上角靠近；AUC 系数表示 ROC 曲线下方的面积。AUC 系数越高，模型的风险区分能力越强。

ROC 曲线越往左上，即 ROC 曲线下的面积越大，表示该模型的正确性越好。ROC 曲线下面积的大小可以作为模型预测正确性高低的评判标准。根据相关的研究，模型区分能力与 AUC 系数的关系见表 5－6。

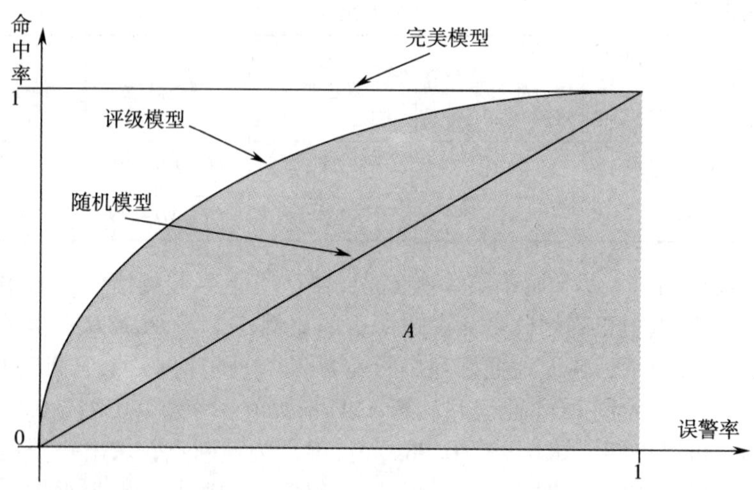


**图 5－7　ROC 曲线的经济学解释**

**表 5－6　　AUC 系数临界值**

| AUC 系数 | 区分能力 |
|---|---|
| 0.5 | 不具备区分能力 |
| 0.5～0.7 | 区分能力不能接受 |
| 0.7～0.8 | 区分能力可以接受 |
| 0.8～0.9 | 很好的区分能力 |
| 0.9 以上 | 区分能力相当优越 |

## 三、企业评价模型、方法的适宜性

本部分主要对第二节介绍的各种企业评价模型、方法，分析其基本特征，研究采用这些方法所需的基本条件，以便于选择评价模型和方法。

（一）专家评价模型

一般来讲，专家评价模型比较简单，模型直观易懂，而且操作便利。许多专家评价模型既可以采用计算机操作，也可以采用手工操作，对企业评价项目人员的技术实力要求不高。专家模型的适用性更广泛。由于专家评价模型是经验丰富的专家根据自身经历，总结归纳得到的评价模型，有一定的局限性。在评价项目的实施过程中，由于不少因素的评价由项目评价人员决定，主观性较大，针对同一个企业评价项目，不同的项目人员，专家评价模型可能得出不同的结论，存在较大的差异。专家评价模型适用于统计数据缺乏，受评个体属性的差异较大，缺乏提取共

同的统计变量的情形。

（二）统计评价模型

统计评价模型是公认的准确度比较高的评价模型，尤其是当今计算机技术比较发达的时代，建模人员可以列举所有与评价目标相关的变量，采用逐步淘汰无关变量的方法，能够找到最能解释企业评价目标的变量。统计评价模型的建模过程比较严谨，具有十分严密的数学基础。在项目实施过程中，要求项目人员每一步操作都有理有据。根据国际最佳实践，统计评价模型是最有效的企业评价模型之一。

统计评价模型的要求比较高。第一，统计评价模型需要有足够的有效建模样本，具备定量记录，而且要求样本的质量比较高。这通常是企业评价模型建设中难以解决的问题。同时，样本的选择中经常有人为评价的因素，因而仍难以完全避免主观因素。第二，统计评价模型要求项目组人员具有建立统计模型的专业知识，能够熟练进行数据清洗，变量选择和统计检验等工作，项目人员必须能够熟练操作专业的统计软件。第三，统计模型要求建模样本与实际受评个体之间具有同质性，即不存在较大经济结构和环境等差异。

统计评价模型是在有效建模样本的基础上，选择最能解释建模样本的模型，因此统计模型具有很强的样本解释力。在建立统计模型的过程中，要求建模人员进行模型稳定性和有效性的验证，因此通过检验的统计模型的外延性一般都不会很差。

（三）启发式算法模型

启发式算法模型是比较先进的模拟算法，对于建模人员的专业技术水平要求较高，要求建模人员在掌握了启发式算法内容的基础上，具有一定的算法设计技术和程序编写技术，能够熟练地将企业评价内容转换为启发式算法的表达形式，并将其编写成为计算机程序。

启发式算法对于建模样本的要求不太高，能够适用于建模样本不足或者小样本情形下的企业评价项目。

启发式算法具有很多优点，运行速度很快。由于启发式算法是通过多次训练学习或者多次循环搜索等技术建模，因此模型对于样本的解释力较强，但是模型的外延性往往不能保证。

（四）信用风险高级计量模型

信用风险高级计量模型是针对企业或者资产组合的信用风险评价的专业模型，一般而言，仅适用于信用风险评价项目。信用风险高级计量模型应用于绩效评价领域和监管评价领域的途径不多，仅局限于风险管理领域，很难应用到其他领域（如公司治理、管理质量等）。

信用风险高计量模型的实施条件相当高。第一，信用风险高级计量模型与统计评价模型一样，要求具有足够的、高质量的建模样本。要求建模样本具有较高的同质性，且实际受评企业与建模样本之间不存在较大经济结构和经济环境等差异。第二，模型对于建模人员的素质要求极高，不仅要求建模人员具有很高的经济金融专业素养，还要求建模人员具有较强的数学功底，必须具备丰富的概率论和统计学知识。

信用风险高级计量模型的理论性和实践应用价值都很高，模型对于信用风险预测能力很强，是目前国际国内金融机构广泛采用的风险计量模型。信用风险高计量模型不但对于样本的解释力很强，而且具有很好的外延性。

**表5－7　　各类企业评价模型的基本特征**

| 评价模型 | 所需的基本条件 | 样本解释力 | 外延性 | 模型特点 |
|---|---|---|---|---|
| 专家模型 | 1. 企业评价专业知识或者资深专家；<br>2. 对模型精确度的要求不高。 | — | — | 1. 模型简单明了，易于操作。<br>2. 对于评价人员的经验知识的依赖程度较高。 |
| 统计模型 | 1. 专业的概率论和统计学知识；<br>2. 足够的有效样本；<br>3. 定期进行模型维护和模型验证；<br>4. 较强的计算机操作水平。 | 好 | 好 | 1. 模型的精确度较高。<br>2. 模型的经济意义明确。<br>3. 模型简洁易懂，模型的使用和维护方便。<br>4. 依赖于建模理论支持和建模人员的经验。 |
| 启发式算法 | 1. 精通启发式算法；<br>2. 较强的算法设计和程序编写水平。 | 很好 | 较差 | 1. 模型的精确度较高，复制性很强。<br>2. 模型的经济意义比较模糊。<br>3. 模型的维护和优化成本较高。 |
| 信用风险高级计量模型 | 1. 针对信用风险的评价；<br>2. 专业的概率论和统计学知识，良好的经济金融素养；<br>3. 足够的有效样本；<br>4. 定期进行模型维护和模型验证；<br>5. 较强的计算机操作水平。 | 很好 | 很好 | 1. 模型的精确度很高。<br>2. 模型的经济意义明确。<br>3. 模型的可移植性较好，能够在各类经济体制下的经济体内应用推广。<br>4. 建模过程中的主观性影响较小。 |

本节介绍了企业评价模型选择的基本原则，模型验证的基本方法，并对前文所介绍的模型的基本特征进行了归纳总结。在企业评价项目的实施过程中，建模人员需要根据实际情况，选择那些符合项目目标、切实可行、具有项目实施条件的企业评价方法。

# 第六章　国内外担保机构评价方法

本章重点研究现有国际国内担保机构评级/评价体系的特点，作为建立我国担保机构综合评价体系的有益借鉴。国际方面，信用评级在保证担保和金融担保的行业监管和担保机构业务运行中起着重要作用；对中小企业融资担保机构尚未形成统一明确的评级/评价方式。本章重点分析了穆迪投资者服务公司的金融担保机构信用评级体系和标准普尔公司的保证担保机构信用评级体系。国内方面，银行、评级公司、地方政府、地方监管部门、地方担保业协会、担保机构等出于不同的目的建立了不同的担保机构评级/评价体系，以满足本单位/部门/地区对担保机构评价的要求。不同的评价体系设计各有侧重，本章仅选取部分有代表性的体系进行分析研究。

## 第一节　国际担保业监管与担保机构评价

### 一、中小企业信用担保机构监管及评价

国际中小企业信用担保体系主要形式有：一是政府财政出资、由政府部门运营的中小企业贷款担保计划，如美国、加拿大和英国；二是政府财政资助的小型互助担保协会，如德国、法国、意大利和西班牙等西欧国家；三是政府财政出资建立的国有信用担保公司或信用保证基金，如日本、韩国等；四是政府财政出资建立的再保险体系，如日本、韩国和德国。

中小企业信用担保体系日常运作受政府职能部门监管（表6－1）。其中，日本、韩国制定了中小企业信用担保的法律来规范担保机构或担保基金的运作，并由政府多个部门对其日常运营进行监管，这些部门包括金融监管部门、财政部和经济产业部等；德国和法国的互助担保协会遵守《国家银行法》的规定，日常运作受到金融监管部门监管；美国和加拿大的中小企业贷款担保计划需要遵守《小企业法》及《小企业融资法》的规定，由小企业局负责日常运作，并受政府部门或国会监督。

表 6-1　　部分国家中小企业信用担保体系的监管情况

| 国家 | 法律 | 管理部门 |
| --- | --- | --- |
| 日本 | 《信用保证协会法》<br>《中小企业信用保险公库法》 | 财务省、大藏省、通产省、金融厅 |
| 韩国 | 《信用保证基金法》<br>《技术信用保证基金法》<br>《地方信用保证基金法》 | 财政经济部、产业能源部、金融监督委员会 |
| 美国 | 《小企业法》 | 总审计办公室、政府预算办公室、参众两院的小企业委员会 |
| 加拿大 | 《小企业融资法》 | 经济产业部 |
| 德国 | 《银行法》<br>《信用机构法》 | 财政部、经济与技术部、金融监管部门 |
| 法国 | 《银行法》 | 经济与财政部、国家银行委员会 |

各国建立中小企业信用担保体系，为中小企业、微小企业或特定人群向银行/贷款机构提供融资担保，有明显的政策性，资金来源多为国家及地区财政、企业集团或金融机构捐款等。旨在缓解中小企业融资困难、增加就业、促进出口或支持某些特定地区及特定人群的发展。因此，政府管理部门对中小企业信用担保体系及担保机构的绩效评价主要包括持续经营能力和社会效益，如担保企业数量、担保企业占中小企业的比例、增加就业情况、对地区经济增长的影响、平均担保规模、放大倍数和代偿率等。其评价由监管部门组织实施，而不是依靠社会评级机构。

## 二、保证担保和金融担保机构监管及评价

目前，多数国家的保证担保和金融担保机构受到政府保险监管部门的偿付能力监管，遵守《保险法》相关条款的规定。与此同时，在保证担保和金融担保行业发展过程中，评级机构发挥了重要的市场约束作用，行业协会促进了行业自律和机构间交流合作。由此，形成了政府监管、外部约束和行业自律相结合的行业监督管理架构。

目前，国际上有四大评级机构对保证担保和金融担保机构承保能力和偿付能力等进行持续评级，四大评级机构包括标准普尔公司（Standard & Poor's Financial Services LLC，S&P，简称标普）、穆迪投资者服务公司（Moody's Investors Service，Moody's，简称穆迪）、惠誉信用评级有限公司（Fitch Ratings Ltd.，Fitch Rating，简称惠誉）和 A. M. Best Company Inc.

(A. M. Best，简称贝氏)。其中，A. M. Best专注于保险公司/保证担保公司/再保险公司的信用评级业务；另外三家的信用评级业务涵盖了主权国家、金融机构、金融产品等。保证担保和金融担保机构获得并持续保持高信用等级成为其开展业务、持续经营的必要基础。例如，美国规定承接公共工程保证业务的担保机构信用等级必须是A以上；美国财政部在每年7月1日，发布《570公报》公布合格的保证担保公司名单（简称T-list)，同时参照信用等级等因素，规定担保机构工程保证业务单一客户和总体规模限额；对于金融担保机构，由于债券发行人要求融资成本最小化，2007年底以前，美国金融担保市场约80%的市场份额被四家AAA级公司占据。

国际金融危机对国际担保业（主要是金融担保）造成了严重冲击，也凸显出现行保险监管体制存在的不足之处，尤其是对金融创新及金融担保的监管。为此，2010年欧盟发布了保险公司偿付能力监管标准Ⅱ(征求意见稿)，该标准对担保机构的承保能力、偿付能力和资本充足性等提出了更严格的规定和要求。有关国家正根据欧盟保险公司偿付能力监管标准Ⅱ，研究制定新的保险监管标准；国际担保业协会组织也在研究和评估新的监管标准实施后对行业发展的影响，制定应对策略。

## 第二节　国际担保机构信用评级方法

### 一、金融担保机构的信用评级方法——穆迪投资者服务公司

#### （一）信用评级基本思路

金融担保机构信用评级是通过定性分析和定量分析相结合的方法，对其业务和财务状况进行分析，重点评估其承保能力和偿付能力。信用评级分析因素主要包括运营价值和发展战略（Franchise Value and Strategy)、担保组合特性（Insurance Portfolio Characteristics)、资本充足性(Capital Adequacy)、盈利能力（Profitability)、财务弹性（Financial Flexibility)，以及会计政策和信息披露、监管环境、非金融担保业务、流动性风险、对新运营企业的特别处理等其他因素。

主干因素相互作用奠定了金融担保机构经营状况和信用状况的基础，具体见图6-1。公司的运营价值和战略决定了担保组合，担保组合特性决定了保持充足偿付能力所需的资本充足水平，资本需求影响到公司盈利能力，盈利能力将反过来会影响发展战略和运营价值，这些经营状况

图6-1 影响金融担保机构持续经营的主干因素相互作用示意图

进一步受到财务弹性（诸如资本可获得性和资本筹集成本），以及监管环境、市场趋势、竞争状况和行业特定风险等外部因素的影响。

（二）信用评级要素和指标评价标准

1. 运营价值和发展战略（Franchise Value and Strategy）。

主要考察市场占有率、客户集中度、业务储备、管理特性、公司治理、风险管理等。其中，管理特性包括管理团队的能力、经验、诚信和责任，发展战略，管理团队的风险文化等（详见表6-2）。

表6-2 运营价值和发展战略包含的分类指标和评价标准

| | Aaa | Aa | A | Baa | 非投资级别 |
|---|---|---|---|---|---|
| 市场占有率 | 10%~20% | 5%~10% | 3%~5% | 1%~3% | 低于1% |
| 基础市场占有率 | 10%~20% | 5%~10% | 3%~5% | 1%~3% | 低于1% |
| 再保险市场占有率 | 高于67% | 33%~67% | 13%~33% | 7%~13% | 低于7% |
| 业务储备 | 1.3~1.5倍 | 1.15~1.3倍 | 1.05~1.15倍 | 1.00~1.05倍 | 低于1.00倍 |
| 客户集中度 | 从更宽泛的客户范围增加收入来源（非常强） | 从相对有限集中的客户增加收入来源（强） | 从独立的最大客户范围内增加收入来源（适中） | 从高度独立的大客户范围内获取收入（有限） | 从相对高度独立的大客户范围内获取税收（非常有限） |
| 管理质量、公司治理与风险管理 | 全面发展的团队管理及治理结构（非常强） | 必要的发展及治理结构（强） | 相对全面发展的团队管理和治理结构（适中） | 有限的团队管理和治理结构（有限） | 较弱的团队管理和治理结构（非常有限） |

2. 担保组合特性（Insurance Portfolio Characteristics）①。

主要考察担保组合信用质量、非投资级担保项目占比、预期损失与净保额比率、最坏情况损失与资本比率（后两个指标是基于穆迪模型测算的）等（详见表6－3）。其中，信用质量比率（Credit Quality Ratio）＝担保组合预期损失现值/担保组合净在保余额；尾部风险比率（Tail Risk Ratio）＝99.9%置信区间的担保组合信用损失/担保组合净在保余额；非投资级担保项目占比（% of Below Investment Grade）＝担保组合中非投资级净在保余额/担保组合净在保余额；最坏情况损失与资本比率（Worst Case Losses Relative to Capital）。

表6－3　担保组合特性包含的分类指标和评价标准

| | Aaa | Aa | A | Baa | 非投资级别 |
|---|---|---|---|---|---|
| 信用质量比率 | 30bps～60bps | 60bps～100bps | 100bps～150bps | 150bps～200bps | Above 200bps |
| 尾部风险比率 | 75bps～150bps | 150bps～250bps | 250bps～375bps | 375bps～500bps | Above 500bps |
| 非投资级担保项目占比 | 0%～3% | 3%～6% | 6%～10% | 10%～15% | Above 15% |
| ∑（WCI＞10% of HC）/HC | 0%～50% | 50%～120% | 120%～200% | 200%～300% | Above 300% |

3. 资本充足性（Capital Adequacy）。

主要考察经济资本规模、资本充足率和经营杠杆，包括以下指标（详见表6－4）：核心资本比率（Hard Capital Ratio）＝硬资本/99.99%置信区间内的预测损失；总资本比率（Total Capital Ratio）＝总资本/99.99%置信区间内的预测损失；分保比率（Par Reinsured）。

表6－4　资本充足性包含的分类指标和评价标准

| | Aaa | Aa | A | Baa | 非投资级别 |
|---|---|---|---|---|---|
| 核心资本率 | 1.30x～2.00x | 1.15x～1.30x | 1.00x～1.15x | 0.85x～1.00x | 低于0.85倍 |
| 总资本比率 | 1.30x～2.00x | 1.15x～1.30x | 1.00x～1.15x | 0.85x～1.00x | 低于0.85倍 |
| 分保比率 | 0.0%～10.0% | 10.0%～25.0% | 25.0%～40.0% | 40.0%～60.0% | 高于60% |

① 金融担保也称为金融担保保险，参见本书第三章第四节。

4. 盈利能力（Profitability）。

主要考察三年平均的净资产收益率（ROE）、损失率（Lost Ratio）和成本费用率（Expense Ratio）。其中，损失率 = 损失和损失调整费用/净满期保费收入，成本费用率 = 承保成本/净保费收入（详见表6－5）。

**表6－5　　　盈利能力包含的分类指标和评价标准**

| | Aaa | Aa | A | Baa | 非投资级别 |
|---|---|---|---|---|---|
| ROE－3年平均 | 12.0%～16.0% | 10.0%～12.0% | 8.0%～10.0% | 5.0%～8.0% | 低于5% |
| 损失率（SAP）－3年平均 | 0.0%～15.0% | 15.0%～30.0% | 30.0%～50.0% | 50.0%～70.0% | 高于70% |
| 费用率（SAP）－3年平均 | 5.0%～20.0% | 20.0%～40.0% | 40.0%～60.0% | 60.0%～80.0% | 高于80% |

5. 财务弹性（Financial Flexibility）。

主要考察收益覆盖率、现金流覆盖率、双重杠杆和资本可获得性（详见表6－6）；其中，收益覆盖率（Earnings Coverage）＝（息前税前经营收益（EBIT）－衍生业务未实现利得）／（利息支出＋优先股股利支出），现金流覆盖率（Cash Flow Coverage）＝从附属企业获得的股利收入／（利息支出＋优先股股利支出），双重杠杆（Double Leverage）＝对附属企业股权投资总额/净资产总额，资本可获得性（Ease of Access to Capital）等。

**表6－6　　　财务弹性包含的分类指标和评价标准**

| | Aaa | Aa | A | Baa | 非投资级别 |
|---|---|---|---|---|---|
| 收益覆盖率 | 10.0x～20.0x | 7.0x～10.0x | 1.0x～7.0x | 0.5x～1.0x | 低于0.5倍 |
| 现金流覆盖率 | 6.0x～10.0x | 4.0x～6.0x | 1.5x～4.0x | 1.0x～1.5x | 低于1倍 |
| 双重杠杆 | 100%～120% | 120%～130% | 130%～140% | 140%～160% | 高于160% |
| 资本可获得性 | 公司通过实际的获取资金活动及（或是）增强评估来获取持续的市场占有。或者公司附属于一个级别较高（高于Aa）的公司（非常强） | 公司将重心放在增加资本活动及（或是）增强评估。或者公司附属于一个A级别的公司（强） | 有证据表明公司从事资本活动，或是附属于某个较低投资级别的公司（充足） | 有限的证据表明有从事资本的活动。附属的公司不属于投资组别（有限） | 未参与资本市场，附属公司非投资级别（非常有限） |

（三）信用评级要素和分类指标权重

根据评价要素及其分类指标对信用评级结果影响的重要性程度不同，设定了相应的权重（详见表6－7）。评价要素的权重主要如下：运营价值和发展战略的权重为25%，担保组合特性的权重为20%，资本充足率的权重为30%，盈利能力的权重为15%，财务弹性的权重为10%；其中，资本充足性的权重最大，财务弹性的权重最小。

表6－7　　　　评价要素和分类指标的权重

| 主要评级要素与次级要素： | 要素权重 | 次级要素权重 |
| --- | --- | --- |
| 要素1：运营价值和发展战略 | 25% | |
| 市场占有率 | | 25% |
| 市场总收入份额 | | 25% |
| 业务储备 | | 15% |
| 客户集中度 | | 10% |
| 发展战略、管理及风险防控 | | 25% |
| 要素2：担保组合特性 | 20% | |
| 信用质量比率 | | 25% |
| 尾部风险比率 | | 25% |
| 非投资级担保项目占比 | | 25% |
| 最坏情况损失与资本比率 | | 25% |
| 要素3：资本充足率 | 30% | |
| 硬资本比率 | | 50% |
| 总资本比率 | | 30% |
| 分保比率 | | 20% |
| 要素4：盈利能力 | 15% | |
| 普通股收益 | | 50% |
| 损失率 | | 20% |
| 成本率 | | 30% |
| 要素5：财务弹性 | 10% | |
| 收益覆盖率 | | 25% |
| 现金流覆盖率 | | 25% |
| 双重杠杆 | | 25% |
| 资本可获得性 | | 25% |

## 二、保证担保/信用保险机构的信用评级方法——标准普尔公司

（一）信用评级基本思路

基于保证担保机构（Surety Insurer）和信用保险机构（Credit Insurer）

特有的经营特性（如易受经济周期和保险周期影响，损失率呈现高波动性），通过主观和客观分析，从长期角度评估担保机构的承保能力和偿付能力。

（二）信用评级要素

一是行业风险（Industry Risk）。主要考察承保业务种类和相应的风险损失类型，承保客户行业分布的多样化，行业周期与经济周期的相关性，经济周期变化导致的损失率波动性，市场提供的再保险能力和质量等。

二是市场竞争地位（Competitive Position）。主要考察基于SWOT（优势、劣势、机遇、挑战）分析得出的市场竞争优势，如对营销渠道、品牌认知度、产品能力，定价，成本支出等进行综合评估；经营规模（Size），是评估风险分散多样化和支撑信息系统和数据库建设所需财力的重要因素；政府支持和干预（只适用政府资助的信用保险机构）等。

三是公司战略和管理（Management and Corporate Strategy）。主要考察管理团队和管理体系的质量（长期、良好的经营记录），管理信息系统、客户管理系统和风险监控系统，信用评分和信用评价技术，持续的监控过程，客户授信限额管理，公司发展战略，组织结构设置，人力资本，盈利目标、资本实力和风险敞口的匹配情况等。

四是经营绩效（Operating Performance）。主要考察收入、利润的水平以及波动性；投资收益率（Return On Revenue）来衡量盈利水平，ROR =（承保收入 + 净投资收入）/（净满期保费收入 + 投资收入），通常按5年/10年平均计算；采用损失率（Loss Ratio）标准差来衡量盈利波动性；相对应的评价标准详见表6－8和表6－9。

**表6－8　　投资收益率的评价标准**

| 投资收益率 ROR | |
|---|---|
| ROR | 相应的评级 |
| 大于20% | AAA |
| 15%～20% | AA |
| 10%～15% | A |
| 5%～10% | BBB |
| 0%～5% | BB |
| 小于0% | B |

表 6-9　　损失率的评价标准

| 标准损失率 | |
|---|---|
| 损失率标准差 | 对应评级 |
| 0% ~15% | AAA/AA |
| 16% ~30% | A/BBB |
| 超过 31% | BB/B |

与传统财产险保险公司相比，保证担保机构/信用保险机构一般将其承保总额的50%以上进行分保（再保险），分保的效果主要取决于再保险公司的偿付能力、意愿、再保险合同结构。

衡量盈利状况的指标一般如下：损失率、综合比率、成本支出水平、投资收益率、净资产收益率等。影响信用保险机构盈利能力的特定因素有：单一大额风险、分保抵扣的正常水平、承保的是客户延期不履约风险还是破产风险；影响保证担保机构盈利能力的特定因素有：抵押品情况、分保抵扣水平是否对损失水平构成实质影响；对二者盈利能力产生共同影响的因素有：是否承保客户的破产风险、代偿回收率、代偿回收期限。

五是投资管理（Investment）和流动性（Liquidity）。主要考察资产质量和流动性，资产负债管理情况，银行和母公司的流动性支持情况等。

六是资本充足性（Capitalization）和财务弹性（Financial Flexibility）。主要考察基于风险资本模型的资本充足率，再保险保护，资本来源渠道（资本市场、外部投资者和母公司的无条件资本支持）。

## 三、评价方法分析

国际评级公司着眼于从长期角度评价金融担保机构和保证担保机构的代偿能力和承保能力。评价框架包括评价要素、评价指标、权重和评价标准等内容。评价要素主要关注经营管理、资本充足性、盈利状况、担保业务组合、财务弹性等方面，其中都给予资本充足性较高的权重。评价模型采用了以违约率、损失率等为基础的风险量化评价的方法，该方法高度依赖历史数据积累和模型参数设置。评价结果定期对外公布，具有很高的权威性和可比性，对于担保机构开展业务具有重大影响。

总体来说，国际评级公司对担保机构的信用评级方法随着担保业的发展而不断完善，并对行业发展起了积极的促进作用。其中有关评价框

架、思路和要素等内容值得分析借鉴；其几十年积累的各类评价数据，尤其是违约率等数据，很值得我们参考。但也应当注意到，在2008年国际金融危机中，国际评级行业暴露出诸多问题，其深层次的原因仍在探讨中。同时，国际信用评级方法是分别针对金融担保机构及保证担保机构，而我国多数担保机构的主要业务则为银行融资担保，与国际所称中小企业信用担保基本一致。另外，我国的担保业尚处于起步发展阶段，业务运作和机构管理都不够规范，行业监管刚刚确立，国际三大类担保业务（中小企业融资担保、金融担保和保证担保）都有涉及，行业状况复杂，透明度差，行业统计数据不足，总体行业状况及行业环境与国际同行相差甚远。因此，我国担保行业显然无法直接引用国外担保机构信用评级方法。

## 第三节　国内担保机构评价方法①

### 一、国内担保机构评价管理现状

2002年以来，随着我国经济市场化和社会信用体系建设加快，担保行业进入了快速发展时期，主要表现为：担保市场需求快速增长，担保机构数量大幅增加。行业快速发展和监管不够到位导致担保机构参差不齐，为促进担保市场规范发展，政府部门和各类市场主体对于建立担保机构评价方法的需求日益强烈。近年来，财政部、人民银行、发改委、工信部等政府部门，银行、地方行业协会、信用评级公司等在担保机构评价方面做了大量有益的工作（详见表6-10）。

**表6-10　国务院有关部委、地方有关部门及担保机构出台的担保机构评价办法**

| 时间 | 发布部门或机构 | 相关规定 |
|---|---|---|
| 2003年 | 财政部 | 《关于加强地方财政部门对中小企业信用担保机构财务管理和政策支持若干问题的通知》 |
| 2007年 | 人民银行 | 《中国人民银行征信管理局关于开展信用担保机构信用评级工作的通知》 |

① 在2009年初，我国融资性担保机构监管体系建立之前，我国对担保业及担保机构称谓采用了中小企业信用担保业和中小企业信用担保机构等的称谓，此后则采用了融资性担保业和融资性担保机构等的称谓。鉴于两种称谓并存的情况，本节尊重担保业发展的客观历史称谓。

续表

| 时间 | 发布部门或机构 | 相关规定 |
| --- | --- | --- |
| 2009 年 | 财政部 | 《金融类国有及国有控股企业绩效评价实施细则》 |
| 2003 年 | 杭州市，经委 | 《中小企业信用担保机构信用评价和奖励暂行办法》 |
| 2005 年 | 广东省，经委等 7 个部门 | 《中小企业信用担保机构示范单位综合评价计分办法》 |
| 2008 年 | 山东省，中小企业办 | 《担保机构信用评级管理暂行办法》 |
| 2008 年 | 北京市，人民银行营业管理部、市发改委 | 《关于开展信用担保机构信用评级工作的通知》 |
| 2008 年 | 江西省，中小企业局、财政厅 | 《中小企业信用担保机构担保绩效评估暂行办法》 |
| 2009 年 | 青岛市，经贸委 | 《中小企业信用担保机构担保绩效评价指标体系》 |
| 2008 年 | 深圳市，中小企业担保中心、恒泰丰科技 | 《中小企业信用担保机构综合评价办法》 |

本书写作过程中，笔者收集、查阅了大量资料，走访了相关部门、机构，并在此基础上，对国内担保机构评价的实践做法和案例进行了系统梳理和分析。

（一）国内担保机构评价方法综述

一是财政部《关于加强地方财政部门对中小企业信用担保机构财务管理和政策支持若干问题的通知》（财金〔2003〕88 号文）提出，要组织实施对中小企业信用担保机构的绩效评价，评价结果作为政策支持和奖惩的参考依据，绩效评价要综合反映中小企业信用担保机构的社会效益、经济效益、风险控制情况以及财政资金使用成本等情况。

二是人民银行《中国人民银行征信管理局关于开展信用担保机构信用评级工作的通知》（银征信〔2007〕48 号文）提出，在全国全面推进信用担保机构信用评级工作。目的在于，通过开展信用担保机构信用评级工作，揭示信用担保机构代偿能力和内部风险管理能力，促进担保行业规范、健康发展，防范担保风险引发系统性信贷风险，维护金融稳定。

三是北京、广东、山东、江西、杭州、青岛等地方政府的相关部门发文，对担保机构进行绩效评价或信用评级，以加强对担保机构的考核评价、推动担保机构与银行的业务合作、促进担保机构规范经营。

四是北京等地方担保行业协会受地方政府相关部门的委托，组织实

施对协会成员单位进行综合评价，主要包括制定相关评价办法，委托专业中介机构进行评价，定期对外公布评价结果等。

五是中诚信国际信用评级有限公司、联合资信评估有限公司、大公国际评估有限公司等信用评级公司建立实施了担保机构信用评级体系，针对不同类型的担保机构实行分类评级：对从事金融产品担保业务的担保机构进行资本市场信用评级；对从事中小企业贷款担保业务的担保机构进行信贷市场信用评级。评级公司所做的信用评级属于对担保机构的外部评价，评级结果对社会公开发布。

六是银行、大型担保机构从选择业务合作对象的需求出发，制定了担保机构评级办法或管理办法，属于对担保机构的内部评价，评价结果供评价机构内部使用。

（二）评价方法分析

国家及地方政府部门和相关市场主体建立了不同的评级/评价体系，各评价体系均有其独到之处，对于担保机构评价和担保行业信息披露起了积极的促进作用，其中不乏实用性很强或评价技术可以借鉴的内容。但囿于角度的局限、行业缺乏统一监管、评价缺乏统一标准和组织实施等，从而导致评价结果缺乏一致性、可比性和权威性，没有达到理想的效果。现有评级/评价体系多侧重于某些方面需求，如担保业务能力、偿付能力、中小企业担保业绩等，不能全面系统地反映担保行业状况，也不能满足《融资性担保公司管理暂行办法》的要求。主要原因在于：

一是评价对象——担保行业的复杂性。经过近 20 多年的发展，我国担保业尚处于初级阶段。与国外专营担保机构相比，我国担保机构的业务种类、业务性质都要复杂许多，与此相应，评价难度较高。主要表现为：行业监管长期缺位，担保机构数量多、规模和实力差距大；担保业务以融资性担保为主，融资性担保与金融担保、保证担保混业经营；未建立完善的行业业务规范，行业透明度差，行业数据积累严重缺乏等。

二是评价主体着眼点不同，导致评价指标和权重设置等差异较大。政府部门主要着眼于政策目标的完成情况，其中，财政部门侧重于财政资金的安全性和使用效率，中小企业主管部门侧重于业务规模，金融监管部门侧重于维护银行体系稳定。市场主体主要着眼于担保机构的代偿能力和风险管理，侧重于资本充足性和盈利能力。同时，各地区经济发展不平衡，导致不同地区担保机构的特点有很大差异。因此，现有评价体系均不能涵盖全行业机构，各类评价结果亦缺乏一致性和可比性。

## 二、中国人民银行营业管理部——银行业管理部门担保机构信用评级方法分析

2009年2月20日，中国人民银行营业管理部下发《关于信用担保机构信用评级工作的若干问题的通知》（银管发〔2009〕34号），公布了北京市信用担保机构信用评级业务主干指标体系，对辖区内信用评级机构参与担保机构评级的资质和程序，相关金融机构利用信用评级结果促进与担保机构的业务合作，担保机构信用评级业务监管等方面作出了规定。

### （一）信用评级基本思路

担保机构信用评级，是对担保机构的风险管理能力、代偿能力和代偿意愿的评价，是对担保机构担保履约能力的评价。担保机构面临的风险主要包括政策风险、行业风险、管理风险、经营风险、操作风险、信用风险和流动性风险等。根据其风险特征，应采取定性与定量、静态与动态相结合的分析与评价方法，重点对其经营环境、基础素质、风险管理、代偿能力等方面进行考察和综合分析与评价。

### （二）信用评级要素

一是经营环境。主要考察信用担保机构业务辐射区域的经济环境、行业环境、监管政策及外部信用支持等情况。

二是基础素质。主要考察信用担保机构的公司治理，管理层与员工素质，内控机制建设，与银行及其他机构的合作关系，经营策略与经营合规性等情况。

三是担保业务风险管理。主要考察信用担保机构的业务发展基本状况，担保原则与政策的制定与执行，担保业务操作，担保风险管理，担保客户资产质量分析等。

四是投资业务风险管理。主要考察信用担保机构投资业务的管理政策、管理方法、投资风险水平等。

五是资本充足性与代偿能力。主要考察信用担保机构资金来源渠道，担保资金稳定性与成长性等，信用担保机构资本对担保代偿风险覆盖程度。

### （三）信用评级指标体系

信用评级指标体系详见表6-11。

表 6 - 11 信用评级指标体系

| 一级指标 | 二级指标 | 三级指标 |
| --- | --- | --- |
| 经营环境 | 区域经济环境 | |
| | 行业竞争程度 | |
| | 政策监管 | |
| 基础素质 | 基本经营状况 | 经营历史 |
| | | 主营业务种类 |
| | | 股东背景 |
| | 人员素质 | 管理人员素质 |
| | | 员工整体素质 |
| | 管理体制 | 法人治理结构 |
| | | 组织结构 |
| | | 制度建设与实施 |
| | 合作关系 | 合作银行的态度、合作条件、执行情况 |
| | | 其他合作关系 |
| | 经营策略 | |
| | 合规性 | 担保业务是否符合国家相关部门及行业自律的有关规定 |
| | | 投资业务是否符合国家及有关部门规定 |
| 担保业务风险管理 | 原则与政策 | 原则与政策制定情况 |
| | | 原则与政策执行情况 |
| | 管理办法 | 担保业务流程 |
| | | 风险缓释措施 |
| | 客户违约情况 | 累计担保代偿率（%） |
| | | 累计担保损失率（%） |
| | 担保组合 | 期限分布 |
| | | 客户行业分布 |
| | 担保资产质量分析 | 客户集中度 |
| | | |
| 投资业务风险管理 | 管理政策与办法 | 制定情况 |
| | | 执行情况 |
| | 投资风险水平 | 流动性指标 |
| | | 投资损益指标 |
| | | 投资组合风险 |

续表

| 一级指标 | 二级指标 | 三级指标 |
| --- | --- | --- |
| 资本充足性与代偿能力 | 资金来源 | 来源渠道与稳定性 |
| | | 资本补充机制 |
| | | 准备金率 |
| | 资金使用 | 现金/净资产 |
| | | 长期资产/总资产 |
| | 盈利能力 | |
| | 偿债能力与资本充足率 | 相关资本指标 |
| | | 资本充足率（%） |

资料来源：中国人民银行营业管理部《关于信用担保机构信用评级工作的若干问题的通知》（银管发〔2009〕34 号）。

## 三、地方政府部门——某市中小企业信用担保机构综合评价体系分析

### （一）评价基本思路和要素

地方政府担保机构管理部门对辖区内担保机构从担保业务能力、风险控制能力、规范运作和无形资产等方面进行综合分析，评价结果作为担保机构业绩考核和财政补贴等方面的重要参考依据。通过担保机构评价，促进其规范运作和可持续发展。一般情况，政府管理机构较为重视担保业务业绩和对中小企业支持的评价。可以看到，此体系对资本充足性及财务指标关注较少。评价要素包括：

一是担保业绩。主要考察担保机构近两年中小企业贷款担保总额、担保中小企业户数、扶持首次获得贷款的中小企业户数等。

二是风险控制能力。主要考察担保机构管理制度体系、管理层和员工素质、风险处置能力、担保成功率等。

三是规范运作。主要考察担保机构货币资本金规模、准备金提取和担保费收取情况、担保组合风险集中性、反担保履约保证金收取情况等。

四是无形资产。主要考察担保机构合作银行的数量、与银行合作的紧密度、社会信誉等。

### （二）评价指标权重

担保机构综合评价总得分为 100 分。评价要素权重如下：担保业绩总得分为 35 分、风险控制能力总得分为 28 分、规范运作总得分为 27 分和无形资产总得分为 10 分。其中，担保业绩权重最大，无形资产权重最

小。分类指标权重详见图6－2。

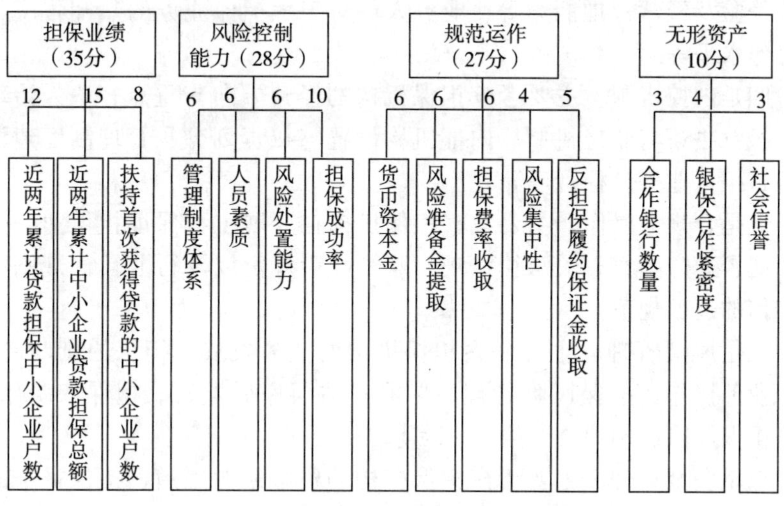


图6－2　评价要素和分类指标的权重设置

## 四、地方信用担保业协会——某市工程保证担保机构信用评级体系分析

工程保证担保机构的评级重点应是工程保证业务的履约能力。在实务中，承做工程保证业务的机构多同时承做融资性担保业务及其他类型的非融资担保业务，专门承做工程保证业务的机构不多。因此，此评价体系并非用于工程保证担保机构信用评级，而是把担保机构的信用评级级别，作为地区内担保机构承做工程保证业务的准入条件之一。

### （一）信用评级基本思路

承做工程保证业务的机构面临的风险主要包括政策风险、行业风险、管理风险、经营风险、操作风险、信用风险和流动性风险等。根据其风险特征，重点对其经营环境、股东背景、人员素质、内控机制、风险管理、资金管理等方面进行考察分析及评价。

### （二）信用评级要素

一是经营环境。主要考察担保机构从业区域的经济环境、行业环境、监管政策及外部支持等情况。

二是股东背景。主要考察担保机构主要股东的从业背景、出资目的以及对担保机构的支持与限制性政策，担保机构与股东及其关联企业间的关联交易等情况。

三是人员素质。主要考察担保机构管理层的业务素质、工作经历、行业经验及经营管理能力等；业务人员对工程担保业务的熟知程度与实际操作水平等。

四是内控机制。主要考察担保机构的经营方向与重点、法人治理结构、经营决策与监督机制、内部机构设置与权责划分、管理制度建设与执行、担保业务流程管理等。

五是合规性操作。主要考察担保机构在开展工程保证担保业务过程中，能否遵守国家有关法律法规、监管政策规定以及行业自律规则和诚实守信的道德规范。

六是风险管理。主要考察担保机构的业务发展、担保原则与政策、担保业务操作、担保风险管理、保前评估与保后监管、担保取费原则、关联担保风险、担保资产信用风险等。

七是资金管理。主要考察担保机构的资金来源渠道，担保资金的稳定性与成长性，担保资金的使用原则与风险管理，担保资金的使用项目，担保资金的安全性、流动性、盈利性，货币资金的充足性等。

### （三）信用评级指标体系

信用评级指标体系见表6－12。

**表6－12　信用评级指标体系**

| 一级指标 | 二级指标 | 三级指标 |
|---|---|---|
| 经营环境 | 区域经济环境 | |
| | 行业环境 | |
| | 监管政策 | |
| | 外部支持 | |
| 股东背景 | 从业背景 | |
| | 出资目的 | |
| | 支持和限制政策 | |
| | 关联交易 | |
| 人员素质 | 管理者素质 | |
| | 员工基础素质 | |
| 银行合作 | 合作数量 | |
| | 协定担保放大倍数 | |
| | 开展担保业务年限 | |
| | 与银行风险分担机制 | |

续表

| 一级指标 | 二级指标 | 三级指标 |
|---|---|---|
| 内控机制 | 治理结构 | |
| | 管理体制 | |
| | 制度建设 | |
| 合规性操作 | | |
| 风险管理 | 担保组合 | 担保原则、政策 |
| | | 单户融资担保额/上一年末净资产 |
| | | 工程担保余额/上一年末净资产 |
| | | 单笔履约担保额/上一年末净资产 |
| | | 单笔业主工程款支付担保额/上一年末净资产 |
| | 担保调查与评估 | 担保项目调查程序 |
| | | 担保项目评估报告 |
| | 风险控制 | 担保业务审批程序和权限划分 |
| | | 风险分类体系，风险控制措施，反担保措施 |
| | | 在保项目监管，风险预警和追偿机制 |
| | | 累计担保代偿率 |
| | 担保业务规模与结构 | 年新增担保额，年末担保余额 |
| | | 区域担保市场的竞争地位 |
| | | 品种分布，行业分布，期限分布 |
| | | 客户集中度 |
| | 档案管理 | |
| | 履约责任 | |
| 资金管理 | 流动性 | 资本现金率（现金/净资产） |
| | | 流动资产/总资产 |
| | 资金补充 | 近三年净资产增长率 |
| | | 各项账面准备金/担保责任余额 |
| | 资本充足性 | 注册资本规模，货币资金占注册资本的比例 |
| | | 担保放大倍数 |
| | | 货币资金/担保责任余额 |
| | | 货币资金/最大单户担保责任余额 |

## 五、银行业金融机构——某银行担保机构评价体系分析

(一) 评价基本思路和要素

担保机构是银行信贷风险的承接方，银行主要对担保机构代偿能力和意愿进行评估。评价结果在银行内部应用，用于选择和评价合作担保机构。该体系主要包括以下方面：

一是资本金管理。主要考察资本规模、结构和公司治理；资本运营、收益及风险状况；资本补偿机制、准备金提取情况和充足性等。

二是风险控制能力。主要考察内部机构设置，人员结构和从业经验；担保业务操作流程、审批程序、内部控制等；反担保物和控制措施。

三是客户营销及管理能力。主要考察担保机构的市场定位和客户来源；对客户的风险评价体系；对客户的控制能力等。

四是风险化解措施和能力。主要考察保后管理制度与措施；反担保物和措施的控制能力；资产处置能力等。

五是业务风险评价。主要考察担保组合分析、资产风险分类、损失准备制度和提取情况等。

(二) 评价指标和权重

评价指标和权重见表 6－13。

表 6－13　评价指标和权重

| 一级指标 | 二级指标 | 三级指标 | 四级指标 |
| --- | --- | --- | --- |
| 定量指标 | 担保组合集中度（15%） | 客户集中度 | |
| | | 行业集中度 | |
| | 担保业务代偿（15%） | 代偿率 | |
| | | 代偿回收率 | |
| | 规模（20%） | 所有者权益 | |
| | | 投资业务收入 | |
| | 成长性（10%） | 实收资本增长率 | |
| | | 担保业务收入增长率 | |
| | 资本充足性（18%） | 担保放大倍数 | |
| | | 准备金充足率 | |
| | 经营绩效与盈利能力(12%) | 净资产收益率 | |
| | | 成本费用利润率 | |
| | 资产流动性（10%） | 货币资金/一年内到期的担保责任 | |

续表

| 一级指标 | 二级指标 | 三级指标 | 四级指标 |
| --- | --- | --- | --- |
| 定性指标 | 政策性支持和干预(20%) | 担保业务的政策性导向 | |
| | | 政策性补贴 | |
| | | 政府对担保机构经营的影响 | |
| | 竞争能力（25%） | 市场地位 | 市场份额 |
| | | | 客户网络 |
| | | | 银行网络 |
| | | 股东实力和集团支持 | 股东背景 |
| | | | 股东支持 |
| | | | 资本补充难易 |
| | 公司治理和战略（10%） | 公司治理 | 公司治理结构 |
| | | | 市场化运作 |
| | | 发展战略 | 战略定位 |
| | | | 战略风险 |
| | | | 战略实施 |
| | | 风险偏好 | 担保业务风险偏好 |
| | | | 非但保业务风险偏好 |
| | 经营历史（14%） | 公司经营历史 | 正常开展业务年限 |
| | | | 持续经营能力 |
| | | 人力资本 | 高级管理层经验和能力 |
| | | | 有专业经验人员占比 |
| | | 管理能力和效率 | 财务信息可靠性 |
| | | | 审计和内控系统有效性 |
| | | | 内部制度流程有效性 |
| | 风险管理（21%） | 担保客户信用评估 | 担保客户风险评估水平 |
| | | | 内部信用评级体系 |
| | | 担保业务风险管理 | 风险定价 |
| | | | 风险监控 |
| | | | 反担保措施 |
| | | | 关联担保 |
| | | 投资风险 | 长期投资占比 |
| | | | 投资组合风险状况 |
| | | | 投资组合风险回报状况 |

续表

<table>
<tr><th>一级指标</th><th>二级指标</th><th>三级指标</th><th>四级指标</th></tr>
<tr><td rowspan="5">定性指标</td><td rowspan="5">担保责任组合风险（10%）</td><td rowspan="4">担保客户经营和信用状况</td><td>担保客户经营状况</td></tr>
<tr><td>行业前景</td></tr>
<tr><td>行业分散度</td></tr>
<tr><td>信用状况</td></tr>
<tr><td>担保客户受经济周期影响程度</td><td></td></tr>
</table>

注：（ ）内百分比代表权重。

## 六、信用评级公司——某评级公司担保机构信用评级体系分析

### （一）信用评级基本思路

评级机构进行的信用评级，是第三方进行的外部评价，是对担保机构一定经营期限内所负各种或有债务和现实债务的履约能力和履约意愿的评价，是对担保机构风险管理能力和财务实力的综合评价。信用评级结果对社会公开发布，对利益相关者，有一定的参考作用；对社会公众，有一定的社会监督作用。该体系通过对担保机构资本实力和风险损失的分析，确定其担保履约能力及信用等级。

### （二）信用评级要素

一是经营环境。主要考察宏观和地区经济环境（中小企业发展情况、地区信用环境），行业环境（地区担保机构、担保协会发展情况），监管与政策，政府支持等。

二是经营管理。主要考察法人治理结构（股权结构、股东会与董事会等治理机构的实际运行、股东权利保障、对管理层的激励与约束、股东支持与关联交易），管理层与专业人员等人力资本，内部管理和运营体制（部门间在风险控制方面的制衡）等。

三是担保操作风险管理。主要考察担保政策与原则，信用风险的识别、控制与实际运作等。

四是担保资产质量。主要考察担保组合概况，担保组合信用质量，总体风险理念、方法与制度，担保风险管理成果等。

五是流动性风险管理。主要考察担保资金来源，担保资金运作规则，投资组合及流动性，收益合理性，存出保证金及其他应收款项等。

六是资本充足性。主要考察担保资金补偿与增长机制（增资扩股、风险补偿、盈利能力、红利分配），资本充足率等。

### （三）信用评级指标体系

信用评级指标体系见表6-14。

**表6-14　　信用评级指标体系**

| 一级指标 | 二级指标 | 三级指标 | 四级指标 |
|---|---|---|---|
| 外部环境 | 行业竞争 | 行业集中度 | |
| | | 产品同质性 | |
| | | 市场份额 | |
| | | 准入门槛 | |
| | 替代产品竞争 | 替代产品的替代性 | |
| | | 替代产品的优劣势 | |
| | | 替代产品的市场份额 | |
| | 行业议价能力 | 担保供给规模 | |
| | | 定价水平 | |
| | | 其他担保方式定价水平 | |
| | 政府政策和股东支持 | | |
| | 监管政策 | 监管法规政策 | |
| | | 财务会计政策 | |
| | | 相关法律法规 | |
| | 社会信用体系 | 征信系统 | |
| | | 信用评级与监管 | |
| | | 信息披露 | |
| | | 风险分散机制 | |
| 运营能力 | 担保业务组合 | 业务构成 | |
| | | 业务收入 | |
| | | 业务成本支出 | |
| | | 客户、行业分布 | |
| | 资产和资本规模 | 资产总额 | |
| | | 净资产总额 | |
| | | 注册资本 | |
| | 市场竞争地位 | 担保业务市场份额 | |
| | | 发展战略 | 战略目标 |
| | | | 战略规划 |
| | | | 战略实施 |
| 公司治理 | 股权结构 | 股东背景 | |
| | | 股东支持 | |

续表

| 一级指标 | 二级指标 | 三级指标 | 四级指标 |
| --- | --- | --- | --- |
| 公司治理 | 重大风险控制 | “三会”运行情况 | |
| | | 高官层的激励约束机制 | |
| | | 决策程序和权限划分 | |
| | | 外部约束 | |
| | 组织结构和管理体系设置 | | |
| | 财务管理制度及执行情况 | | |
| | 管理信息披露制度 | | |
| | 内部风险管理报告线路 | | |
| | 危机处理机制 | | |
| 人力资本 | 管理团队 | 专业背景和从业经验 | |
| | | 团队稳定性 | |
| | | 风险偏好 | |
| | 员工队伍 | 专业背景和从业经验 | |
| | | 学历和职称结构 | |
| | | 人员稳定性 | |
| 业务组合 | 担保原则和政策 | | |
| | 组合集中度 | 客户集中度 | |
| | | 行业集中度 | |
| | | 期限分布 | |
| | | 区域分布 | |
| | 组合信用等级及分布 | 担保项目平均信用等级 | |
| | | 担保项目信用等级分布 | |
| | | 投资级担保项目占比 | |
| | 担保业务占比 | | |
| 投资管理 | 投资策略 | | |
| | 投资制度和业务流程 | | |
| | 投资组合质量 | 组合集中度 | |
| | | 投资收益率 | |
| | | 资产质量 | |
| | 投资组合资产配置 | 大类资产比例和分布 | |
| | 投资组合流动性管理 | 投资和担保期限匹配情况 | |

续表

| 一级指标 | 二级指标 | 三级指标 | 四级指标 |
| --- | --- | --- | --- |
| 财务能力 | 资本充足性 | 担保放大倍数 | 净资产放大倍数 |
| | | | 净资本放大倍数 |
| | | 准备金充足性 | 准备金余额 |
| | | | 准备金覆盖率 |
| | | 资本覆盖率 | |
| | | 外部资本支持 | 大股东支持 |
| | | | 再保险 |
| | 盈利能力 | 净资产收益率 | |
| | | 收入增长率 | |
| | | 利润增长率 | |
| | | 收入构成 | |
| | | 担保损失/保费收入 | |
| 流动性管理 | 流动性指标 | | |
| | 短期融资能力 | | |
| | 担保和资产期限匹配情况 | | |
| 风险管理 | 风险管理机构和人员设置 | | |
| | 风险管理制度和流程 | | |
| | 风险缓释方式 | | |
| | 担保代偿和资产保全 | | |
| | 担保组合风险分类 | | |
| | 业务决策审批程序和流程 | | |

## 七、担保机构——某担保公司担保机构评价体系分析

### （一）评价基本思路

某些大中型担保公司会建立自己的担保机构评价体系，目的在于选择适当的合作伙伴，开展联合担保及担保业务分入、分出等业务。该体系分析要素主要包括：经营环境、基本经营和竞争地位、风险管理、资本充足性、核心盈利能力等方面。

### （二）评价要素

一是经营环境。担保机构经营活动与监管政策、区域经济发展、区域产业结构等有密切关系。主要考察担保机构面临的监管环境、区域经济发展环境。

二是基本经营和竞争地位。主要考察担保机构的担保业务规模与结构、营运价值与竞争地位。

三是风险管理。主要考察担保机构信用风险管理、定价风险管理、流动性风险管理、法律风险管理和操作风险管理等。

四是资本充足性。主要考察担保机构的资本结构、资本质量和数量、损失补偿能力、担保组合质量、风险分散机制等。

五是核心盈利能力。主要考察担保机构的收入与利润构成、成本支出控制能力等。

（三）评价指标和大类权重

评价指标和大类权重见表6－15。

**表6－15　评价指标和大类权重**

<table>
<tr><th>一级指标</th><th>二级指标</th><th>三级指标</th><th>四级指标</th></tr>
<tr><td rowspan="3">经营环境（15%）</td><td>监管政策</td><td></td><td></td></tr>
<tr><td>地方政府支持</td><td></td><td></td></tr>
<tr><td>区域经济环境</td><td></td><td></td></tr>
<tr><td rowspan="10">基本经营和竞争地位（20%）</td><td rowspan="2">担保能力</td><td>净资产</td><td></td></tr>
<tr><td>担保余额/净资产</td><td></td></tr>
<tr><td rowspan="6">业务规模与结构</td><td rowspan="4">担保业务规模与结构</td><td>总担保额</td></tr>
<tr><td>担保业务收入</td></tr>
<tr><td>近三年担保总额平均增长率</td></tr>
<tr><td>近三年担保收入平均增长率</td></tr>
<tr><td rowspan="2">投资业务规模与结构</td><td>近三年投资平均收益率</td></tr>
<tr><td>投资组合与结构</td></tr>
<tr><td>人力资本</td><td></td><td></td></tr>
<tr><td>营运机制</td><td></td><td></td></tr>
<tr><td rowspan="8">风险管理（30%）</td><td>风险管理原则</td><td></td><td></td></tr>
<tr><td rowspan="3">风险管理制度与措施</td><td>担保项目审查与评估</td><td></td></tr>
<tr><td>担保项目审批与实施</td><td></td></tr>
<tr><td>担保项目在保监管</td><td></td></tr>
<tr><td rowspan="2">担保组合风险</td><td>行业集中度</td><td></td></tr>
<tr><td>客户集中度</td><td></td></tr>
<tr><td rowspan="2">风险控制效果</td><td>担保代偿率</td><td></td></tr>
<tr><td>担保损失率</td><td></td></tr>
</table>

续表

| 一级指标 | 二级指标 | 三级指标 | 四级指标 |
|---|---|---|---|
| 资本充足性（30%） | 准备金充足状况 | 代偿支付保障率 | |
| | | 准备金充足率 | |
| | | 准备金余额增长率 | |
| | 资金补偿机制及其他融资方式的影响 | | |
| 核心盈利能力（5%） | 净资产收益率 | | |
| | 担保单位成本 | | |

## 八、地方担保监管部门——某省担保机构绩效评价体系[①]分析

### （一）绩效评价基本思路

从地方监管者角度，建立满足地方监管要求的绩效评价体系。根据评价结果，体现对不同类型、不同发展阶段担保机构的监管差异性和监管意志导向。评价结果作为监管部门对担保机构进行业务监督、绩效考核、风险预警与政策扶持的重要参考依据。该体系对担保机构合规经营、担保业绩、代偿能力和持续经营能力等方面进行分析评价。

### （二）绩效评价要素

一是合规性。重点评价担保机构按照《融资性担保公司管理暂行办法》的合法合规经营的基本状况，包括会计核算、准备金提取、投资、关联担保和信息披露等方面的执行情况。

二是基本经营实力。主要考察企业内部因素，如资本、人力资源和管理制度，评价和识别企业所具有的独特资源和能力，从静态角度评价担保机构在行业竞争中的关键优势和劣势。

三是持续经营能力。主要考察担保机构的发展战略、资金来源、经营成果与社会贡献、偿债能力等。

四是业务风险管理。主要考察担保机构的风险管理制度措施制定情况、代偿与损失情况、担保组合分布和担保资产质量等。

### （三）绩效评价指标体系

绩效评价指标体系见表6－16。

① 此体系是《融资性担保公司管理暂行办法》制定后，首个由地方监管机构主持建立的评价体系。具体见第八章。

表 6－16　　绩效评价指标体系

| 维度 | 因素 | 指标 |
| --- | --- | --- |
| 合规性 | 会计核算 | 金融企业财务规则、企业会计准则和担保企业会计核算办法执行情况 |
| | 投资 | 自有资金投资范围和比例 |
| | 准备金 | 未到期责任准备金和担保赔偿准备金的提取情况 |
| | 关联担保 | 为母、子公司提供担保的情况 |
| | 信息报告 | 按规定向监管部门报送相关文件和资料情况 |
| | | 向监管部门报告三会重要决议情况 |
| | | 年度审计及向监管部门报送情况 |
| 基本经营实力 | 企业基本状况 | 实收资本 |
| | | 净资产 |
| | | 经营历史 |
| | 人员素质 | 高管从业经验与专业配置 |
| | | 员工学历和职称结构 |
| | | 员工配备结构（经济、金融、法律、技术等） |
| | 管理体制 | 法人治理结构 |
| | | 组织机构设置 |
| | 协作能力 | 合作银行的数量 |
| | | 合作银行的时效性评价 |
| | | 各担保公司合作违约次数 |
| | | 是否曾被合作银行终止过业务 |
| | 经营状况 | 最近三年平均净资产担保倍数 |
| 持续经营能力 | 发展战略 | 战略规划 |
| | | 战略可实施性 |
| | 资金来源 | 实收资本增长率 |
| | | 净资产增长率 |
| | | 准备金率 |
| | 经营成果与社会贡献 | 担保收入比 |
| | | 担保业务收益率 |
| | | 资金收益率 |
| | | 平均担保额 |
| | | 小额担保率 |
| | 偿债能力 | 资本现金率 |
| | | 担保现金率 |
| | | 最大担保现金率 |
| | | 资本充足率 |

续表

| 维度 | 因素 | 指标 |
| --- | --- | --- |
| 业务风险管理 | 风险管理制度制定情况 | 原则与策略制定情况 |
| | | 制度与措施执行情况 |
| | | 业务流程管理情况 |
| | | 风险评审管理委员会成立情况 |
| | 代偿及损失情况 | 累计担保代偿率 |
| | | 累计担保损失率 |
| | 担保组合 | 期限分布 |
| | | 单户集中度 |
| | 担保资产质量 | 在保业务的担保责任风险分类情况 |

# 第七章　建立我国融资性担保机构评价体系

建立适合我国担保业的融资性担保机构评价体系的目的在于进一步规范融资性担保机构经营行为，完善监管手段、提高监管效率、发挥监管导向作用，推动融资性担保机构与银行业金融机构等债权人加强业务合作，保护股东、金融市场投资者等利益相关者权益，促进行业持续健康发展。其研究方法主要是借鉴国内外有益经验，立足我国实际，根据我国担保行业的特点，确定融资性担保机构评价体系的定位，制定相应的技术路线，选择适当的评价方法。工作组织方式为建立监管部门指导，以行业自律组织为平台，引入专业中介机构，规范融资性担保机构评价标准和评价行为，定期组织评价和发布评价结果，有步骤、分阶段建立实施全国统一的融资性担保机构评价体系。综合考虑财政部门、银行等市场主体需求的特殊性和差异性，逐步建立多维度融资性担保机构分类评价指标体系，进一步扩大融资性担保机构评价的覆盖面，提高其针对性和有效性。

## 第一节　技术路线

### 一、基本定位

（一）体现中国担保行业特点

在由监管机构指导的行业自律组织平台上组织实施的融资性担保机构综合评价，应体现现阶段我国担保业的特点。主要包括：行业发展速度快、市场需求明显、行业监管确立不久、机构实力差距大、风险分散体系不健全、业务结构中以融资性担保为主、同一机构可能经营多类担保产品、正常经营的融资性担保机构风险控制结果尚好、尚未形成标准化的行业操作规范等。考虑到融资性担保机构从事的业务为金融业务，本体系参考金融机构的评价/评级方法，如银行、保险等；同时，参考国际专营担保机构的信用评级体系，如单线金融担保机构、保证担保机构

等；另外，借鉴国内现行担保机构的各类评价/评级方法。对融资性担保机构的评价，不仅要考察其担保业务经营能力和风险管理能力，还要考察其经营的规范性并兼顾机构间的差异。同时，考虑到中小企业融资担保有政策性金融的作用，有解决中小企业融资难、支持中小企业发展等社会责任，将“社会效益”也作为考察指标之一。另外，担保行业尚处于发展阶段，促进行业发展是本评价体系建设的主要目标之一。有些机构历史不长，业绩积累不多，但发展趋势良好，因此机构发展能力亦是考察指标之一。

（二）覆盖全行业融资性担保机构

《融资性担保公司管理暂行办法》的实施，建立了担保行业的“准入门槛”，从担保行业中剔除了一批不符合融资性担保机构准入条件的担保机构。由于融资性担保行业处于起步发展阶段及经济环境的需求，融资性担保机构数量仍然很多，至 2012 年底，通过审查得到经营许可证的机构有 8 590 家。各类机构间差距很大，如地区经济环境和信用水平、资本规模、政策支持程度、业务平台建设、风险分散体系建设、业务品种、兼营业务情况、风险偏好、分支机构设立情况等。针对这些情况，评价体系的设计可有两种方案：一是将具有不同特点的机构分类，如按地区经济发展水平分类、按机构资本规模分类、按业务品种分类等，针对不同类别，设计相应的评价体系。此方案的特点是，同类机构的评价指标、权重和标准相对容易确定，同类机构的评价结果具有可比性，每一个评价体系相对简单；但各类别机构之间不易做到可比，不易实现各评价体系之间的一致性，不能形成标准化评价体系。二是用一个综合评价体系覆盖全行业融资性担保机构。其特点是，评价指标范围广、不易细化，评价指标、权重和标准确定难度大；但所有机构都在同一评价平台上评价，评价结果具有可比性，能够形成标准化评价体系。考虑到我们的研究旨在建立统一的融资性担保机构评价体系，从而实现具有一致性和可比性的评价，故第二方案更适合我们的要求，即建立应用于全国融资性担保机构的综合评价体系，将融资性担保机构在资本规模、业务品种、股权结构、地域经济等方面的差异通过指标及其权重设定加以体现，并设置修正指标。待运行稳定后，可考虑进行多维度的分类评价。

（三）服务于所有利益相关者

融资性担保机构评价的利益相关者及其需求是：（1）债权人，包括银行等贷款人，资本市场债券等产品的投资人，履约交易中的买方等，需要了解融资性担保机构的履约能力及偿付能力，以决定是否能够和担保机构合作。(2) 债务人，包括从银行融资的企业、资本市场发债企业、履约交易中的卖方等，需要了解担保人的增信能力，以决定于融资性担保机构合作是否能够达到拓宽融资渠道、降低融资成本或扩大市场销售的目的。(3) 融资性担保机构，需要证实其增信能力和履约能力，促进与银行等金融机构合作，树立品牌，开拓市场。(4) 监管机构，了解各机构的履约能力、业务绩效及合规性，进行业务监督，控制行业风险，提高行业透明度和业内区分度，促进融资性担保行业健康发展。(5) 财政、税务、地方政府等其他政府机构，了解担保行业及机构状况，确定相应政策。如资本金补充、税务减免，财政补贴等。(6) 融资性担保机构股东，评价融资性担保机构业绩及投资回报，调整投资和管理决策。不同的利益相关者对融资性担保机构关注点有所不同，但仍可体现在同一评价体系之内。我们致力于兼顾各方利益相关者的需求，评价体系涵盖各方所需指标，建立服务于所有利益相关者的评价体系。

(四) 实现符合监管要求的综合评价

我们希望所研究的融资性担保机构评价体系，能够应用于对全行业通过监管机构审查并获得经营许可资格的融资性担保机构的评价，成为落实《融资性担保公司管理暂行办法》及其配套措施的重要工具。与多数评级体系主要以评估对象的履约能力（违约的可能性）作为评级标准不尽相同，本评价体系包含了行业监管所需的融资性担保机构全面信息，主要包括业务绩效、风险管理能力及合规性三个方面，通过对融资性担保机构进行全方位的综合评价，实现更为明确的业内各层面区分，体现奖优罚劣的导向性，有效控制行业风险，并为分类监管奠定基础。

监管机构对行业监管的最主要目标是促进行业健康发展。因此，融资性担保机构绩效考核是本评价体系重点关注的评估方向之一。融资性担保机构不但要有适当的风险管理能力及偿付能力，还应具备有力的担保业务规模运作能力、业务创新能力、发展能力和持续经营能力，并实现相应的社会效益。业务绩效反映融资性担保机构的经营能力、业务能力及发展能力。

风险管理能力评价是融资性担保机构评价最被关注的内容。风险管理是担保业务的基本功能之一，融资性担保机构的风险管理能力也是实现“保障债权实现”、“信用增级”等担保功能的基本保障。融资性担保

业务属于金融服务范畴，并具有高风险的特性，在行业发展中曾出现“异化”等不规范现象，一旦出现行业风险将对银行业金融机构等造成风险。在融资性担保行业监管建立不久的阶段，对融资性担保机构风险及行业风险的评价尤为重要。只有对融资性担保机构的风险管理能力实现有效评价，才能全面监控行业风险。风险管理能力主要体现在业务风险管理能力及资本充足性即偿付能力，业务绩效及合规性项下的指标，如内部控制、业务操作规范建设等，也会对融资性担保机构的风险管理能力产生影响。

从融资性担保行业监管的角度出发，合规经营是对融资性担保机构的基本要求，也是落实《融资性担保公司管理暂行办法》的重点。融资性担保机构在取得经营许可证后，坚持合规经营，是担保行业健康发展的重要保障。

（五）体系设置符合《融资性担保公司管理暂行办法》及其配套措施的相关规定

融资性担保机构评价体系指标设置和定义，重点参考了《融资性担保公司管理暂行办法》及其配套监管措施的相关规定，如中国银监会《关于加强融资性担保行业统计工作的通知》、《关于加强融资性担保贷款统计和有关资料转送工作的通知》、《融资性担保公司信息披露指引》等。致力于使融资性担保机构报送的信息披露、统计、评价资料具有一致性，能够与统计体系兼容，未来形成统一的数据库，方便信息查询，并可进行多维度统计分析。

（六）评价体系采用专家评价模型中的层次分析法

层次分析法是专家模型的主要分析方法之一，该方法将所要分析的问题层次化，形成多层分析结构模型。由于我国融资性担保业尚处于起步发展阶段，融资性担保机构数量多，机构之间差距大，行业状况复杂，没有建立行业标准，监管机构与融资性担保机构信息不对称明显，行业统计数据严重缺乏，因此统计模型及其他对样本数量和质量要求高的模型，虽然具有更高的技术水平，但显然无法应用于本项目（详见第五章内容）。专家模型是现阶段我国企业评价工作中应用最广的方式，具有模型结构简单，定性评价比重较大，能够适用于样本差距较大且样本质量不高的客户群。其中层次分析法是将定性因素的表现性能数量化的有效方法，能够整合评价人员的主观判断，使定性分析与定量分析有机结合，实现量化评价结果。结合我国融资性担保行业背景和评价技术应用状况，本体系选用专家评价模型及层次分析法。

## 二、评价原则

（一）全面系统原则

全面收集被评价融资性担保机构信息，包括静态信息和动态信息，内部信息和外部信息，本部信息和分支机构信息，业务信息和财务信息等。从外部环境、经营管理、业务能力、风险管理、资本充足性及持续经营和成长性等方面进行全面系统分析。对其履约能力、业务绩效及合规性方面的综合评价。在对所有融资性担保机构评价的基础上，全面分析行业状况，对行业进行系统评价和风险预警。

（二）科学审慎原则

指标体系、权重及评价标准的设计选取建立在充分了解担保行业及利益相关者的基础上，力求评价体系设置科学。在进行指标筛选时，通过逐级梳理获取全面的指标，再通过相关性分析获取代表性的指标，避免指标缺失或者指标重复。根据融资性担保行业发展现状和担保业务开展的实际情况，建立充分体现针对性和差异性的指标体系，确保评价体系的科学性合理性。评价工作坚持审慎原则，对不能取得的信息和不确定性较高的信息，认为其存在较高风险，宜取低分值作为评价结果。

（三）导向性和开放性原则

建立评价体系的目的是促进融资性担保行业的规范和健康发展，落实融资性担保行业监管措施。所以在建立评价体系时，需要根据国内外担保行业的发展现状，确定融资性担保行业规范和发展的方向，并将经营能力、业务能力、风险管理能力、偿付能力、合规性指标、社会效益、成长性指标等代表不同能力的指标纳入到评价体系中。通过发布评价结果，明确业内优劣区分，促进融资性担保机构自律，起到行业导向作用。同时，随着评价实践经验的积累和融资性担保机构所处社会和经济环境的变化，影响融资性担保机构各项能力的因素可能会发生变化，各因素的影响程度也将有所改变，因此，评价体系的指标内容和各指标的权重是开放性的，需要对评价体系进行定期评价和调整。

（四）阶段性及持续性原则

考虑到我国融资性担保机构数量众多，并且特点差距很大，评价工作可考虑分阶段开始进行。可首先选择一定规模的融资性担保机构开展评价，如大中型或中小型；也可首先对具有某些经济特点的地区进行评价，如沿海地区或西部地区；或选择某些类型的融资性担保机构进行评价，如国有资本为主或民营资本为主等。取得经验和部分评价结果后，

逐步开展全行业评价。同时，作为行业监管的一部分，融资性担保机构评价要持续进行，原则上每年进行一次，并且评价工作周期应与监管周期相符。

## 三、评价方法

融资性担保机构评价是一个需要运用大量信息和多种分析方法的系统工程。为保证得到全面、客观、审慎的评价结果，必须具有科学有效的评价方法。融资性担保机构评价方法主要具有定量与定性分析相结合、静态与动态分析相结合、绝对指标与相对指标评价相结合及资料分析与实地考察相结合等特点。

### （一）定量评价与定性评价相结合

定量分析和定性分析在评价过程中是相辅相成的，既需要独立进行，又有一定交叉，需要综合考虑，互相借鉴。通过监管统计体系及融资性担保机构信息披露等渠道获取评价所需定量指标，包括财务数据、融资性担保及兼营业务数据、风险管理数据等；通过《融资性担保公司信息披露指引》所规定的文件等获取非定量指标，结合必要的实地访谈，获取全面信息，并设定量化方法。定量指标与定性指标相结合，尽量提高定量指标的比重，可以提高评价体系的一致性和可操作性。正确进行定量分析的关键前提是取得真实的数据；涉及行业环境、经营管理、业务能力及风险管理的很多定性指标则需要进行定性分析，定性分析综合性强，对评估人员的经验和素质有着更高的要求。

### （二）静态与动态分析相结合

评价人员收集到的融资性担保机构信息一般为反映各时点和各时期的信息，即静态信息。独立的静态信息可以客观地反映融资性担保机构某一方面在过去特定时期及特定时点的状况。全面分析静态信息，可以评价融资性担保机构当时的业务状况、风险管理状况、财务状况及在外部环境中的地位等。但是，在不断变化的经济社会中，企业是在不断变化发展的，对行业尚处于发展时期的融资性担保机构，发展能力更是一项不可或缺的指标。因此，在评估静态指标的同时，必须同时分析动态指标，综合过去多时点和时期的静态指标，分析各类指标的变化趋势；运用预测技术，结合行业发展趋势、国家经济政策等信息，对融资性担保机构的发展能力进行评价。

### （三）绝对指标评价与相对指标评价相结合

融资性担保机构在资本规模、业务品种、操作方式、展业区域等方面存在很大差异，资本规模从500万元至50余亿元，年新增担保业务额从几百万元至几百亿元，业务品种可能是单一品种也可能是多品种共同运作。这一特点给评价体系指标、权重和标准的设计都带来了很大难度。为使各类融资性担保机构的评价结果更具有可比性，评价体系设计采用绝对指标与相对指标相结合的方式，适当考虑相对指标的比重，力求全面客观地反映不同机构的履约能力及业务绩效。

（四）资料分析与实地考察相结合

全面真实的信息是客观评价的基础。担保业务具有高风险的特性，而统一明确的行业监管刚刚开始，融资性担保机构信息披露制度正在建立，行业透明度仍很低，信息不对称情况严重，虚假信息并不少见。另外，融资性担保行业尚无标准的机构管理规范和业务操作规范，各融资性担保机构经营管理、业务范围、操作方法、风险偏好、风险管理能力、财务状况、分支机构设置等均有很大差别。因此，评价过程中，仅通过融资性担保机构报送资料和数据的分析不足以全面真实地了解融资性担保机构的全面情况，必须实地考察融资性担保机构经营现场，甚至重要客户及利益相关者，核实相关信息，以求得到客观真实的评价结果。

## 第二节　评价要素

如本章第一节所述，本评价体系定位于覆盖全行业融资性担保机构，并服务于各方利益相关者。评价要素应主要涵盖融资性担保机构的共性因素，并兼顾各类机构的不同特点，进行必要的差异化处理。主评价体系从业务绩效、风险管理及合规性三大维度进行考察。在此基础上，为兼顾机构间的差异，评价体系设置了修正指标，从区域经济环境、社会贡献、外部评价、政府支持、投资业务及兼营业务几个方面对主评价体系进行修正，使得评价体系更为完善。评价体系分解成为四个层次的树形结构，第一层为维度层面，第二至第四层为指标层面。具体而言，包括四个维度，六个一级指标，十四个二级指标及五十三个三级指标。指标设置参考了《融资性担保公司管理暂行办法》及其配套措施，如中国银监会《关于加强融资性担保行业统计工作的通知》、《融资性担保公司信息披露指引》等的相关规定。评价结果以五级量化表示，可表示为四个维度的分项分值及一个综合分值，有利于分类评价及分类管理。

### 一、业务能力及绩效

业务能力及绩效是行业管理者评价融资性担保机构运行的最主要方

面，在本评价体系中占有45%的权重，体现了积极推动融资性担保行业发展的基本思路。业务能力及绩效涵盖了公司基本面、经营管理能力、担保业务能力、担保业务发展及盈利能力等方面。

（一）公司基本面

公司基本面主要考察注册变更、年检情况及开展担保业务经营年限。注册年检情况和注册变更是公司合法存续的基本信息，经营历史是评价融资性担保机构持续经营能力的重要指标。

（二）经营管理能力

融资性担保机构经营管理能力，主要包括股权结构和公司治理、发展战略、人员素质、内部控制制度及执行等方面。

1. 公司治理。

参考银监会《融资性担保公司公司治理指引》，主要考察股权结构和治理结构机制；分析控股股东背景、“三会一层”（股东会、董事会、监事会和管理层）的权责划分和运作情况、管理层激励约束机制等。

2. 发展战略。

主要考察公司发展战略制定和实施情况；分析战略定位、战略风险和战略实施等。包括业务定位、业务发展规划、分子公司设置等方面。

3. 人员素质。

考察管理层和员工素质；主要分析管理层的专业背景和从业经验、风险偏好，员工学历和职称结构、专业经验，管理团队及业务骨干的稳定性等。

4. 内部控制。

参考银监会《融资性担保公司内部控制指引》，考察相关管理架构、制度建设和执行情况，诸如部门之间制衡机制是否健全、决策审批程序是否合理等；主要分析组织结构和管理体系设置，财务管理制度及执行情况，员工操守与执行情况等。

（三）担保业务能力

“担保业务能力”在“业务能力及绩效”要素中占有最大权重，占有评价体系总体权重的19%。从业务操作规程建设和担保业务指标两个方面入手，通过对融资性担保机构的担保业务规模、业务结构、业务操作规程等方面深入分析，评价其承做担保业务的能力。

1. 业务操作规程。

业务操作规程建设是担保业务有效运行的基本保证，是信用风险和操作风险控制的基本措施。业务操作规范建设状况反映了融资性担保机构承做业务的规范性和成熟性。主要评价内容包括：承保原则和政策、业务流程建设、业务规范建设、担保业务风险分担机制设置等。其中业务流程建设要分析主要业务环节设置的合理性、运行效率及风险控制能力，包括初审、评估、风险控制措施设置、决策审批、合同签署及承保、在保监管、项目追偿等。业务流程及业务规范应覆盖各类担保业务。

2. 担保能力。

通过分析担保业务指标，考察评价融资性担保机构业务能力。担保业务指标包括当年新增担保额，期末担保余额、成立以来累计担保额、当年担保业务收入等指标。

参考中国银监会《关于加强融资性担保行业统计工作的通知》，担保额按融资性担保、非融资性担保、金融担保、再担保及担保业务合计分别统计。担保额的统计同时显示担保业务组合。部分指标分别设置担保业务合计口径及融资性担保口径。

（四）担保业务发展及盈利能力

担保业务发展能力及盈利能力的考察内容涉及净资产状况、业务状况及收入利润水平，采用财务比率指标和年度增长率指标。考虑到机构业务规模的差距，本项指标设置以相对指标为主。盈利能力方面，主要考察本年担保业务利润、本年担保业务利润增长率、本年担保收入利润率及净资产收益率；发展能力主要是从长期、动态的角度评估融资性担保机构的经营能力，反映融资性担保机构中长期的发展潜力，主要考察本年净资产增长率和本年担保额增长率。

## 二、风险管理能力

风险管理能力评价是本评价体系的重要组成部分。对融资性担保机构风险管理能力的评价，一方面是对融资性担保机构进行综合评价的一部分；另一方面，通过对融资性担保机构的风险评价，能够对行业风险做出基本评判，起到行业风险预警和风险控制的作用。在融资性担保机构运行不够规范、行业监管刚刚建立的情况下，融资性担保机构风险管理能力评价尤为重要。“风险管理能力”一项在评价体系中占有40%的权重。《融资性担保公司管理暂行办法》、《融资性担保公司内部控制指引》、《融资性担保公司重大风险事件报告制度》等文件中，均对融资性担保机构的风险管理方式及风险管理指标做出了具体要求。

融资性担保机构在经营活动中面临信用风险、法律风险、操作风险、

流动性风险及偿付能力风险等，其中信用风险占有最大比重。风险的识别、量化、控制能力，以及风险组合管理水平是评价融资性担保机构代偿能力和持续经营能力的关键因素；资本充足性及流动性决定了融资性担保机构的最终偿付能力。风险管理能力评价主要从业务风险管理和资本充足性两方面进行。

（一）业务风险管理

业务风险管理主要考察融资性担保机构的风险管理制度措施制定执行情况、担保组合分布和风险指标等。

1. 制度建设及实施。

内部风险管理制度建设应符合风险管理原则，体现全面性、重要性、制衡性、适应性等原则，在内部环境、风险评估、控制活动、信息与沟通、内部监督等方面建立必要的风险管理制度，明确相应岗位的风险管理职责。评价内容包括内部风险管理报告线路、内部审计制度、危机处理机制等。考察时应特别关注风险管理制度实施情况，避免“有法不依”的现象发生。

2. 业务组合。

担保业务组合应与融资性担保机构资本规模、业务能力及所处地域经济环境等因素相符，应建立适当的风险分散体系，兼顾可能出现的风险损失的概率和幅度。单项担保额度及单个客户担保额度应符合《融资性担保公司管理暂行办法》的要求。应有与业务组合相符的风险缓释措施。业务组合评价主要从业务组合的各类分布进行分析，包括风险缓释措施设置、大客户集中度、担保业务品种分布、客户行业分布、区域分布、担保项目期限分布等。

3. 风险指标。

风险指标是指融资性担保机构风险管理能力的量化评价指标。主要分析担保放大倍数、担保代偿率、担保损失率等典型指标。担保放大倍数既是风险指标也是业务能力指标。放大倍数过高即融资性担保机构杠杆率过高，在出现代偿时可能造成偿付能力不足；但其过低往往是融资性担保机构资信水平低、业务能力差、不能被合作银行及担保客户认同的表现。放大倍数应符合《融资性担保公司管理暂行办法》的要求。担保代偿率直接说明融资性担保机构业务运行质量，担保损失率则反映了融资性担保机构事后风险控制能力。考虑到融资性担保机构的代偿情况有时会受经济环境或偶然因素影响，代偿率和担保损失率的考察取当年和三年累计两个数值。

（二）资本充足性

资本充足性是融资性担保机构短期偿付能力、长期承保能力和偿付能力的重要基础。主要考察资本基础、准备金管理、流动性管理能力等。融资性担保机构的资产组合也体现了其经营原则，按照《融资性担保公司管理暂行办法》的要求，融资性担保机构经营应符合“安全性、流动性、收益性”的原则。

1. 资本基础。

资本用于覆盖业务非预期损失，主要分析资本规模和资本补充能力，主要指年末净资产规模和外部资本支持；其中，外部资本支持包括股东支持及政策性支持。

2. 准备金充足性。

准备金用于覆盖业务预期损失，属于附属资本。主要分析拨备覆盖率。

3. 资产流动性。

资产流动性不足将影响融资性担保机构的偿付能力。机构的短、中、长期资产应有合理的配置结构。主要考察流动性来源、资产流动性、短期代偿能力等。分析资产的流动性，还应分析担保及投资组合期限匹配情况等。

## 三、合规性

主要考察融资性担保机构合法合规经营状况。对照《融资性担保公司管理暂行办法》及其配套制度的相应规定，分析融资性担保机构在会计核算、信息披露、担保业务、准备金提取、投资组合等方面合规经营情况。通过合规性评价，督促融资性担保机构在取得经营许可证后，坚持合规经营。合规性指标在评价体系中的权重为15%，但如果受评机构合规性项下得分不足30%，评价结果将直接调整为最低级别。

## 四、修正指标

业务绩效、风险管理能力及合规性是评价体系的主体，同时，为兼顾机构间的差异，评价体系设置了修正指标，从区域经济环境、社会贡献、外部评价、政府支持、投资业务及兼营业务几个方面进行修正，以加减修正分值的形式对主评价体系得分进行修正，使得对不同特点的机构评价更为客观。修正指标加减分值范围为8分。

（一）经营环境

信用增级业务属性使得融资性担保机构经营活动与宏观环境、信用

环境、金融环境和政策法律环境等发展状况的相关性很高；基于担保从属性及高风险性等，融资性担保机构作为风险直接承受者，容易受到经济周期和产业周期等变动的负面冲击，具有高波动性的经营特性。外部经营环境是融资性担保机构生存发展的重要条件，也是融资性担保机构经营面临的系统性风险因素。

基于我国绝大多数融资性担保机构属于地域化经营，主要从事银行贷款担保、金融产品担保等融资类业务，政府对融资性担保机构发展日益重视等，经营环境评价主要包括区域经济环境、区域金融环境、区域市场竞争地位三方面因素。区域经济环境，主要分析区域生产总值（GDP）和增速排名；区域金融环境，主要分析融资性担保机构与银行的协作关系，包括合作数量和合作条件等，融资性担保机构与信托、基金等金融机构合作情况；区域市场竞争地位，主要分析新增担保额和在保余额在区域市场占比排名。

（二）社会贡献

中小企业融资担保是促进中小企业发展的重要措施，小企业金融及农村金融越来越多地得到国家重视及政策支持。在一些市场经济发展成熟的国家，中小企业融资担保体系建设完善，国家政策支持及资金支持等运行规则立法明确清晰，担保机构社会效益显而易见，其典型的评价指标为“增加量”及“毕业”。“增加量”指由于得到担保机构的担保而获得正规金融机构贷款的企业数量；“毕业”指被担保企业在得到担保贷款后，规模及实力增加，信用水平提高，一段时间后，达到银行等金融机构要求的信用水平。

我国担保行业诞生发展于国内经济高速发展、结构转型的环境下，很多融资性担保机构在经营自身业务的同时，对促进中小企业融资、促进城镇及农村人员创业资金及流动资金融资等方面均做出了贡献。另外，有些机构在建立担保业务体系、担保业务创新等方面对行业和社会也作出了贡献。在社会贡献方面主要考察融资性担保机构对促进中小企业融资的贡献、推动担保行业发展或担保体系建设的贡献、推动担保业务创新的贡献及其他社会公益贡献。

（三）投资业务及兼营业务

1. 投资业务。

投资业务是融资性担保机构的重要业务之一。融资性担保机构投资应遵循安全性、流动性、收益性原则，并符合《融资性担保公司管理暂行办法》中关于投资品种及比例的相关规定。对规范运作的融资性担保机构，投资业务收入是对担保业务的有效补充和支持。投资方式包括股权投资和债权投资，实务中品种涉及范围很广。投保结合业务往往会形成担保业务创新品种，现阶段主要有担保与风险投资相结合的形式，即投资与担保及财务顾问结合的融资解决方案形式。同时应注意到，融资性担保机构非法集资、对客户承诺高回报、非法放贷等现象也时有发生，这些“乱象”对行业发展影响恶劣，在评价中应给以特别关注，一旦发现，评价结果直接调整为最低级别。

投资业务评价主要考察投资策略，投资管理制度和操作流程，投资收入占比，投资收益率，组合集中度等；其中，组合集中度主要分析大类资产分布，单一项目风险集中度等。

2. 兼营业务。

兼营业务主要考察咨询、财务顾问等中间业务的开展情况。

(四) 外部评价

外部评价指融资性担保机构已取得的评级及其他评价结果。包括：在资本市场承做金融担保业务时作为金融担保机构的评级、中小企业信用担保机构评级、银行评级及其他评级评价结果。外部评价结果可作为本项评价的参考。

(五) 政府干预与支持

政府支持体现在政策支持和资金支持两个方面。政策支持包括国家层面和地方层面；资金支持包括资本金补充、专项财政补贴、税务减免等。政府干预主要指政府机构在一定程度上干预担保项目选择、审批等工作，使得融资性担保机构项目风险的不确定性增加。一般来说，国家出资的融资性担保机构得到的政府资金支持多于民营担保机构，同时也有可能受到干预。

## 五、限制指标

若融资性担保机构合规性不符合监管要求，或在近两年的经营活动中存在以下违法、违规等事项，其评价结果直接下调为最低级别。主要包括：

1. 非法集资、非法吸收公众存款、非法放贷；
2. 诈骗银行或其他金融机构贷款；
3. 套取金融机构信贷资金高利转贷；
4. 发起人、股东虚报注册资本、虚假出资或抽逃出资；
5. 股东或工作人员挪用公司资金；

6. 合规性指标低于30%；

7. 成立一年以上，未从事担保业务。

## 第三节　评价模型指标体系

### 一、评价模型结构

本评价体系由多个专家根据对融资性担保机构评价目的，将影响融资性担保机构的四个维度分解为多个评价变量，并映射成三个结构层次，形成三层指标体系，具体见表7-1。

**表7-1　　　　评价模型结构**

| 评价维度 | 一级指标 | 二级指标 | 三级指标 |
| --- | --- | --- | --- |
| 业务能力及绩效 | 公司基本面 | | 注册变更及年检情况 |
| | | | 开展担保业务年限 |
| | 经营管理能力 | 股权结构和公司治理 | 股权结构和股东背景 |
| | | | 公司治理机制 |
| | | 发展战略 | 战略定位及实施 |
| | | 人员素质 | 管理层的专业背景和从业经验 |
| | | | 管理层的风险偏好 |
| | | | 员工素质 |
| | | | 管理团队与业务骨干的稳定性 |
| | | 内部控制制度及执行 | 组织架构和管理体系设置 |
| | | | 财务管理制度及执行 |
| | | | 员工操守及执行 |
| | 担保业务能力 | 业务操作规程 | 承保原则和政策 |
| | | | 业务流程建设 |
| | | | 业务规范建设 |
| | | | 担保业务风险分担机制 |
| | | 担保能力 | 当年新增担保额 |
| | | | 期末担保余额 |
| | | | 成立以来累计担保额 |
| | | | 当年担保业务收入 |

续表

| 评价维度 | 一级指标 | 二级指标 | 三级指标 |
| --- | --- | --- | --- |
| 业务能力及绩效 | 担保业务发展及盈利能力 | 发展能力 | 本年净资产增长率 |
| | | | 本年担保额增长率 |
| | | 盈利能力 | 本年担保业务利润 |
| | | | 本年担保业务利润增长率 |
| | | | 本年担保收入利润率 |
| | | | 净资产收益率 |
| 风险管理能力 | 业务风险管理 | 制度建设及实施 | 内部风险管理报告线路 |
| | | | 内部审计制度 |
| | | | 危机处理机制 |
| | | 业务组合 | 风险缓释措施 |
| | | | 大客户集中度 |
| | | | 品种分布 |
| | | | 行业分布 |
| | | 风险指标 | 区域分布 |
| | | | 期限分布 |
| | | | 担保放大倍数 |
| | | | 担保代偿率 |
| | | | 担保损失率 |
| | 资本充足性 | 资本基础 | 年末总资产规模 |
| | | | 年末净资产规模 |
| | | | 股东和政策性资本支持 |
| | | 准备金充足性 | 拨备覆盖率 |
| | | 流动性 | 资产流动性 |
| 融资性担保机构合规性 | | | 会计核算 |
| | | | 信息披露 |
| | | | 担保业务 |
| | | | 准备金的计提 |
| | | | 对外投资 |

续表

| 评价维度 | 一级指标 | 二级指标 | 三级指标 |
|---|---|---|---|
| 修正指标 | 区域经济环境、金融环境和区域市场竞争地位 | | |
| | 社会贡献 | | |
| | 投资业务和兼营业务对主营业务的影响 | | |
| | 外部评价情况 | | |
| | 政府支持与干预 | | |

## 二、主要指标解释

1. 当年新增担保额、期末担保余额、成立以来累计担保额、当年担保业务收入，其中的“担保”包括两个口径：

（1）担保业务合计。包括融资性担保、债券担保、非融资性担保、再担保等所有担保业务。

（2）融资性担保额。融资性担保是指担保人与银行业等金融机构等债权人约定，当被担保人不履行对债权人负有的融资性债务时，由担保人依法承担合同约定的担保责任的行为。

2. 收入利润率 = 利润总额/（担保业务收入 + 投资收益 + 其他业务收入 + 营业外收入）×100%。

3. 净资产收益率 = 净利润/平均净资产。

其中，平均净资产 = （年初净资产 + 年末净资产）/2。

4. 风险缓释措施：指担保项目设立的各类反担保措施及其他能够缓释代偿风险的风险控制措施。

5. 担保放大倍数：包括担保放大倍数和融资性担保放大倍数。

担保放大倍数 = 在保余额/净资产 ×100%。其中，在保余额指融资性担保机构所有担保业务的在保余额。

融资性担保放大倍数 = （融资性担保 + 债券担保）在保余额/净资产 ×100%。

6. 担保代偿率：包括近三年平均担保代偿率和当年担保代偿率。

当年担保代偿率 = 当年担保代偿额/本年度累计解除的担保额 ×100%；

近三年平均担保代偿率 = ∑近三年担保代偿率/3。

7. 担保损失率：包括当年担保损失率和近三年平均担保损失率。

当年担保损失率 = 当年累计担保损失额/当年累计解除的担保额；

近三年平均担保损失率 = ∑近三年担保损失率/3。

8. 拨备覆盖率 = 担保准备金/担保代偿余额 ×100%。

准备金金额 = 未到期责任准备 + 担保赔偿准备 + 一般风险准备；

担保代偿余额为所有担保业务代偿金额合计的年末数。

9. 资产流动性 = 流动性资产/净在保余额 ×100%。

流动性资产，包括现金、三个月内到期的银行存款和其他货币资金、三个月内到期的各项应收款、三个月内到期的债权投资、在二级市场上可随时变现的证券投资、三个月内到期的委托贷款和委托投资、其他三个月内到期的可变现资产（扣除其中的不良资产）。

净在保余额 = 在保余额 - 分保余额。

## 第四节　权重及标准确定

### 一、确定各层级权重

在统计学中，权重是指计算平均数指标时，对各个变量具有权衡轻重作用的数值，也称重要性系数。

在融资性担保机构评价指标体系中，为了反映企业经营管理活动各个方面的特征，根据指标作用，对其进行了分级，每一级设置了若干个指标。例如，在二级指标中，反映业务能力和绩效的指标有业务操作规程、担保能力、业务规模等；反映风险管理能力的有业务组合、风险指标、资本基础等。三级指标中，反映担保业务能力的指标有承保原则和政策、业务流程建设、当年新增担保额、期末担保余额等；反映风险管理的有风险缓释措施、担保放大倍数、担保代偿率、年末净资产规模、拨备覆盖率、资产流动性等。

这些指标在融资性担保机构评价中所起的作用并不完全一样，有的作用较大，有的作用较小。为了准确衡量这些指标的作用，需要对每一项指标规定一个权数值，即权重或称重要性系数，以表示这项指标作用的大小。指标所起的作用大，权重就大；指标所起的作用小，权重就小。

确定权重的具体方法如下：邀请多名相关专家组成评价小组，运用层次分析法，通过对各层面因素两两对比，构造各层次评价指标的成对

比矩阵，由此确定各层面的权重，最终形成各级指标权重，具体见表7－2。

**表 7－2　　评价模型结构及权重**

| 评价维度 | 一级指标 | 二级指标 | 三级指标 |
|---|---|---|---|
| 业务能力及绩效（45%） | 公司基本面(2%) | | 注册变更及年检情况（1%） |
| | | | 开展担保业务年限（1%） |
| | 经营管理能力(14%) | 股权结构和公司治理（3%） | 股权结构和股东背景（1%） |
| | | | 公司治理机制（2%） |
| | | 发展战略（1%） | 战略定位及实施（1%） |
| | | 人员素质（6%） | 管理层的专业背景和从业经验（1.5%） |
| | | | 管理层的风险偏好（1.5%） |
| | | | 员工素质（1.5%） |
| | | | 管理团队与业务骨干的稳定性（1.5%） |
| | | 内部控制制度及执行（4%） | 组织架构和管理体系设置（2%） |
| | | | 财务管理制度及执行（1%） |
| | | | 员工操守及执行（1%） |
| | 担保业务能力(19%) | 业务操作规程(9%) | 承保原则和政策（2%） |
| | | | 业务流程建设（3%） |
| | | | 业务规范建设（2%） |
| | | | 担保业务风险分担机制（2%） |
| | | 担保能力（10%） | 当年新增担保额（2.5%） |
| | | | 期末担保余额（2.5%） |
| | | | 成立以来累计担保额（2.5%） |
| | | | 当年担保业务收入（2.5%） |
| | 担保业务发展及盈利能力(10%) | 发展能力（4%） | 本年净资产增长率（2%） |
| | | | 本年担保额增长率（2%） |
| | | 盈利能力（6%） | 本年担保业务利润（1.5%） |
| | | | 本年担保业务利润增长率（1.5%） |
| | | | 本年担保收入利润率（1.5%） |
| | | | 净资产收益率（1.5%） |

续表

<table>
<tr><th>评价维度</th><th>一级指标</th><th>二级指标</th><th>三级指标</th></tr>
<tr><td rowspan="17">风险管理能力（40%）</td><td rowspan="12">业务风险管理（28%）</td><td rowspan="3">制度建设及实施（6%）</td><td>内部风险管理报告线路（2%）</td></tr>
<tr><td>内部审计制度（2%）</td></tr>
<tr><td>危机处理机制（2%）</td></tr>
<tr><td rowspan="6">业务组合（13%）</td><td>风险缓释措施（3%）</td></tr>
<tr><td>大客户集中度（2%）</td></tr>
<tr><td>品种分布（2%）</td></tr>
<tr><td>行业分布（2%）</td></tr>
<tr><td>区域分布（2%）</td></tr>
<tr><td>期限分布（2%）</td></tr>
<tr><td rowspan="3">风险指标（9%）</td><td>担保放大倍数（3%）</td></tr>
<tr><td>担保代偿率（3%）</td></tr>
<tr><td>担保损失率（3%）</td></tr>
<tr><td rowspan="5">资本充足性（12%）</td><td rowspan="3">资本基础（6%）</td><td>年末总资产规模（2%）</td></tr>
<tr><td>年末净资产规模（2%）</td></tr>
<tr><td>股东和政策性资本支持（2%）</td></tr>
<tr><td>准备金充足性（3%）</td><td>拨备覆盖率（3%）</td></tr>
<tr><td>流动性（3%）</td><td>资产流动性（3%）</td></tr>
<tr><td rowspan="5">融资性担保机构合规性（15%）</td><td rowspan="5"></td><td rowspan="5"></td><td>会计核算（2%）</td></tr>
<tr><td>信息披露（3%）</td></tr>
<tr><td>担保业务（4%）</td></tr>
<tr><td>准备金的计提（3%）</td></tr>
<tr><td>对外投资（3%）</td></tr>
<tr><td rowspan="5">修正指标</td><td colspan="3">区域经济环境、金融环境和区域市场竞争地位（加减2%）</td></tr>
<tr><td colspan="3">社会贡献（加减2%）</td></tr>
<tr><td colspan="3">投资业务和兼营业务对主营业务的影响（加减2%）</td></tr>
<tr><td colspan="3">外部评价情况（加减1%）</td></tr>
<tr><td colspan="3">政府支持与干预（加减1%）</td></tr>
</table>

## 二、确定指标评价标准

评价指标体系的评语集 V = {A，B，C，D，E}，采用百分制评分体系，各等级对应的分值见表 7－3。

表 7－3　评价等级评分标准

| 等级 | A | B | C | D | E |
|---|---|---|---|---|---|
| 分数 | ≥90 | [70，90) | [50，70) | [30，50) | <30 |

针对评价指标体系中设定的指标，如何评价某个融资性担保机构的该项指标，需要给出界定标准，即指标状态描述。对于评价体系设定的定性指标和定量指标，设定指标评语的方式也有所不同。

对于定性指标，具体分析指标的内涵，相对于不同的评语给出不同的描述，给出指标评价标准。如战略实施指标，战略明确、贯彻一致界定为 A；主要战略基本能贯彻界定为 B；战略贯彻落实不太到位界定为 C；战略不清，或形同虚设界定为 D；没有战略界定为 E。

对于定量指标，通过对全国融资性担保机构有关数据进行统计分析，在得到最大值、最小值、平均值、中值等基础上，确定不同评语所对应的参数区间，给出指标评价标准。如开展担保业务年限指标，≥5 年界定为 A；3～5 年（含 3 年）界定为 B；2～3 年（含 2 年）界定为 C；1～2 年（含 1 年）界定为 D；<1 年界定为 E。

确定指标评价标准需经过以下几个步骤：

一是选取不同地域、不同业务定位和不同发展阶段的融资性担保机构进行调研；

二是对获得的资料和数据进行分析整理，提炼有用信息；

三是对融资性担保机构上报的财务指标和业务数据进行统计分析；

四是在上述工作基础上形成初步的评价标准；

五是从各类融资性担保机构选取若干机构进行试评价，校验评价标准的适用性和可行性；

六是形成最终的指标评价标准。

## 三、评价结果表现形式

评价结果用等级及分值呈现，最高为 100 分。各级别符号及分值定义如表7－4 所示。

表 7－4　　评价结果定义

| 评价结果 | 分值 | 定义 |
| --- | --- | --- |
| A | 分值≥90 | 业务绩效、风险管理能力及合规性很好，承保能力、偿付能力和可持续发展能力很强。 |
| B | 70≤分值＜90 | 业务绩效、风险管理能力及合规性较好，承保能力、偿付能力和持续发展能力较强。 |
| C | 50≤分值＜70 | 业务绩效、风险管理能力及合规性一般，承保能力、偿付能力和持续发展能力一般。 |
| D | 30≤分值＜50 | 业务绩效、风险管理能力及合规性较差，承保能力、偿付能力和持续发展能力较差。 |
| E | 分值＜30 | 业务绩效、风险管理能力及合规性很差，承保能力、偿付能力和持续发展能力很差。 |

## 第五节　操作规程

本项评价工作组织方式为：由全国性行业自律性组织进行市场化招标，选择符合评价资质和条件要求的专业中介机构，委托其承担融资性担保机构评价工作；行业自律组织在监管机构指导下，维护评价体系运行，协调中介机构工作，对中介机构的评价工作进行监督和评估，保持评价结果的一致性和可比性。

受托中介机构根据融资性担保机构评价指标体系，遵照评价的基本原则和流程，对评价对象的担保业务绩效、风险管理能力及合规性等作出综合评价，使评价结果使用者能够快速、便利地得到客观、简明的评价信息，为使用者的决策提供参考依据。受托中介机构应遵循全面、系统、科学、审慎的评价原则开展工作。

### 一、评价流程

融资性担保机构评价业务流程分为三个环节和五个步骤（详见图 7－1）。三个环节包括：业务接洽、辅导融资性担保机构申报资料；审核资料、现场访谈、做出初步评价；评价小组进行综合评价、确定等级。五个步骤包括：前期准备、尽职调查、分析研究、综合评价和确定等级。

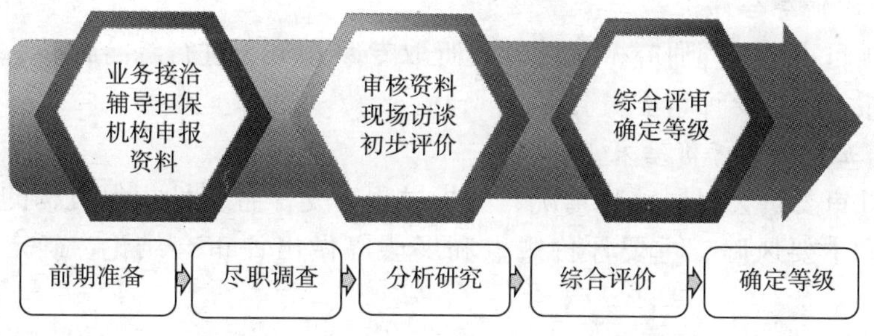


**图7-1 融资性担保机构评价业务流程**

（一）前期准备

前期准备主要包括：建立评价委托关系，成立项目小组，向受评机构发出开展评价工作所需资料清单；研究相关专题资料，对宏观经济状况、地区经济环境、相关行业状况、行业政策、市场供求和行业竞争情况等进行收集和初步分析整理；根据融资性担保机构提供的资料对其经营状况、业务状况、财务状况、发展战略等相关资料进行初步分析；确定访谈内容及日程安排等。

（二）尽职调查

尽职调查的主要目的是考察融资性担保机构经营管理及业务开展的实际状况，主要是以相关访谈（对融资性担保机构内部人员进行访谈和外部访谈）为基础，同时对融资性担保机构提供的相关资料进行调查核实。

根据融资性担保行业特点，选择受评融资性担保机构管理层及业务层进行访谈。业务层面包括风险管理、担保及投资业务、人力资源、计划财务等部门负责人。访谈内容包括基本经营状况、市场竞争情况、企业发展规划和实际执行情况、企业组织与管理制度、风险管理、营销策略、财务政策和财务核算方法、债务及或有债务和法律诉讼情况等。

如有必要，可对政府监管部门、行业协会、关联企业及受评融资性担保机构的合作银行和主要客户等进行实地访谈。

在尽职调查过程中，还应根据需要对受评机构提供的相关资料进行调查、核实。

（三）分析研究

项目小组人员根据融资性担保机构评价体系所要求的评价方法，对收集到的各项资料进行分析整理，结合尽职调查成果，撰写评价报告，并提出受评融资性担保机构评价结果的初步意见。

（四）综合评价

项目小组共同研究，必要时可听取专家意见，进行综合评价，完成评价报告，提交评审委员会。

（五）确定评价结果

评审委员会根据项目情况、分析过程、受评融资性担保机构的主要优势和主要风险、主要评价观点和展望等做出评审会结论，确定评价结果。

（六）评价结果报送

评价报告及相关资料以电子版形式及纸质形式报送行业协会及监管部门，并录入数据库。

## 二、结果发布及跟踪评价

评价机构在确定评价结果后，将评价报告、评价结果和意见反馈表送达评价对象。如果评价对象对评价结果有异议，应在规定时效内向评价机构提出复评申请并提供补充材料，复评结果为评价的最终评价结果，且复评仅限一次。

评价机构应及时将评价对象的评价结果报送融资性担保行业协会和监管部门，行业协会根据需要选择以下形式发布评价结果：按评价结果的优劣进行排队列示；公布各不同层次融资性担保机构的比例；公布评价合格或某一层次以上融资性担保机构名单；其他形式。评价结果一年有效。评价机构应对评价对象进行信息跟踪，若被评价机构在评价结果有效期内发生重大风险，评价机构有权重新评价，并将结果报送监管部门和融资性担保行业协会，予以公布。

对融资性担保机构的评价分为定期和不定期两类。对于定期评价，正常情况下为每年进行一次，评价结果由行业协会每年定期发布，并报监管机构备案。不定期评价指融资性担保行业协会或监管部门出于特殊目的组织的对融资性担保机构的评价，需要接受评价的融资性担保机构范围根据具体情况确定。

# 第八章　地方融资性担保机构评价体系建设案例

我们的研究定位于建立融资性担保机构评价体系，即建立应用于全国担保机构的综合评价体系，用一个标准化评价体系覆盖全行业融资性担保机构，使得评价结果具有一致性和可比性，以满足全行业评价和监管的需要，待评价体系运行稳定后，可考虑进行多维度的分类评价。在融资性担保行业发展的20多年中，相关政府部门、地方政府、银行等金融机构、评级机构及监管体系明确后的地方监管部门，都进行了大量有益的工作。本章介绍在《融资性担保公司管理暂行办法》发布后，首个由地方监管部门——云南省财政厅组织建设的地方担保机构绩效评价体系。地方监管评价体系，将更多地体现区域特点，形成对“融资性担保机构评价体系”的有机补充。

## 第一节　云南省担保机构绩效评价体系的建设背景

“云南省担保机构绩效评价体系”由云南省财政厅委托，中和资产评估有限公司具体承担。主要工作从2010年年初开始，至当年3月下旬完成。通过资料收集、调研访谈、方法筛选、指标构建、权重确定、标准设置、标的试评、体系调整等工作，最终研究构建完成。2010年3月29日，省财政厅组织有关部门、银行、行业协会及担保公司的专家对该评价体系进行了评审。

在评价体系构建的过程中，云南省财政厅作为省担保机构的监管部门，提出评价体系要考虑云南省省情，即云南省担保机构发展现状，充分体现财政部门依法监管的需要，同时考虑利益相关方，特别是银行业金融机构关注的焦点，通过评价体现主管部门的监管意志和各方需求。

截至2009年底，云南省已有各类担保机构200家[①]左右，融资性担

① 根据《云南省财政厅关于核准第一批从事融资性担保业务担保机构的通知》（云财企〔2011〕84号），2011年通过审查，进入监管体系的融资性担保机构有245家。

保机构担保资金不断增加，业务水平和运行质量不断提高，服务领域进一步拓展，解决中小企业融资难和担保难等问题发挥了重要作用。但是整体存在着市场化运作程度不高、规模不大、业务品种贫乏、抗风险能力较弱等问题。同时，融资性担保机构实力参差不齐，银行在与其合作中总是抱着怀疑的态度，监管部门看融资性担保机构也是“雾里看花”，给监管工作带来相当大的难度。为进一步规范本省融资性担保机构的经营行为，提高融资性担保机构的风险防范意识和信用能力，使其能更好地为中小企业和地方经济发展服务，完善满足监管需要的融资性担保机构评价体系，已显得格外重要。

建立融资性担保机构绩效评价体系的宗旨，一方面是从省财政部门作为监管者的角度，在充分体现监管职责的基础上，建立满足监管要求的多方位评判体系。评价结果可作为监管部门对担保机构进行业务监督、绩效考核、风险预警与政策扶持的重要参考依据，有助于监管部门把握融资性担保行业的内在风险、制定相应的扶持政策及建立健全代偿补偿机制。根据评价结果，体现对不同类型、不同发展阶段的担保机构的监管差异性和监管意志导向；另一方面是从推动银保合作角度，加强该省银行业金融机构对评价结果的应用。

需要指出的是，该评价体系是一个开放性的评价体系，应根据本区域经济社会发展状况和融资性担保机构发展状况，定期对指标和权重进行调整。另外，该评价体系给出的评价结果是一个相对性的评价结果，适用于本区域标的机构的排序，不适用与区域外机构的比较。

## 第二节 云南省担保行业的特点分析

云南省融资性担保行业近几年来发展迅速，社会效益良好，行业规模逐步扩大，融资性担保机构数量稳步增长，运行质量和效益显著提升，防范风险能力增强。政府扶持力度和监管力度增强。

但是，作为新兴行业，云南省融资性担保行业在发展过程中也存在一些问题，主要体现在：

全省融资性担保机构规模偏小，注册资金均不超过 2 亿元①，实力较弱，仅靠有限的保费收入难以维持持续发展；而且大部分融资性担保机构独自承担担保贷款风险，未与协作银行形成共担机制；再担保业务在

① 建立“云南省担保机构绩效评价体系”时，云南省担保机构的状态。

全省范围内也几乎没有开展；由于担保风险分散与损失分担、补偿制度尚未形成，使得担保资金的放大作用和融资性担保机构信用能力均受到较大制约。

融资性担保机构与合作银行的地位不对称。据国际经验，融资性担保机构承担责任的比例一般为70%～80%，其余部分由合作银行承担。省内只有个别融资性担保机构的个别合作商业银行承担20%的风险，更多的商业银行不愿意承担，这样不仅造成融资性担保机构责任与能力的不对等，也弱化了银行对企业的考察和评估，加大了整体风险，严重制约着融资性担保机构的发展和担保业务的开展。

绝大部分担保机构以融资性担保为主营业务，其他担保业务开展很少。担保业务高风险低收益、风险与收益不配比的特点决定了融资性担保机构仅靠担保费收入维持可持续经营的艰难性和创新业务的必要性。但是由于融资性担保业在我国发展历史短、担保体系建设不健全等原因，担保机构的业务创新步伐较慢。

部分融资性担保机构运作不规范，如风险准备金提取不足或不提取，注册资本金抽逃现象较为严重，缺乏完善的保前调研、项目评审、反担保措施及在保项目的风险预警等事前、事中、事后控制制度，存在“拍脑袋担保”现象。

## 第三节　云南省融资性担保机构绩效评价体系的构建

### 一、构建思路

现有对融资性担保机构评价比较成熟的只有信用评级。这一方式更多地为满足商业银行贷款安全的评价需要，不能完全满足《融资性担保公司管理暂行办法》的要求，也不能满足云南省依据省情对融资性担保机构的监管方面的要求。

信用评级采用定性分析和定量分析相结合的方法，以定性分析为主，定量分析作为定性分析的重要参考。从本质上讲，现有的信用评级是建立在客观基础上的定性判断。信用评级单一强调担保机构的风险管理能力是融资性担保机构能否持续经营的关键因素，关注点在代偿能力方面，对于融资性担保机构经营业绩与经验、股东实力与资本补偿机制、代偿率与最终资金损失率关系、担保业务与扶持政策实现等涉及担保机构的安全性、流动性、收益性方面的其他关键因素关注不多，最终造成了新成立的融资性担保机构因为短时期内代偿及代偿损失风险没有完全暴露出来而级别有可能高于经营时期较长的公司的评级结果。使融资性担保机构单一信用评级结果无法满足对担保机构关注的各方相关部门，特别是主导监管部门，无法从评级结果中得到融资性担保行业的全面情况。

评价体系的构建，遵循系统性、科学性与操作性兼顾的原则，通过定性与定量相结合，静态与动态相结合的方式，采用层次分析法构建评价模型，均衡评价担保机构合规经营、担保业绩、代偿能力和持续经营能力等诸多方面，努力做到量化质化兼具、主观客观并存，客观得出担保机构绩效的评价结果。

该评价体系的基本架构由指标体系、各层权重、指标评价标准和调节性指标组成。

指标体系由 4 个维度、18 个因素和 43 个指标构成。

各层权重运用 AHP（Analytic Hierarchy Process）法，通过构造判断矩阵并进行一致性检验后计算获得。

指标评价标准即本评价体系的评语集由好、较好、一般、较差、差构成，对应的分值分别设定为 5、4、3、2、1。为了更好解析评语集，保持相对一致的判定标准，该评价体系特别设定了指标标准。指标标准根据指标性质的不同分别确定，对于定性指标，具体分析指标的内涵，相对于不同的评语给出相应的描述；对于定量指标，通过对云南省担保机构有关数据进行统计分析，确定不同评语所对应的参数区间。

评价体系以外考虑了调节性指标，当融资性担保机构在经营活动中存在某些违规或违约事项时，其评价分值直接下降或等级直接下调为差。

## 二、建立评价指标体系

通过对融资性担保机构营运情况的分析，结合对云南省融资性担保机构的调查访谈情况，围绕构成企业绩效的能力要素和资源要素，并平衡评价判断准确性与数据获取成本，本方案中设计了 4 个维度建立融资性担保机构绩效的评价指标体系。在此基础上进一步细化，在选取一系列初始指标的基础上，对指标进行主成分分析和独立性分析，筛选出影响融资性担保机构绩效的 18 个因素及反映这 18 个因素的 43 个指标。具

体评价体系及指标构成如表 8－1 所示。

**表 8－1　　融资性担保机构绩效评价体系**

| 维度 | 因素 | 指标 |
|---|---|---|
| 合规性 U1 | 会计核算 u11 | 按照《担保企业会计核算办法》设置科目及编制报表 |
| | 投资 u12 | 不存在利益冲突且不高于净资产的 20% |
| | 准备金 u13 | 按照当年担保费收入的 50% 提取未到期责任准备金 |
| | | 按照不低于当年年末担保责任余额 1% 的比例提取担保赔偿准备金（担保赔偿准备金累计达到当年担保责任余额 10% 的，实行差额提取） |
| | 关联担保 u14 | 融资性担保公司不得为其母公司或子公司提供融资性担保 |
| | 信息报告 u15 | 按规定向监管部门报送季度文件和资料（包括财务报表、业务报表和资本金运用情况） |
| | | 按规定向监管部门报送年度文件和资料（包括审计报告和经营情况报告） |
| | | 重大风险事项 |
| 基本经营实力 U2 | 企业基本状况 u21 | 实收资本 |
| | | 净资产 |
| | | 经营历史（从事担保业务年限） |
| | 人员素质 u22 | 高管担保业或金融业的从业经验年数 |
| | | 员工学历 |
| | | 员工配备结构（经济、金融、法律、技术等专业人才结构） |
| | 管理体制 u23 | “三会”齐全，职责范围界定清晰且正常运转 |
| | | 公司组织机构设置合理，下设业务部、风控部、风险资产处置部等部门，每个部门职责清晰、明确、人员配备合理 |
| | 协作能力 u24 | 合作银行的数量 |
| | | 合作银行给出的时效性评价（时效性评价区间指从确立银保合作关系至合作结束） |
| | | 各担保公司合作违约次数 |
| | | 是否曾被合作银行中止过业务 |
| | 经营状况 u25 | 最近三年平均净资产担保倍数 |

续表

| 维度 | 因素 | 指标 |
| --- | --- | --- |
| 持续经营能力 U3 | 发展战略 u31 | 制定发展战略及实施方案，有较好的战略规划实施效果 |
| | 资金来源 u32 | 实收资本增长率 |
| | | 净资产增长率 |
| | | 准备金率：各项账面准备金/担保责任余额 ×100% |
| | 经营成果及社会贡献 u33 | 担保收入比：担保收入/总收入 ×100% |
| | | 担保业务收益率：当期营业收入/当期担保金额 ×100% |
| | | 资金收益率：（利息收入 + 投资收益）/资金总额 ×100% |
| | | 笔均担保额：当期担保发生额/当期累计担保笔数 |
| | | 小额担保率：担保额在 100 万元以下的户数/总户数 ×100% |
| | 偿债能力 u34 | 资本现金率：货币资金/实收资本 ×100% |
| | | 担保现金率：货币资金/担保责任余额 ×100% |
| | | 最大担保现金率：货币资金/最大单户担保责任余额 ×100% |
| | | 资本充足率：净资产担保倍数的倒数 |
| 业务风险管理 U4 | 风险管理制度制定情况 u41 | 决策程序、担保评估制度、反担保制度、事后追偿和处置制度制定完善 |
| | | 严格执行业务风险管理各项机制及制度，如风险预警机制、突发事件应急机制、担保责任风险分类管理制度、反担保制度、事后追偿和处置制度等 |
| | | 业务流程合理，至少包括：承接、受理项目 – 项目调查 – 初审 – 各级别审批 – 办理抵（质）押手续，签订合同（保证合同、反担保合同） – 保后管理 – 后续跟踪 |
| | | 成立专门的风险评审管理委员会或类似机构 |
| | 代偿及损失情况 u42 | 累计担保代偿率 |
| | | 累计担保损失率 |
| | 担保组合 u43 | 期限分布 |
| | | 单户集中度 |
| | 担保资产质量 u44 | 对在保业务的担保责任风险分类情况 |

我们从4个方面对融资性担保机构的绩效进行评价，构建一个四维评价体系。四个维度分别为合规性U1、基本经营实力U2、持续经营能力U3和业务风险管理U4。

（一）合规性U1

2010年3月8日发布施行的《融资性担保公司管理暂行办法》，是政府加强监管，规范和促进融资性担保行业健康发展的重要文件。本评价体系将合规性单独列为一个维度，体现管理办法对融资性担保机构的监管要求，重点评价担保企业按管理办法合法合规经营的基本状况，强调融资性担保机构合法合规经营的重要性。

（二）基本经营实力U2

基本经营实力侧重于企业内部因素，如资本、人力资源和内部制度的分析，目的在于评价和识别融资性担保机构所具有的独特资源和能力，从静态的角度，确认各融资性担保机构在行业竞争中的关键优势和劣势。

融资性担保机构的实收资本决定了协作银行授予其额度的大小，净资产是反映经营业绩的基础指标，经营历史（从事担保业务的时间）的长短则考虑了各融资性担保机构在担保行业的生存性和发展性，对判断融资性担保机构的经营风险有较大意义。因为融资性担保机构的很多风险只有在经营一定时期后才能暴露，同时经营历史短的融资性担保机构也难以积累比较丰富的风险管理经验，因此将实收资本、净资产和经营历史作为企业基本状况进行分析。

人力资本是评价融资性担保机构绩效的一个基本因素，也是融资性担保机构基本经营实力分析中的核心因素，人力资本包括公司管理层的素质和员工的素质分析两方面，其中详细考虑了高管经营经验、员工学历及专业背景等指标。

健全的管理体制是企业发展的基础条件，有助于融资性担保机构完善现代企业制度，提升公司管理水平，有效实现风险控制由“事后处理”向“事前防范”的转变，其中公司治理结构是现代企业制度中最重要的组织架构，而组织机构设置和各部门人员配备是否合理，是否清晰界定其职责等都关系到公司运行的畅通性，因而很重要。

融资性担保机构与合作银行的协作能力是基本经营实力中的另一个重要因素，融资性担保机构是否与银行有着稳定的合作，无形中决定了借款人可选余地的大小，该项因素的分析不仅着重协作银行的数量，更注重协作质量的分析，如融资性担保机构在银保合作过程中的时效性、合作违约次数、是否曾被合作银行中止过业务等，从协作银行获取协作质量方面的信息决定了此信息的价值性。

净资产担保倍数是担保责任余额与净资产的放大比例，反映了融资性担保机构的经营状况，最近三年平均净资产担保倍数剔除了某一年度偶然因素的影响，能较为客观地反映融资性担保机构经营状况。

（三）持续经营能力 U3

《融资性担保公司管理暂行办法》要求，“融资性担保公司应当以安全性、流动性、收益性为经营原则，建立市场化运作的可持续审慎经营模式”。

担保业务的高风险、低收益特点决定了融资性担保机构生存的艰难性，作为自主经营、自负盈亏的公司制企业，必须具备持续经营能力，因此我们将融资性担保机构的可持续经营能力分析确定为绩效评价的一个重要维度。

专业的融资性担保是个全新的领域，如何开展业务、如何确定业务重点等都处于探索阶段，融资性担保机构发展初期往往是风险高发期，制订科学的发展目标、战略和计划对于融资性担保机构的持续经营具有重要意义，通过实际业务发展及未来经营目标、战略和计划分析，可以对融资性担保机构的风险偏好进行分析和评估。对公司经营战略的分析，要分析融资性担保机构的发展目标、战略规划，以及是否制订了明确的实施计划和措施，并结合实践效果来评价发展战略和计划的可行性。

担保资金是融资性担保机构抵御风险的主要支柱，担保机构的担保资金越多、越稳定、越有增长性，担保机构抵御风险的能力相对越强，因此要对担保资金的来源、稳定性和增长性进行分析，考察融资性担保公司是否具有资本补充和保障机制以及风险准备的提取情况等。

经营成果从融资担保机构经营成果方面分析了持续经营能力，包括担保收入比、担保业务收益率和资金收益率 3 个指标。融资性担保机构的经营宗旨是以信用担保为杠杆，提升中小企业和民营经济信用，促进经济发展、服务区域经济发展，因此应将社会贡献性作为持续经营能力中的一个因素进行分析，具体包括笔均担保额和小额担保率两个指标。

融资性担保机构一旦发生担保项目的代偿，会很大程度影响其可持续经营，因此偿债能力的分析特别重要。融资性担保机构的流动性来源于担保业务与其他业务收入的现金流和流动性储备资产的变现，具体包括资本现金率、担保现金率、最大担保现金率和资本充足率，其中资本充足率是净资产担保倍数的倒数，在一定程度上弥补了持续经营能力中担保倍数过大则风险不易控制的缺陷。

（四）业务风险管理 U4

融资性担保机构的经营特点是承担风险、控制和管理风险，其风险管理能力是融资性担保机构能否持续经营的关键因素，因此，业务风险管理是四维中的另一重要维度。

完善的风险管理制度及良好的执行情况能在一定程度上使风险得到事前控制，因此考虑风险制度制定及执行情况意义重大，完善的风险管理制度包括决策程度、担保评估制度、反担保制度、事后追偿和处置制度等，该因素还考虑了融资性担保机构业务流程是否合理、是否成立了专门的风险评审管理委员会或类似机构。

代偿及损失情况反映了融资性担保机构实际风险控制情况及发生代偿后追偿制度的执行情况，主要包括累计担保代偿率和担保损失率两个指标，其中累计是指自从事担保业务开始至基准日，累计指标更全面地反映了融资性担保机构在持续经营期间内的风险控制情况。

担保组合分析主要是对担保组合的质量进行分析，担保组合应包括产品及规模组合、担保期限组合、行业组合和地域组合等，研究方案没有考虑地域组合。

担保资产质量主要是指融资性担保机构是否对在保业务的担保责任风险进行分类及如何分类，反映了融资性担保机构对在保业务风险管理的重视程度。

## 三、确定各层级权重

在统计学中，权重是指计算平均数指标时，对各个变量具有权衡轻重作用的数值。这里所说的权重，也具有这种意思，即权衡综合评价指标轻重作用的数值，也称重要性系数。

在融资性担保机构绩效评价体系中，为了反映企业绩效各个方面的特征，我们设置了一系列评价指标，例如反映规模实力的指标有实收资本；反映偿债能力的指标有资本现金率、担保现金率、最大担保现金率和资本充足率等。但是这些指标对于绩效评价的作用并不完全一样，有的作用较大，有的作用较小。为了准确衡量这些指标的作用，就要对每一项指标规定一个权数值，即权重或重要性系数，表示这项指标作用的大小。指标所起的作用大，权重就大；指标所起的作用小，权重就小。

邀请有关专家学者若干名组成评价小组，运用 AHP（Analytic Hierarchy Process）法，用两两对比的方法构造各层次的融资性担保机构绩效评价的判断矩阵并进行一致性检验，确定各评价指标的权重。维度层相对总目标的权重见表8－2，因素层相对维度层的权重、因素层相对总目标的权重见表8－3。

**表8－2　　维度层相对总目标权重表**

| 维度 | 权重 |
| --- | --- |
| 合规性 U1 | 0.0667 |
| 基本经营实力 U2 | 0.2667 |
| 持续经营能力 U3 | 0.3333 |
| 业务风险管理 U4 | 0.3333 |

**表8－3　　因素层相对维度层权重表**

| 因素 | 因素层相对维度层权重 | 因素层相对总目标权重 |
| --- | --- | --- |
| 会计核算 | 0.0625 | 0.0042 |
| 投资 | 0.2500 | 0.0167 |
| 准备金 | 0.3125 | 0.0208 |
| 关联担保 | 0.2500 | 0.0167 |
| 信息报告 | 0.1250 | 0.0083 |
| 企业基本状况 | 0.3948 | 0.1053 |
| 人员素质 | 0.1316 | 0.0351 |
| 管理体制 | 0.0789 | 0.0210 |
| 协作能力 | 0.1974 | 0.0526 |
| 经营状况 | 0.1974 | 0.0526 |
| 发展战略 | 0.0556 | 0.0185 |
| 资金来源 | 0.3333 | 0.1111 |
| 经营成果及社会贡献 | 0.2778 | 0.0926 |
| 偿债能力 | 0.3333 | 0.1111 |
| 风险管理制度制定情况 | 0.4444 | 0.1481 |
| 代偿及损失情况 | 0.2222 | 0.0741 |
| 担保组合 | 0.2222 | 0.0741 |
| 担保资产质量 | 0.1111 | 0.0370 |

设定指标层的目的是更好地确定因素层的隶属度，指标层权重设定为等权重，不采用判断矩阵确定。

## 四、建立指标评价标准

本评价体系的评语集 V ＝ {好，较好，一般，较差，差}，对应的分

值分别设定为5、4、3、2、1。指标标准是确定底层指标评价的一种标准，目的是更好解析评语集，使评价人能够保持相对一致的判定标准，使该评价体系更具有操作性。一般来说，标准的层次分析法不需设定指标标准，只需通过专家打分给予指标适当评价，其客观性由专家的数量来保证，类似于选秀节目的评委。考虑该评价体系的操作性，在实际评价过程中专家的数量可能无法保证，故设定了指标标准。

评价体系设定的43个指标，可分为两种，即定性指标和定量指标。

对于定性指标，具体分析指标的内涵，相对于不同的评语给出相应的描述，以确定指标的评语。

对于定量指标，通过对云南省担保公司有关数据进行统计分析，在得到最大值、最小值、平均值、中值的基础上，确定不同评语所对应的参数区间，根据目标企业的情况，确定指标的评语。

**表8－4　　指标标准**

| 指标 | 指标标准 | | | | |
|---|---|---|---|---|---|
| | 5 | 4 | 3 | 2 | 1 |
| 按照《担保企业会计核算办法》设置科目及编制报表 | 遵循 | | 基本遵循 | | 不遵循 |
| 不存在利益冲突且不高于净资产的20% | 符合规定 | | | | 不符合规定 |
| 按照当年担保费收入的50%提取未到期责任准备金 | 计提正确，足够 | 计提比例不低于应计提比例的80% | 计提比例不低于应计提比例的50% | 计提比例不低于应计提比例的30% | 计提比例不低于应计提比例的10% |
| 按照不低于当年年末担保责任余额1%的比例提取担保赔偿准备金（担保赔偿准备金累计达到当年担保责任余额10%的，实行差额提取） | 计提正确，足够 | 计提比例不低于应计提比例的80% | 计提比例不低于应计提比例的50% | 计提比例不低于应计提比例的30% | 计提比例不低于应计提比例的10% |

续表

| 指标 | 指标标准 | | | | |
|---|---|---|---|---|---|
| | 5 | 4 | 3 | 2 | 1 |
| 融资性担保公司不得为其母公司或子公司提供融资性担保 | 未担保 | | | | 有担保 |
| 按规定向监管部门报送季度文件和资料（包括财务报表、业务报表和资本金运用情况） | 按时且保质保量报送 | | 不按时报送，或资料不完整、质量达不到要求 | | 不报送 |
| 按规定向监管部门报送年度文件和资料（包括审计报告和经营情况报告） | 按时且保质保量报送 | | 不按时报送，或资料不完整、质量达不到要求 | | 不报送 |
| 重大风险事项 | 及时报告或无重大风险事项 | | | | 未及时报告 |
| 实收资本 | 大于2亿元（包含2亿元） | 1亿元～2亿元（包含1亿元） | 5 000万元～1亿元（包含5 000万元） | 1 000万元～5 000万元（包含1 000万元） | 500万元～1 000万元（包含500万元） |
| 净资产 | 大于2亿元（包含2亿元） | 1亿元～2亿元（包含1亿元） | 5 000万元～1亿元（包含5 000万元） | 1 000万元～5 000万元（包含1 000万元） | 500万元～1 000万元（包含500万元） |
| 经营历史（从事担保业务年限） | ≥5年 | 3～5年（包含3年） | 2～3年（包含2年） | 1～2年（包含1年） | <1年 |
| 高管担保业或金融业的从业经验年数 | 从事担保业或金融业8年以上（包含8年），或从事相关经济工作10年以上 | 从事担保业或金融业5～8年（包含5年），或从事相关经济工作8～10年（包含8年） | 从事担保业或金融业3～5年（包含3年），或从事相关经济工作5～8年（包含5年） | 从事担保业或金融业1～3年（包含1年），或从事相关经济工作3～5年（包含3年） | 无从事担保业或金融业或相关经济工作经验 |

续表

| 指标 | 指标标准 | | | | |
|---|---|---|---|---|---|
| | 5 | 4 | 3 | 2 | 1 |
| 员工学历 | 本科以上≥80% | 本科以上≥50% | 本科以上<50%，专科以上≥50% | 专科以上≥30% | 专科以上<30% |
| 员工配备结构（经济、金融、法律、技术等专业人才结构） | 具有各专业背景人才，其中经济、金融专业背景所占比例约为60%，法律专业背景约占10%，技术专业背景约占10% | 具有各专业背景人才，其中经济、金融专业背景约占70%，法律专业背景约占5%，技术专业背景约占5% | 不具备技术背景人才，其中经济、金融专业背景约占90%，法律专业背景≤5% | 不具备法律、技术背景人才，经济、金融专业所占比例为100% | 员工完全不具备经济、金融、法律或技术专业背景 |
| “三会”齐全，职责范围界定清晰且正常运转 | “三会”齐全，职责范围界定清晰，授权充分，议事规则完善 | “三会”齐全，职责范围界定较清晰，建立了议事规则，有较强纠偏能力 | 制衡机制基本建立，授权基本清晰，基本制度能有效执行 | 机制存在较大不足，授权不清，制度执行有偏差 | 制衡缺位，授权混乱，制度执行很差 |
| 公司组织机构设置合理，下设业务部、风控部、风险资产处置部等部门，每个部门职责清晰、明确、人员配备合理 | 机构设置完善、合理，职责清晰，运行高效，人员配备合理 | 机构设置完善、合理，职责清晰，风控部或风险资产处置部等核心部门人员配备不合理 | 没有成立风控部或风险资产处置部，其他部门职责界定较为清晰 | 没有成立风控部或风险资产处置部，其他部门没有进行职责界定 | 公司组织机构设置严重不合理，完全没有下设部门 |
| 合作银行的数量 | 合作银行数量≥6家 | 合作银行数量5家 | 合作银行数量4家 | 合作银行数量1~3家 | 基本无业务 |
| 合作银行给出的时效性评价（时效性评价区间指从确立银保合作关系至合作结束） | | | | | |

续表

| 指标 | 指标标准 | | | | |
|---|---|---|---|---|---|
| | 5 | 4 | 3 | 2 | 1 |
| 各担保公司合作违约次数 | | | | | |
| 是否曾被合作银行中止过业务 | | | | | |
| 最近三年平均净资产担保倍数 | [5，7) | [4，5）或[7，8) | [3，4）或[8，9) | [2，3) | <2倍或≥9倍 |
| 制定发展战略及实施方案，有较好的战略规划实施效果 | 战略明确，贯彻一致 | 主要战略基本能贯彻 | 战略贯彻落实不太到位 | 战略不清，或形同虚设 | 没有战略 |
| 实收资本增长率 | 近三年平均增长率≥30% | 近三年平均增长率≥20% | 近三年平均增长率≥10% | 近三年平均增长率≥5% | 近三年平均增长率<5% |
| 净资产增长率 | 近三年净资产增长率≥10% | 近三年净资产增长率≥5% | 近两年净资产增长率≥5% | 近两年净资产年复合增长率≥5% | 近两年净资产增长率≤5% |
| 准备金率：各项账面准备金/担保责任余额×100% | ≥5% | ≥3% | ≥1.5% | ≥1% | <1% |
| 担保收入比：担保收入/总收入×100% | ≥75% | ≥60% | ≥50% | ≥30% | <30% |
| 担保业务收益率：当期营业收入/当期担保金额×100% | ≥2% | ≥1.5% | ≥1% | ≥0.5% | <0.5% |
| 资金收益率：(利息收入+投资收益）/资金总额×100% | ≥3% | ≥1.5% | ≥1% | ≥0.5% | <0.5% |
| 笔均担保额：当期担保发生额/当期累计担保笔数 | ≤100万元 | ≤300万元 | ≤500万元 | ≤1 000万元 | >1 000万元 |

续表

| 指标 | 指标标准 | | | | |
|---|---|---|---|---|---|
| | 5 | 4 | 3 | 2 | 1 |
| 小额担保率：担保额在100万元以下的户数/总户数×100% | ≥90% | ≥70% | ≥50% | ≥30% | <30% |
| 资本现金率：货币资金/实收资本×100% | ≥50% | ≥15% | ≥10% | ≥5% | <5% |
| 担保现金率：货币资金/担保责任余额×100% | ≥10% | ≥7% | ≥5% | ≥2% | <2% |
| 最大担保现金率：货币资金/最大单户担保责任余额×100% | ≥100% | ≥80% | ≥50% | ≥20% | <20% |
| 资本充足率：净资产担保倍数的倒数 | ≥30% | ≥15% | ≥12% | ≥10% | <10% |
| 决策程序、担保评估制度、反担保制度、事后追偿和处置制度制定完善 | 各项制度均制定完善 | 各项制度有制定，内容较为粗略 | 缺失事后追偿和处置制度 | 缺失大部分制度 | 完全没有制定 |
| 严格执行业务风险管理各项机制及制度，如风险预警机制、突发事件应急机制、担保责任风险分类管理制度、反担保制度、事后追偿和处置制度等 | 严格执行 | 主要制度如风险预警机制、反担保制度、事后追偿和处置制度执行较好 | 主要制度如风险预警机制、反担保制度、事后追偿和处置制度执行一般 | 主要制度如风险预警机制、反担保制度、事后追偿和处置制度执行较差 | 完全没有执行 |

续表

| 指标 | 指标标准 | | | | |
|---|---|---|---|---|---|
| | 5 | 4 | 3 | 2 | 1 |
| 业务流程合理，至少包括：承接、受理项目－项目调查－初审－各级别审批－办理抵（质）押手续，签订合同（保证合同、反担保合同）－保后管理－后续跟踪 | 流程合理，一定时期内不用优化 | 流程较合理 | 有一定改善余地 | 应该改进 | 急需优化 |
| 成立专门的风险评审管理委员会或类似机构 | 设立有风险评审管理委员会或类似机构 | | | | 没有设立类似机构 |
| 累计担保代偿率 | ≤0.5% | ≤1% | ≤2% | ≤3% | >3% |
| 累计担保损失率 | 0 | ≤0.1% | ≤0.3% | ≤0.5% | >0.5% |
| 期限分布 | 短期担保比重大于50% | 短期担保比重大于40% | | 中长期担保比重大于短期担保比重 | 长期担保比重占100% |
| 单户集中度 | ≤3% | ≤6% | ≤8% | ≤10% | >10% |
| 对在保业务的担保责任风险分类情况 | 全部正常或进行了其他分类，所有在保业务位于较高的安全级别 | 个别关注或进行了其他分类，个别在保业务安全级别相当于五级分类中的“关注” | 个别次级或进行了其他分类，个别在保业务安全级别相当于五级分类中的“次级” | 个别可疑或进行了其他分类，个别在保业务安全级别相当于五级分类中的“可疑” | 可疑类较多或进行了其他分类，较多在保业务安全级别相当于五级分类中的“可疑”，或未进行分类 |

评价结果用分值呈现，最低 1 分，最高 5 分，各级别符号及定义如下。

好：>4.5 分，评价等级为好。

较好：3.5 ~4.5 分，评价等级为较好。

一般：2.5 ~3.5 分，评价等级为一般。

较差：1.5 ~2.5 分，评价等级为较差。

差：<1.5 分，评价等级为差。

融资性担保机构在经营活动中存在以下违规或违约事项，其评价分值直接下降或等级直接下调为差，即在评价体系以外考虑了调节性指标。设定的具体调节性指标见表 8 –5。

**表 8 –5　　融资性担保机构绩效评价调节性指标**

<table>
<tr><th>序号</th><th>指标名称</th><th colspan="2">指标解释</th><th>评价结果</th></tr>
<tr><td rowspan="2">1</td><td rowspan="2">关联担保</td><td colspan="2">为母子公司担保</td><td>评价分数下调 0.2 分，若下一年度仍未整改，则评价级别直接归于“差”</td></tr>
<tr><td colspan="2">母子公司外的其他关联担保</td><td>评价分数下调 0.1 分</td></tr>
<tr><td>2</td><td>未开展业务</td><td colspan="2">担保机构成立一年以上，评价当期未从事担保业务</td><td>评价级别直接归于“差”</td></tr>
<tr><td rowspan="4">3</td><td rowspan="4">其他应收款中关联方金额及比例</td><td colspan="2">其他应收款中关联方金额 < 注册资本的 50%</td><td>不调动</td></tr>
<tr><td rowspan="3">其他应收款中关联方金额≥注册资本的 50%</td><td>其他应收款占流动资产比例为 50%</td><td>评价分数下调 0.3 分</td></tr>
<tr><td>50% ≤其他应收款占流动资产比例≤60%</td><td>评价分数下调 0.4 分</td></tr>
<tr><td>以此类推</td><td></td></tr>
<tr><td>4</td><td>合骗贷款</td><td colspan="2">充分证据证明担保公司与客户合谋骗取银行贷款</td><td>评价级别直接归于“差”</td></tr>
</table>

## 第四节　云南省担保机构绩效评价体系示例

### 一、参照评价标准，对指标层各个指标进行评价

指标层单一指标评判结果见表 8 –6。

表 8-6　　　　指标层单一指标评判结果

| 指标 | 单一指标评判结果（隶属度） | | | | | |
|---|---|---|---|---|---|---|
| | 好 | 较好 | 一般 | 较差 | 差 | 权重 |
| 按照《担保企业会计核算办法》设置科目及编制报表 | 0 | 0 | 0 | 0 | 1 | 1 |
| 不存在利益冲突且不高于净资产的 20% | 0 | 0 | 0 | 0 | 1 | 1 |
| 按照当年担保费收入的 50% 提取未到期责任准备金 | 0 | 0 | 0 | 1 | 0 | 1/2 |
| 按照不低于当年年末担保责任余额 1% 的比例提取担保赔偿准备金（担保赔偿准备金累计达到当年担保责任余额 10% 的，实行差额提取） | 1 | 0 | 0 | 0 | 0 | 1/2 |
| 融资性担保公司不得为其母公司或子公司提供融资性担保 | 1 | 0 | 0 | 0 | 0 | 1 |
| 按规定向监管部门报送季度文件和资料（包括财务报表、业务报表和资本金运用情况） | 0 | 0 | 1 | 0 | 0 | 1/3 |
| 按规定向监管部门报送年度文件和资料（包括审计报告和经营情况报告） | 0 | 0 | 1 | 0 | 0 | 1/3 |
| 重大风险事项 | 0 | 0 | 1 | 0 | 0 | 1/3 |
| 实收资本 | 1 | 0 | 0 | 0 | 0 | 1/3 |
| 净资产 | 1 | 0 | 0 | 0 | 0 | 1/3 |
| 经营历史（从事担保业务年限） | 1 | 0 | 0 | 0 | 0 | 1/3 |
| 高管担保业或金融业的从业经验年数 | 0 | 0 | 1 | 0 | 0 | 1/3 |
| 员工学历 | 0 | 1 | 0 | 0 | 0 | 1/3 |
| 员工配备结构（经济、金融、法律、技术等专业人才结构） | 1 | 0 | 0 | 0 | 0 | 1/3 |
| “三会”齐全，职责范围界定清晰且正常运转 | 0 | 1 | 0 | 0 | 0 | 1/2 |
| 公司组织机构设置合理，下设业务部、风控部、风险资产处置部等部门，每个部门职责清晰、明确、人员配备合理 | 1 | 0 | 0 | 0 | 0 | 1/2 |
| 合作银行的数量 | 1 | 1 | 0 | 0 | 0 | 1/4 |

续表

| 指标 | 单一指标评判结果（隶属度） | | | | | |
|---|---|---|---|---|---|---|
| | 好 | 较好 | 一般 | 较差 | 差 | 权重 |
| 合作银行给出的时效性评价（时效性评价区间指从确立银保合作关系至合作结束） | 0 | 0 | 1 | 0 | 0 | 1/4 |
| 各担保公司合作违约次数 | 0 | 0 | 1 | 0 | 0 | 1/4 |
| 是否曾被合作银行中止过业务 | 0 | 0 | 1 | 0 | 0 | 1/4 |
| 最近三年平均净资产担保倍数 | 0 | 0 | 0 | 1 | 0 | 1 |
| 制定发展战略及实施方案，有较好的战略规划实施效果 | 0 | 0 | 1 | 0 | 0 | 1 |
| 实收资本增长率 | 0 | 0 | 1 | 0 | 0 | 1/3 |
| 净资产增长率 | 0 | 0 | 0 | 1 | 0 | 1/3 |
| 准备金率：各项账面准备金/担保责任余额×100% | 1 | 0 | 0 | 0 | 0 | 1/3 |
| 担保收入比：担保收入/总收入×100% | 0 | 0 | 0 | 1 | 0 | 1/5 |
| 担保业务收益率：当期营业收入/当期担保金额×100% | 0 | 1 | 0 | 0 | 0 | 1/5 |
| 资金收益率：（利息收入+投资收益）/资金总额×100% | 1 | 0 | 0 | 0 | 0 | 1/5 |
| 笔均担保额：当期担保发生额/当期累计担保笔数 | 0 | 1 | 0 | 0 | 0 | 1/5 |
| 小额担保率：担保额在100万元以下的户数/总户数×100% | 0 | 0 | 0 | 0 | 1 | 1/5 |
| 资本现金率：货币资金/实收资本×100% | 0 | 1 | 0 | 0 | 0 | 1/4 |
| 担保现金率：货币资金/担保责任余额×100% | 1 | 0 | 0 | 0 | 0 | 1/4 |
| 最大担保现金率：货币资金/最大单户担保责任余额×100% | 0 | 0 | 1 | 0 | 0 | 1/4 |
| 资本充足率：净资产担保倍数的倒数 | 1 | 0 | 0 | 0 | 0 | 1/4 |
| 决策程序、担保评估制度、反担保制度、事后追偿和处置制度制定完善 | 1 | 0 | 0 | 0 | 0 | 1/4 |

续表

| 指标 | 单一指标评判结果（隶属度） | | | | | |
|---|---|---|---|---|---|---|
| | 好 | 较好 | 一般 | 较差 | 差 | 权重 |
| 严格执行业务风险管理各项机制及制度，如风险预警机制、突发事件应急机制、担保责任风险分类管理制度、反担保制度、事后追偿和处置制度等 | 0 | 1 | 0 | 0 | 0 | 1/4 |
| 业务流程合理，至少包括：承接、受理项目－项目调查－初审－各级别审批－办理抵（质）押手续，签订合同（保证合同、反担保合同）－保后管理－后续跟踪 | 1 | 0 | 0 | 0 | 0 | 1/4 |
| 成立专门的风险评审管理委员会或类似机构 | 1 | 0 | 0 | 0 | 0 | 1/4 |
| 累计担保代偿率 | 0 | 1 | 0 | 0 | 0 | 1/2 |
| 累计担保损失率 | 0 | 1 | 0 | 0 | 0 | 1/2 |
| 期限分布 | 0 | 0 | 0 | 1 | 0 | 1/2 |
| 单户集中度 | 0 | 0 | 0 | 0 | 1 | 1/2 |
| 对在保业务的担保责任风险分类情况 | 0 | 0 | 0 | 0 | 1 | 1 |

参照评价标准对上述指标进行评价时，若认为某项指标符合“好”的标准，则将该项赋值为1，其余项赋值为零；若认为某项指标符合“较好”的标准，则将“较好”项赋值为1，其余项赋值为零；其余各项类推。若认为某项指标介于“好”与“较好”，且两者相当时，可将“好”项赋值1/2，“较好”项赋值1/2，其余项赋值为零；当偏向于“好”时，“好”项赋值2/3，“较好”项赋值1/3，其余项赋值为零；当偏向于“较好”时，“好”项赋值1/3，“较好”项赋值2/3，其余项赋值为零；其余各项类推。

## 二、确定因素层单一因素评判结果，构建判断矩阵

根据指标层单一指标评判结果及指标层相对因素层的权重，确定因素层单一因素评判结果（隶属度），见表8－7。

表 8－7　　　　因素层单一因素评判结果

| 因素 | 单一因素评判结果（隶属度） | | | | | |
|---|---|---|---|---|---|---|
| | 好 | 较好 | 一般 | 较差 | 差 | 权重 |
| 会计核算 u11 | 0 | 0 | 0 | 0 | 1 | 0.0625 |
| 投资 u12 | 0 | 0 | 0 | 0 | 1 | 0.2500 |
| 准备金 u13 | 1/2 | 0 | 0 | 1/2 | 0 | 0.3125 |
| 关联担保 u14 | 1 | 0 | 0 | 0 | 0 | 0.2500 |
| 信息报告 u15 | 0 | 0 | 2/3 | 0 | 0 | 0.1250 |
| 企业基本状况 u21 | 1 | 0 | 0 | 0 | 0 | 0.3948 |
| 人员素质 u22 | 1/3 | 1/3 | 1/3 | 0 | 0 | 0.1316 |
| 管理体制 u23 | 1/2 | 1/2 | 0 | 0 | 0 | 0.0789 |
| 协作能力 u24 | 1/4 | 0 | 3/4 | 1/4 | 0 | 0.1974 |
| 经营状况 u25 | 0 | 0 | 0 | 1 | 0 | 0.1974 |
| 发展战略 u31 | 0 | 0 | 1 | 0 | 0 | 0.0556 |
| 资金来源 u33 | 1/3 | 0 | 1/3 | 1/3 | 0 | 0.3333 |
| 经营成果及社会贡献 u33 | 1/5 | 2/5 | 0 | 1/5 | 1/5 | 0.2778 |
| 偿债能力 u34 | 1/2 | 1/4 | 1/4 | 0 | 0 | 0.3333 |
| 风险管理制度制定情况 u41 | 3/4 | 1/4 | 0 | 0 | 0 | 0.4444 |
| 代偿及损失情况 u42 | 0 | 1 | 0 | 0 | 0 | 0.2222 |
| 担保组合 u42 | 0 | 0 | 0 | 1/2 | 1/2 | 0.2222 |
| 担保资产质量 u44 | 0 | 0 | 0 | 0 | 1 | 0.1111 |

根据因素层单一因素评判结果，可得到如下 4 个判断矩阵：

$$R_1 = \begin{pmatrix} 0 & 0 & 0 & 0 & 1 \\ 0 & 0 & 0 & 0 & 1 \\ 1/2 & 0 & 0 & 1/2 & 0 \\ 1 & 0 & 0 & 0 & 0 \\ 0 & 0 & 2/3 & 0 & 0 \end{pmatrix}$$

$$R_2 = \begin{pmatrix} 1 & 0 & 0 & 0 & 0 \\ 1/3 & 1/3 & 1/3 & 0 & 0 \\ 1/2 & 1/2 & 0 & 0 & 0 \\ 1/4 & 0 & 3/4 & 0 & 0 \\ 0 & 0 & 0 & 1 & 0 \end{pmatrix}$$

$$R_3 = \begin{pmatrix} 0 & 0 & 1 & 0 & 0 \\ 1/3 & 0 & 1/3 & 1/3 & 0 \\ 1/5 & 2/5 & 0 & 1/5 & 1/5 \\ 1/2 & 1/4 & 1/4 & 0 & 0 \end{pmatrix}$$

$$R_4 = \begin{pmatrix} 3/4 & 1/4 & 0 & 0 & 0 \\ 0 & 1 & 0 & 0 & 0 \\ 0 & 0 & 0 & 1/2 & 1/2 \\ 0 & 0 & 0 & 0 & 1 \end{pmatrix}$$

## 三、确定维度层单一维度评判结果，构建判断矩阵

根据因素层单一因素评判结果及因素层相对维度层的权重，确定维度层单一维度评判结果（隶属度），见表 8－8。

表 8－8　　维度层单一维度评判结果

| 维度 | 单一维度评判结果（隶属度） | | | | | |
|---|---|---|---|---|---|---|
| | 好 | 较好 | 一般 | 较差 | 差 | 权重 |
| 合规性 U1 | 0.4063 | 0.0000 | 0.0833 | 0.1563 | 0.3125 | 0.0667 |
| 基本经营实力 U2 | 0.5275 | 0.0833 | 0.1919 | 0.1974 | 0.0000 | 0.2667 |
| 持续经营能力 U3 | 0.3333 | 0.1944 | 0.2500 | 0.1667 | 0.0556 | 0.3333 |
| 业务风险管理 U4 | 0.3333 | 0.3333 | 0.0000 | 0.1111 | 0.2222 | 0.3333 |

具体计算时，根据因素层判断矩阵和权重矩阵，运用矩阵乘法 $U_i = W_iR_i$ 确定。

$U_1 = W_1R_1$

$$= (0.0625 \mid 0.2500 \mid 0.3125 \mid 0.2500 \mid 0.1250) \begin{pmatrix} 0 & 0 & 0 & 0 & 1 \\ 0 & 0 & 0 & 0 & 1 \\ 1/2 & 0 & 0 & 1/2 & 0 \\ 1 & 0 & 0 & 0 & 0 \\ 0 & 0 & 2/3 & 0 & 0 \end{pmatrix}$$

$$= (0.4063 \mid 0.0000 \mid 0.0833 \mid 0.1563 \mid 0.3125)$$

同理，可分别求得：

$$U_2 = W_2R_2 = (0.5275 \mid 0.0833 \mid 0.1919 \mid 0.1974 \mid 0.0000)$$

$$U_3 = W_3R_3 = (0.3333 \mid 0.1944 \mid 0.2500 \mid 0.1667 \mid 0.0556)$$

$$U_4 = W_4R_4 = (0.3333 \mid 0.3333 \mid 0.0000 \mid 0.1111 \mid 0.2222)$$

根据上述评判结果，得到判断矩阵：

$$R=\begin{pmatrix}0.4063 & 0.0000 & 0.0833 & 0.1563 & 0.3125\\0.5275 & 0.0833 & 0.1919 & 0.1974 & 0.0000\\0.3333 & 0.1944 & 0.2500 & 0.1667 & 0.0556\\0.3333 & 0.3333 & 0.0000 & 0.1111 & 0.2222\end{pmatrix}$$

按照维度层单一维度评判结果（隶属度）和综合评价等级评分标准，确定各维度分值为

| 维度 | 分值 |
|---|---|
| 合规性 U1 | 2.9063 |
| 基本经营实力 U2 | 3.9412 |
| 持续经营能力 U3 | 3.5833 |
| 担保业务绩效 U4 | 3.4441 |

## 四、总目标评价结果

对总目标即担保公司绩效进行综合评判，得到评判向量如下：

$$U=(0.3900 \mid 0.1981 \mid 0.1401 \mid 0.1556 \mid 0.1134)$$

采用加权平均法对评判向量 U 进行处理，得到最终的评价结果为3.5872。

另外，该担保公司不存在调节性指标中规定的违规现象，故该公司最终评价得分为3.5872，等级为较好。

# 第九章　观点与建议

## 第一节　主要观点

### 一、促进监管落实

建立全国性担保机构评价体系是促进行业发展、落实监管措施和行业自律的重要方法。

中国担保业经过20余年发展，在机构建设、业务能力、承保规模和业务种类等方面取得了长足进步，在缓解中小企业融资难、促进地方经济发展和社会信用体系建设等方面发挥了积极的作用。但其作为一个行业，尚处于发展的起步阶段，行业建设还很不完善，且行业监管长期缺位。国务院办公厅2009年《进一步明确融资性担保业务监管职责的通知》和银监会等七部委2010年《融资性担保公司管理暂行办法》的颁布与实施，标志着中国担保行业进入了规范化发展的新时期。建立有效的信息披露制度，提高行业透明度和公信力，是防范行业风险的有效保障，也是落实监管措施的重要保障。

建立与监管措施配套的担保机构评价体系，能够提高行业透明度和业内区分度，引导行业健康发展，成为对优质机构进行政策扶植的重要参考；能够为银行等合作机构提供可靠的担保机构信用信息，减少信息不对称，有助于降低担保机构与银行间业务合作风险及成本；能够成为有力的监管配套措施，作为监管机构进行业务监督、绩效考核、风险预警及分类监管的重要参考；能够为各方利益相关者提供有效信息，使得利益相关者从业务合作、投资决策等方面做出更清晰的判断，从而保护利益相关者的权益。

### 二、坚持行业自律

建立监管部门指导下、由担保行业自律组织实施的评价制度是目前和今后的一个时期评价工作实施的可行措施。

参考国际经验，担保行业的特点是：法律体系健全，信用环境良好，担保行业运行规范，融资担保、金融担保及保证担保分类经营、分类管理。中小企业融资担保机构与保证担保和金融担保机构的评价方法有明显的不同。保证担保和金融担保在担保行业发展过程中，政府监管、行业自律和外部约束相结合形成了行业监督管理框架。行业协会促进了行业自律和机构间交流合作，信用评级机构发挥了重要的市场约束作用。担保机构获得并保持高信用等级成为其开展业务、持续经营的必要基础。评级机构对不同类别的担保机构采用不同的评级体系对其承保能力和偿付能力进行评级，起到外部约束的作用。中小企业融资担保作为政策性金融的一部分，行业监管和机构评价主要由政府监管部门实施。

与市场经济的发展阶段相应，我国担保业尚处于起步发展阶段，担保机构不具备分业务类型运行的条件，担保机构的业务以融资性担保为主。同时，长期多头管理使得实际监管缺位。目前融资性担保行业刚刚进入规范发展阶段，需对行业进行全面梳理和规范，从风险管理、业务绩效及合规性等方面对融资性担保机构进行全面评价。国内现有的担保机构信用评级体系对担保机构信息披露起了一定的作用，但不能满足监管部门全面了解行业信息的需要。因此，建立具有适合中国现阶段融资性担保行业特点的标准评价体系，规范融资性担保机构评价方法和评价行为，定期组织评价和发布评价结果，形成“由监管部门指导，担保行业自律组织为评价主体，引入专业中介机构共同实施”的评价制度，并有步骤、分阶段地实施，是我国融资性担保机构评价工作的可行措施。

另外，从其他市场主体评价的角度来看，融资性担保行业自身强调发展能力和规范性，债权人强调风险控制，客户强调业务效率和成本收益，政府部门特别是财政部门和中小企业管理部门强调对中小企业支持的广度和深度，融资性担保机构股东和潜在投资者强调其盈利能力，监管者强调规范与发展。因此，相对来说，监管者指导下由融资性担保行业自律组织组织实施评价体系的建设，目标更为中性，可努力兼顾到市场参与各方的关注点和共同点。

## 三、覆盖各类主体

建立融资性担保机构标准评价体系，使评价体系覆盖全行业融资性担保机构、服务于各类市场主体，是适合我国现阶段担融资性保机构评价的操作方法。

融资性担保机构评价的主要作用体现为服务于各类市场主体，对评价对象，塑造资信品牌和获得各种资源的通行证；对社会公众和投资者，根据评价的结果来制定投资决策；对资本市场债务发行者，降低发行费用和拓宽筹资渠道；对商业银行，决定是否发放贷款决策依据之一；对政府和金融监管者，为监管对象的分级分类监管提供依据，加强对金融企业的指导和监督，政府资金投资的重要标准。融资性担保机构评价体系的总体研究设计规划，战略上要综合考虑监管部门、财政部门、银行业金融机构等市场主体需求的特殊性和差异性，建立多维度融资性担保机构分类评价指标体系，进一步扩大融资性担保机构评价的覆盖面、针对性和有效性。

我国融资性担保机构差距很大，如地区经济环境和信用水平、资本规模、政策支持程度、业务平台建设、风险分散体系建设、业务品种、兼营业务情况、风险偏好、分支机构设立情况等。若分类设计评价体系，评价体系设计相对容易，但不易实现各评价体系之间的一致性和可比性，不能形成标准化评价体系。用一个标准化评价体系覆盖全行业担融资性保机构，其评价指标范围广、不易细化，评价指标、权重和标准确定难度大；但评价结果具有可比性，能够形成标准化评价体系。将融资性担保机构在资本规模、业务品种、股权结构、地域经济等方面的差异通过指标及其权重设定加以体现，并设置修正指标，更适合我国现阶段融资性担保行业状况和行业管理状况。

## 四、合理全面客观

合理设计评价模型是保证评价结果全面客观的基础，是有效提高行业透明度的保证。

基于国内融资性担保行业中各市场主体诉求的不同，行业发展在地域、资本实力、业务范围等方面的差异化特征，以及存在着融资性担保机构数据积累和收集严重不足，行业基础设施建设很不完善等现实问题，我们研究针对我国转型经济与金融制度特点，全面分析我国融资性担保行业状况，分析各类企业评价/评级理论，分析不同评价模型的结构特点及适用性，借鉴国际国内现有评价/评级体系，选择能够适用于我国融资性担保行业特点及评价技术的专家评价模型及层次分析法，设计了四个层次树型结构的评价体系。将遵循“全面性、系统性、科学性、审慎性、导向性、阶段性和持续性”的评价原则，采用“定量与

定性指标相结合、动态分析与静态分析相结合、绝对指标与相对指标相结合、资料分析与实地考察相结合”的评价方法，开展融资性担保机构综合评价。

## 五、体现行业特点

进行标准化综合评价，全面反映融资性担保机构运行状况及行业状况，评价内容覆盖融资性担保机构业务能力及绩效、风险管理能力、合规性、调整因素及限制指标。

融资性担保机构评价体系的内容应符合其研究设计的基本目的，即引导行业健康发展、促进银担合作、保护利益相关者权益并成为有力的监管配套措施；符合评价体系的功能定位，即体现融资性担保行业特点、覆盖全行业融资性担保机构、服务于所有利益相关者、实现监管部门要求。为此，评价体系内容主要涉及五个方面：1）业务能力及绩效评价。从融资性担保公司基本情况、经营管理能力、主营业务能力、财务状况和发展能力等方面进行考察。涉及资本实力、公司治理、内部控制、业务规范制定、业务规模、盈利能力及发展能力等。2）风险管理能力评价。从业务风险管理及资本充足性等方面进行考察。涉及业务制度建设、业务组合、风险指标、资本基础、准备金充足性、资产流动性等指标。3）合规性评价。合规性评价主要是对照《融资性担保公司管理暂行办法》及其配套措施，考察融资性担保机构的担保业务、会计核算、信息披露、准备金计提及对外投资等方面是否符合监管要求。4）差异化处理。融资性担保机构评价体系的主评价体系考虑融资性担保机构共性因素，从业务绩效、风险管理能力及合规性三大方面进行考察。在此基础上，为兼顾机构间的差异，评价体系设置了修正指标，从区域经济环境、社会贡献、外部评价、政府支持、投资业务及兼营业务几个方面对主评价体系进行修正，使得评价体系更为完善。5）限制指标。若融资性担保机构合规性不符合监管要求，或没有开展担保业务，或在近两年的经营活动中存在以下违法、违规等事项，其评价等级直接下调为最低级别。具体包括：非法集资、非法吸收公众存款、非法放贷；诈骗银行或其他金融机构贷款；发起人、股东虚报注册资本、虚假出资或抽逃出资；股东或工作人员挪用公司资金；套取金融机构信贷资金高利转贷；合规性指标距监管要求差距很大；背离基本经营宗旨，不从事担保业务等。

## 第二节　对策建议

### 一、建立监管部门指导下的融资性担保机构评价制度

（一）完善融资性担保机构评价体系并开展试评工作

为提高评价模型的科学性和为统一标准提供重要技术依据，进一步提高评价指标选取、权重和评价标准确定的科学性和有效性，我们认为应开展以下几项工作：

1. 优化评价指标及权重。

组织融资性担保机构、银行业金融机构及监管部门等专家共同研究，运用层次分析法，优化评价指标和权重。

2. 确定评价标准。

全面了解行业数据，对各地报送的融资性担保机构数据进行统计分析，从监管部门和其他渠道了解融资性担保机构各类信息，确定评价标准。

3. 开展试评价工作。

试选取有代表性的融资性担保机构或区域进行调研和试评价，在试评的基础上调整评价体系，提高评价体系的客观性、科学性和适应性。

4. 征求各方意见。

进一步征求相关政府部门、融资性担保行业协会、银行业金融机构、融资性担保机构、中介机构等各方意见，使评价体系更能够适应各方需求。

5. 最终确定标准评价体系。

在以上工作的基础上，进行融资性担保机构评价体系中评价指标、权重及评价标准的最终调整，完善评价体系并发布。

（二）建立具有科学性和可操作性的融资性担保机构评价制度

融资性担保机构评价体系建成后，要建立融资性担保机构定期评价制度。该制度由监管部门指导，融资性担保行业自律组织实施。结合监管工作，对已取得经营许可证的融资性担保机构进行评价，评价工作由中介机构具体实施，原则上每年进行一次。采用适当的方法披露评价结果，逐步完善行业监管、行业自律与市场约束相结合的行业管理框架。融资性担保机构评价作为分类监管及行业风险管理的重要措施。考虑到融资性担保机构数量多、差距大，评价工作可分阶段展开。

## 二、建设和利用好“两个平台”

为全面开展融资性担保机构评价制度建设，在设计构建评价体系的同时，我们认为需要搭建和利用好两个平台：

一是进一步完善和发挥行业协会的作用。在中国银监会的支持与指导下，中国融资担保业协会于2013年9月正式成立。协会的宗旨是：遵守宪法、法律、法规和国家政策，遵守社会道德风尚；搭建沟通桥梁，为政府和会员服务；实行行业自律，维护公平竞争；面向融资担保行业，提供专业服务；参与法律、法规建设；促进行业健康发展，为我国信用文化和信用体系的建设与改善作贡献。协会作为行业自律组织是广义监管体系的一部分，能够协助监管部门发挥监管作用，是监管部门直接监管的补充与延伸。目前协会处于运行初期，组织结构和业务功能都需要不断完善，从而更好地发挥行业自律组织的作用。

二是加大科技投入，搭建和完善行业信息平台。全面、及时、可靠的信息是进行机构评价和行业监管的必要基础。监管体系确定前，融资性担保行业多年缺乏信息披露制度，没有行业信息系统，行业信息不透明，统计数据严重缺乏，行业风险不能被有效识别，行业状况很难判断。为全面了解行业状况，应加快建立和完善涵盖全行业信息的信息系统，包括机构基本信息、人员信息、主营业务及兼营业务信息、财务信息、与银行业金融机构合作信息、违约信息、主要客户信息等，并逐步实现与相关行业信息资源共享。

# 附录一 《融资性担保公司管理暂行办法》及主要相关制度、政策

## 国务院办公厅转发银监会发展改革委等部门关于促进融资性担保行业规范发展意见的通知

（国办发〔2011〕30号）

各省、自治区、直辖市人民政府，国务院各部委、各直属机构：

银监会、发展改革委、工业和信息化部、财政部、商务部、人民银行、工商总局、法制办《关于促进融资性担保行业规范发展的意见》已经国务院同意，现转发给你们，请认真贯彻执行。

国务院办公厅

二〇一一年六月二十一日

## 关于促进融资性担保行业规范发展的意见

银监会　发展改革委　工业和信息化部　财政部

商务部　人民银行　工商总局　法制办

《国务院办公厅关于进一步明确融资性担保业务监管职责的通知》（国办发〔2009〕7号）印发以来，各地人民政府和国务院有关部门高度重视，制定完善政策法规，明确监管责任，推进规范整顿工作，取得了明显成效。但是，融资性担保行业基础薄弱，长期以来缺乏有效监管，存在机构规模小、资本不实、抵御风险能力不强等问题，一些担保机构从事非法吸收存款、非法集资和高利贷等活动，严重扰乱市场秩序，危害社会稳定，需要进一步采取措施予以规范。为贯彻“十二五”规划纲要要求，促进融资性担保行业规范发展，现提出以下意见：

**一、统一思想认识，明确目标定位**

（一）深入贯彻落实科学发展观，坚持规范与发展并重、市场主导和政府引导相结合，重点提高融资性担保机构为中小企业和“三农”服务的能力。

（二）融资性担保行业规范发展的总体目标是，加快推进融资性担保机构体系、法规制度体系、监管体系、扶持政策体系和行业自律体系建设。构建适度审慎、联动协调、科学有效的监管机制。加快培育公司治理完善、内部控制严密、风险管理有效、具有较强承保能力的融资性担保机构，逐步形成布局合理、适度竞争、规范有序、运行高效的融资性担保体系。

**二、推动行业建设，实现可持续发展**

（三）融资性担保机构要按照安全性、流动性、收益性原则，坚持以融资性担保业务为核心主业，稳妥开展非融资性担保业务。建立完善符合自身特点、市场化运作的可持续审慎经营模式，不断提高承保能力。要加强公司治理、内部控制和风险管理等方面的制度建设，完善信息披露制度，依法合规经营，提升融资性担保机构可持续发展能力。

（四）在有效控制风险的前提下，鼓励融资性担保机构积极开发新业务、新产品，提高服务质量和效率。鼓励融资性担保机构从事行业性、专业性担保业务，提高风险识别和管理能力，形成自身专业优势和独特竞争力。鼓励规模较大、实力较强的融资性担保机构在县域和西部地区设立分支机构或开展业务；鼓励县域内融资性担保机构加强对中小企业和“三农”的融资担保服务。积极鼓励民间资本和外资依法进入融资性担保行业，增强行业资本实力，促进市场竞争，满足多层次、多领域、差别化的融资担保需求。

（五）加强融资性担保行业自律组织建设，充分发挥行业协会在规范经营行为、加强自律管理、开展教育培训、实现行业信息共享等方面的重要作用。制定科学合理的人才培养、储备和使用规划，逐步完善融资性担保行业董事、监事、高级管理人员任职资格管理制度和从业人员资格认证制度，提高从业人员的职业道德和专业素质。

**三、完善扶持政策，优化外部环境**

（六）地方各级人民政府要立足本地实际，科学规划，按照市场原则合理布局，重点扶持经营管理较好、风险管控水平较高、有一定影响力的融资性担保机构的发展。制定完善扶持政策体系，加强扶持资金管理，落实对符合条件的融资性担保机构的财税优惠政策，建立扶优限劣的良性发展机制。要因地制宜，通过设立再担保机构等方式，综合运用资本注入、风险补偿和考核奖励等手段，建立完善风险补偿和分担机制，实现扶持与监管的有效衔接，提高融资性担保机构服务能力。

（七）有关部门要统筹协调各项财税扶持政策，不断完善扶持措施，加大扶持力度。银行业监管部门要督促银行业金融机构加强与融资性担保机构合作，创新业务模式，优化审贷流程，在责任明晰的前提下，有选择地与融资性担保机构开展长期、稳定、深入的业务合作，构建平等、互利、共赢的合作模式。征信管理部门要不断完善融资性担保征信管理制度，促进信息交流共享。银行业金融机构要为融资性担保机构依法查询、确认有关信息提供便利。

（八）有关部门和地方各级人民政府要认真落实抵（质）押相关制度，研究建立融资担保抵（质）押登记公示和查询平台；为担保债权的保护和追偿提供必要支持，维护融资性担保机构合法权益。

**四、健全监管机制，加强科学监管**

（九）融资性担保业务监管部际联席会议要加强对地方融资性担保机构监管工作的指导，建立健全对地方监管部门的履职评价制度，完善联席会议、地方监管部门等多方联动工作机制。建立完善以《融资性担保公司管理暂行办法》（中国银行业监督管理委员会令2010年第3号）为主体，协调配套的融资性担保法规制度体系。加强对政府出资设立或控股的融资性担保机构的监管，防止融资性担保风险转化为财政风险。加快建设标准统一的统计信息系统，提高行业统计分析工作水平。

（十）各省（区、市）人民政府要积极贯彻落实《融资性担保公司管理暂行办法》（中国银行业监督管理委员会令2010年第3号）及相关配套制度，加快建立健全本地区融资性担保相关规章制度。严格依法审批融资性担保机构，强化日常监管检查。地方各级人民政府要加强对融资性担保机构监管工作的组织领导，从人员、经费等方面保障地方监管部门有效履行职责，指导督促相关部门研究解决融资性担保行业发展与监管中的重大问题。地方监管部门要建立完善审慎有效的监管体制机制，加快建设融资性担保机构监管信息系统，完善监管手段，寓监管于服务中，提高监管有效性，防范系统性和区域性风险，推进融资性担保行业规范发展。

## 中国银行业监督管理委员会、中华人民共和国国家发展和改革委员会、中华人民共和国工业和信息化部、中华人民共和国财政部、中华人民共和国商务部、中国人民银行、国家工商行政管理总局令

（2010 年第 3 号）

为加强对融资性担保公司的监督管理，规范融资性担保行为，促进融资性担保行业健康发展，依据《中华人民共和国公司法》、《中华人民共和国担保法》、《中华人民共和国合同法》等法律规定，中国银行业监督管理委员会、中华人民共和国国家发展和改革委员会、中华人民共和国工业和信息化部、中华人民共和国财政部、中华人民共和国商务部、中国人民银行、国家工商行政管理总局制定了《融资性担保公司管理暂行办法》，经国务院批准，现予公布。自公布之日起施行。

| | |
|---|---|
| 中国银行业监督管理委员会主席 | 刘明康 |
| 中华人民共和国国家发展和改革委员会主任 | 张　平 |
| 中华人民共和国工业和信息化部部长 | 李毅中 |
| 中华人民共和国财政部部长 | 谢旭人 |
| 中华人民共和国商务部部长 | 陈德铭 |
| 中国人民银行行长 | 周小川 |
| 国家工商行政管理总局局长 | 周伯华 |

二〇一〇年三月八日

## 融资性担保公司管理暂行办法

### 第一章　总　　则

**第一条**　为加强对融资性担保公司的监督管理，规范融资性担保行为，促进融资性担保行业健康发展，根据《中华人民共和国公司法》、《中华人民共和国担保法》、《中华人民共和国合同法》等法律规定，制定本办法。

**第二条** 本办法所称融资性担保是指担保人与银行业金融机构等债权人约定，当被担保人不履行对债权人负有的融资性债务时，由担保人依法承担合同约定的担保责任的行为。

本办法所称融资性担保公司是指依法设立，经营融资性担保业务的有限责任公司和股份有限公司。

本办法所称监管部门是指省、自治区、直辖市人民政府确定的负责监督管理本辖区融资性担保公司的部门。

**第三条** 融资性担保公司应当以安全性、流动性、收益性为经营原则，建立市场化运作的可持续审慎经营模式。

融资性担保公司与企业、银行业金融机构等客户的业务往来，应当遵循诚实守信的原则，并遵守合同的约定。

**第四条** 融资性担保公司依法开展业务，不受任何机关、单位和个人的干涉。

**第五条** 融资性担保公司开展业务，应当遵守法律、法规和本办法的规定，不得损害国家利益和社会公共利益。

融资性担保公司应当为客户保密，不得利用客户提供的信息从事任何与担保业务无关或有损客户利益的活动。

**第六条** 融资性担保公司开展业务应当遵守公平竞争的原则，不得从事不正当竞争。

**第七条** 融资性担保公司由省、自治区、直辖市人民政府实施属地管理。省、自治区、直辖市人民政府确定的监管部门具体负责本辖区融资性担保公司的准入、退出、日常监管和风险处置，并向国务院建立的融资性担保业务监管部际联席会议报告工作。

## 第二章　设立、变更和终止

**第八条** 设立融资性担保公司及其分支机构，应当经监管部门审查批准。

经批准设立的融资性担保公司及其分支机构，由监管部门颁发经营许可证，并凭该许可证向工商行政管理部门申请注册登记。

任何单位和个人未经监管部门批准不得经营融资性担保业务，不得在名称中使用融资性担保字样，法律、行政法规另有规定的除外。

**第九条** 设立融资性担保公司，应当具备下列条件：

（一）有符合《中华人民共和国公司法》规定的章程。

（二）有具备持续出资能力的股东。

（三）有符合本办法规定的注册资本。

（四）有符合任职资格的董事、监事、高级管理人员和合格的从业人员。

（五）有健全的组织机构、内部控制和风险管理制度。

（六）有符合要求的营业场所。

（七）监管部门规定的其他审慎性条件。

董事、监事、高级管理人员和从业人员的资格管理办法由融资性担保业务监管部际联席会议另行制定。

**第十条** 监管部门根据当地实际情况规定融资性担保公司注册资本的最低限额，但不得低于人民币 500 万元。

注册资本为实缴货币资本。

**第十一条** 设立融资性担保公司，应向监管部门提交下列文件、资料：

（一）申请书。应当载明拟设立的融资性担保公司的名称、住所、注册资本和业务范围等事项。

（二）可行性研究报告。

（三）章程草案。

（四）股东名册及其出资额、股权结构。

（五）股东出资的验资证明以及持有注册资本 5% 以上股东的资信证明和有关资料。

（六）拟任董事、监事、高级管理人员的资格证明。

（七）经营发展战略和规划。

（八）营业场所证明材料。

（九）监管部门要求提交的其他文件、资料。

**第十二条** 融资性担保公司有下列变更事项之一的，应当经监管部门审查批准：

（一）变更名称。

（二）变更组织形式。

（三）变更注册资本。

（四）变更公司住所。

（五）调整业务范围。

（六）变更董事、监事和高级管理人员。

（七）变更持有 5% 以上股权的股东。

（八）分立或者合并。

（九）修改章程。

（十）监管部门规定的其他变更事项。

融资性担保公司变更事项涉及公司登记事项的，经监管部门审查批准后，按规定向工商行政管理部门申请变更登记。

**第十三条** 融资性担保公司跨省、自治区、直辖市设立分支机构的，应当征得该融资性担保公司所在地监管部门同意，并经拟设立分支机构所在地监管部门审查批准。

**第十四条** 融资性担保公司因分立、合并或出现公司章程规定的解散事由需要解散的，应当经监管部门审查批准，并凭批准文件及时向工商行政管理部门申请注销登记。

**第十五条** 融资性担保公司有重大违法经营行为，不予撤销将严重危害市场秩序、损害公众利益的，由监管部门予以撤销。法律、行政法规另有规定的除外。

**第十六条** 融资性担保公司解散或被撤销的，应当依法成立清算组进行清算，按照债务清偿计划及时偿还有关债务。监管部门监督其清算过程。

担保责任解除前，公司股东不得分配公司财产或从公司取得任何利益。

**第十七条** 融资性担保公司不能清偿到期债务，并且资产不足以清偿全部债务或者明显缺乏清偿能力的，应当依法实施破产。

## 第三章　业务范围

**第十八条** 融资性担保公司经监管部门批准，可以经营下列部分或全部融资性担保业务：

（一）贷款担保。

（二）票据承兑担保。

（三）贸易融资担保。

（四）项目融资担保。

（五）信用证担保。

（六）其他融资性担保业务。

**第十九条** 融资性担保公司经监管部门批准，可以兼营下列部分或全部业务：

（一）诉讼保全担保。

（二）投标担保、预付款担保、工程履约担保、尾付款如约偿付担保

等履约担保业务。

（三）与担保业务有关的融资咨询、财务顾问等中介服务。

（四）以自有资金进行投资。

（五）监管部门规定的其他业务。

**第二十条** 融资性担保公司可以为其他融资性担保公司的担保责任提供再担保和办理债券发行担保业务，但应当同时符合以下条件：

（一）近两年无违法、违规不良记录。

（二）监管部门规定的其他审慎性条件。

从事再担保业务的融资性担保公司除需满足前款规定的条件外，注册资本应当不低于人民币1亿元，并连续营业两年以上。

**第二十一条** 融资性担保公司不得从事下列活动：

（一）吸收存款。

（二）发放贷款。

（三）受托发放贷款。

（四）受托投资。

（五）监管部门规定不得从事的其他活动。

融资性担保公司从事非法集资活动的，由有关部门依法予以查处。

## 第四章 经营规则和风险控制

**第二十二条** 融资性担保公司应当依法建立健全公司治理结构，完善议事规则、决策程序和内审制度，保持公司治理的有效性。

跨省、自治区、直辖市设立分支机构的融资性担保公司，应当设两名以上的独立董事。

**第二十三条** 融资性担保公司应当建立符合审慎经营原则的担保评估制度、决策程序、事后追偿和处置制度、风险预警机制和突发事件应急机制，并制定严格规范的业务操作规程，加强对担保项目的风险评估和管理。

**第二十四条** 融资性担保公司应当配备或聘请经济、金融、法律、技术等方面具有相关资格的专业人才。

跨省、自治区、直辖市设立分支机构的融资性担保公司应当设立首席合规官和首席风险官。首席合规官、首席风险官应当由取得律师或注册会计师等相关资格，并具有融资性担保或金融从业经验的人员担任。

**第二十五条** 融资性担保公司应当按照金融企业财务规则和企业会计准则等要求，建立健全财务会计制度，真实地记录和反映企业的财务状况、经营成果和现金流量。

**第二十六条** 融资性担保公司收取的担保费，可根据担保项目的风险程度，由融资性担保公司与被担保人自主协商确定，但不得违反国家有关规定。

**第二十七条** 融资性担保公司对单个被担保人提供的融资性担保责任余额不得超过净资产的10%，对单个被担保人及其关联方提供的融资性担保责任余额不得超过净资产的15%，对单个被担保人债券发行提供的担保责任余额不得超过净资产的30%。

**第二十八条** 融资性担保公司的融资性担保责任余额不得超过其净资产的10倍。

**第二十九条** 融资性担保公司以自有资金进行投资，限于国债、金融债券及大型企业债务融资工具等信用等级较高的固定收益类金融产品，以及不存在利益冲突且总额不高于净资产20%的其他投资。

**第三十条** 融资性担保公司不得为其母公司或子公司提供融资性担保。

**第三十一条** 融资性担保公司应当按照当年担保费收入的50%提取未到期责任准备金，并按不低于当年年末担保责任余额1%的比例提取担保赔偿准备金。担保赔偿准备金累计达到当年担保责任余额10%的，实行差额提取。差额提取办法和担保赔偿准备金的使用管理办法由监管部门另行制定。

监管部门可以根据融资性担保公司责任风险状况和审慎监管的需要，提出调高担保赔偿准备金比例的要求。

融资性担保公司应当对担保责任实行风险分类管理，准确计量担保责任风险。

**第三十二条** 融资性担保公司与债权人应当按照协商一致的原则建立业务关系，并在合同中明确约定承担担保责任的方式。

**第三十三条** 融资性担保公司办理融资性担保业务，应当与被担保人约定在担保期间可持续获得相关信息并有权对相关情况进行核实。

**第三十四条** 融资性担保公司与债权人应当建立担保期间被担保人相关信息的交换机制，加强对被担保人的信用辅导和监督，共同维护双方的合法权益。

**第三十五条** 融资性担保公司应当按照监管部门的规定，将公司治理情况、财务会计报告、风险管理状况、资本金构成及运用情况、担保业务总体情况等信息告知相关债权人。

## 第五章 监督管理

**第三十六条** 监管部门应当建立健全融资性担保公司信息资料收集、整理、统计分析制度和监管记分制度，对经营及风险状况进行持续监测，并于每年6月底前完成所监管融资性担保公司上一年度机构概览报告。

**第三十七条** 融资性担保公司应当按照规定及时向监管部门报送经营报告、财务会计报告、合法合规报告等文件和资料。

融资性担保公司向监管机构提交的各类文件和资料，应当真实、准确、完整。

**第三十八条** 融资性担保公司应当按季度向监管部门报告资本金的运用情况。

监管部门应当根据审慎监管的需要，适时提出融资性担保公司的资本质量和资本充足率要求。

**第三十九条** 监管部门根据监管需要，有权要求融资性担保公司提供专项资料，或约见其董事、监事、高级管理人员进行监管谈话，要求就有关情况进行说明或进行必要的整改。

监管部门认为必要时，可以向债权人通报所监管有关融资性担保公司的违规或风险情况。

**第四十条** 监管部门根据监管需要，可以对融资性担保公司进行现场检查，融资性担保公司应当予以配合，并按照监管部门的要求提供有关文件、资料。

现场检查时，检查人员不得少于2人，并向融资性担保公司出示检查通知书和相关证件。

**第四十一条** 融资性担保公司发生担保诈骗、金额可能达到其净资产5%以上的担保代偿或投资损失，以及董事、监事、高级管理人员涉及严重违法、违规等重大事件时，应当立即采取应急措施并向监管部门报告。

**第四十二条** 融资性担保公司应当及时向监管部门报告股东大会或股东会、董事会等会议的重要决议。

**第四十三条** 融资性担保公司应当聘请社会中介机构进行年度审计，并将审计报告及时报送监管部门。

**第四十四条** 监管部门应当会同有关部门建立融资性担保行业突发事件的发现、报告和处置制度，制定融资性担保行业突发事件处置预案，明确处置机构及其职责、处置措施和处置程序，及时、有效地处置融资性担保行业突发事件。

**第四十五条** 监管部门应当于每年年末全面分析评估本辖区融资性担保行业年度发展和监管情况，并于每年 2 月底前向融资性担保业务监管部际联席会议和省、自治区、直辖市人民政府报告本辖区上一年度融资性担保行业发展情况和监管情况。

监管部门应当及时向融资性担保业务监管部际联席会议和省、自治区、直辖市人民政府报告本辖区融资性担保行业的重大风险事件和处置情况。

**第四十六条** 融资性担保行业建立行业自律组织，履行自律、维权、服务等职责。

全国性的融资性担保行业自律组织接受融资性担保业务监管部际联席会议的指导。

**第四十七条** 征信管理部门应当将融资性担保公司的有关信息纳入征信管理体系，并为融资性担保公司查询相关信息提供服务。

## 第六章 法律责任

**第四十八条** 监管部门从事监督管理工作的人员有下列情形之一的，依法给予行政处分；构成犯罪的，依法追究刑事责任：

（一）违反规定审批融资性担保公司的设立、变更、终止以及业务范围的。

（二）违反规定对融资性担保公司进行现场检查的。

（三）未依照本办法第四十五条规定报告重大风险事件和处置情况的。

（四）其他违反法律法规及本办法规定的行为。

**第四十九条** 融资性担保公司违反法律、法规及本办法规定，有关法律、法规有处罚规定的，依照其规定给予处罚；有关法律、法规未作处罚规定的，由监管部门责令改正，可以给予警告、罚款；构成犯罪的，依法追究刑事责任。

**第五十条** 违反本办法第八条第三款规定，擅自经营融资性担保业务的，由有关部门依法予以取缔并处罚；擅自在名称中使用融资性担保字样的，由监管部门责令改正，依法予以处罚。

## 第七章 附 则

**第五十一条** 公司制以外的融资性担保机构从事融资性担保业务参

照本办法的有关规定执行，具体实施办法由省、自治区、直辖市人民政府另行制定，并报融资性担保业务监管部际联席会议备案。

外商投资的融资性担保公司适用本办法，法律、行政法规另有规定的，依照其规定。

融资性再担保机构管理办法由省、自治区、直辖市人民政府另行制定，并报融资性担保业务监管部际联席会议备案。

**第五十二条** 省、自治区、直辖市人民政府可以根据本办法的规定，制定实施细则并报融资性担保业务监管部际联席会议备案。

**第五十三条** 本办法施行前已经设立的融资性担保公司不符合本办法规定的，应当在2011年3月31日前达到本办法规定的要求。具体规范整顿方案，由省、自治区、直辖市人民政府制定。

**第五十四条** 本办法自公布之日起施行。

# 融资性担保业务监管部际联席会议关于认真贯彻落实《融资性担保公司管理暂行办法》的通知

（融资担保发〔2010〕1号）

各省、自治区、直辖市人民政府办公厅：

经国务院批准，银监会、发展改革委、工业和信息化部、财政部、商务部、人民银行、工商总局于2010年3月8日，以联合部门规章的形式公布了《融资性担保公司管理暂行办法》（以下简称《办法》）。《办法》的制定和公布实施，对于加强融资性担保业务监督管理，防范化解融资性担保业务风险，促进融资性担保业健康发展，具有十分重要的意义。为全面、准确地理解和执行《办法》，现就有关事项通知如下：

## 一、高度重视《办法》的贯彻落实工作，全面推进融资性担保机构审慎监管

《办法》是根据国务院领导同志的指示，针对当前融资性担保业务经营管理和风险状况，从促进融资性担保业规范发展的需要出发，经征求各省、自治区、直辖市人民政府意见，反复研究论证制定的，对于促进融资性担保业的规范经营和可持续发展必将产生现实和长远的积极影响。各省（区、市）监管部门要切实提高思想认识，加强组织领导，高度重视《办法》的贯彻落实工作，把贯彻落实《办法》作为当前和今后一个时期监管工作的中心任务，进一步完善监管体制机制，落实监管责任，加大监管力度，建立监管长效机制。要牢固树立审慎经营、审慎监管理念，结合本地区实际，厘清工作思路，制定监管计划，把握工作重点，全力推进融资性担保机构的监管和发展。

## 二、加强《办法》的宣传培训，形成有利于《办法》贯彻落实的氛围

各省（区、市）监管部门要认真学习领会《办法》确定的融资性担保机构经营原则、市场准入、业务范围、经营规则、风险控制和监管职责要求，提高把握政策、实施有效监管的能力。要认真组织辖内融资性担保机构开展多种形式的学习培训，促使担保从业人员特别是高管人员

正确理解、深刻领会制定《办法》的目的和相关规定，不断提高职业操守和专业素质，自觉增强风险为本、依法合规经营的意识和能力，促进融资性担保机构尽快步入健康发展的良性轨道。要采取适当的形式，开展《办法》的宣传教育工作，通过电视、广播、报刊以及内部工作信息等有效手段，创造有利于《办法》贯彻落实的良好舆论氛围。

## 三、抓紧研究制定《办法》实施细则，逐步建立健全监管制度体系

各省（区、市）监管部门要按照《办法》的有关原则和要求，紧密结合本地区实际情况，抓紧研究制定《办法》实施细则，按照“全面统筹，突出重点，先易后难，急用先行”的原则，制定与融资性担保机构审慎经营规则相配套的制度办法，尽快建立行业统计、重大风险报告、应急管理、信息披露、公司治理和内部控制等制度体系，认真抓好组织实施工作。要进一步细化准入监管的审批条件和程序，制定以动态监测分析风险为主要内容的非现场监管制度和现场检查制度，规范监管方式、方法及手段，不断提高审慎监管能力和水平。

## 四、全面摸清风险底数，抓紧实施规范整顿工作

根据《办法》的规定：本办法施行前已经设立的融资性担保公司不符合本办法规定的，应当在 2011 年 3 月 31 日前达到本办法规定的要求。现有融资性担保机构的规范整顿工作政策性强、涉及面广、敏感度高、工作难度大，关系到维护正常经济金融秩序和社会稳定的大局。各省（区、市）监管部门要高度重视，把贯彻落实《办法》与促进融资性担保机构改革创新和重组改造结合起来，以规范促改革、以改革促发展，扎实推进规范整顿工作，确保规范整顿工作取得实实在在的成效。

要认真组织调查摸底工作，全面摸清风险底数。重点摸清本地区融资性担保机构的数量、分布、业务开展、风险状况以及存在的主要问题等基本情况，为制定规范整顿方案提供有效依据。有关汇总情况请于 2010 年 4 月底前报融资性担保业务监管部际联席会议（以下简称部际联席会议）办公室。

要深入分析本地区融资性担保机构经营管理情况和风险状况，认真制定规范整顿的总体方案和针对单体机构的具体方案，区别不同情况，实施分别处置。要针对融资性担保机构注册资本不实、违法违规经营、

拨备缺口大、法人治理和内部控制薄弱、审慎性指标不符合监管要求等突出问题进行规范，限期整改。要针对融资性担保机构的不同经营情况和风险状况，分别制定差别化的规范整顿措施，采取保留、重组、解散、撤销、破产等方式进行分别处置，着力优化融资性担保机构结构，提升融资性担保业务发展质量。要加强对问题突出、风险较大的融资性担保机构规范整顿工作的协调指导，及时妥善处置单体机构风险，确保不发生系统性风险。对既达不到《办法》规定的要求，又偏离担保主业、打着担保旗号从事高风险投资并且风险隐患特别突出的融资性担保机构，要坚决实施市场退出，净化担保市场环境。要依法查处虚假出资、抽逃出资、非法集资、高息借贷等违法违规行为，切实做好核实资本和财务状况工作，依法保护债权人权益。对在规定期限内达到《办法》规定条件的融资性担保机构，有关部门要重新确认登记。对未经批准擅自经营融资性担保业务或擅自在名称中使用融资性担保字样的有关机构，要依法予以取缔或责令改正，并依法予以处罚。

要加强组织领导，积极稳妥推进。请各省、自治区、直辖市人民政府成立由省级领导挂帅的规范整顿领导小组，明确相关部门的工作职责，加强协调配合，做好宣传动员和舆论引导工作，密切关注社会不稳定因素，加强应急管理，维护社会稳定，确保规范整顿各项工作顺利推进。在规范整顿工作中发现的紧急情况和重大问题，要及时报告部际联席会议。规范整顿工作结束后，要及时向部际联席会议提交总结报告。部际联席会议办公室将适时对各地的规范整顿工作进行调研指导。

### 五、加大政策扶持力度，为融资性担保业健康发展创造良好的外部环境

各地要以贯彻落实《办法》为契机，结合本地区经济金融和融资性担保机构发展的具体情况，认真研究制定促进融资性担保业健康稳步发展的政策措施。要加大有关财政补贴、税收优惠政策扶持力度，积极拓宽资本金补充渠道，完善抵（质）押登记和征信管理体系，推进企业信息共享，强化社会信用意识，提高担保抵（质）押登记、债务追偿效率。要努力提高扶持政策的针对性和有效性，着力扶持一批信誉好、资本实力强、经营管理规范、风险管控水平高的融资性担保机构做大做强做优，逐步提高行业竞争能力。要积极推动银行业金融机构与融资性担保机构的业务合作，探索创新合作方式，努力建立双方“风险共担、利益共享”的合作机制，形成中小企业、融资性担保机构和银行业金融机构之间相

互合作、共同发展的充满生机和活力的良好局面。

未确定监管部门的省、自治区、直辖市，请尽快确定本地区融资性担保机构的监管部门，并报告部际联席会议。

融资性担保业务监管部际联席会议

二〇一〇年三月十七日

# 中国银行业监督管理委员会令

（2010 年第 6 号）

《融资性担保公司董事、监事、高级管理人员任职资格管理暂行办法》已于2010 年7 月23 日经融资性担保业务监管部际联席会议第三次会议审议通过，现予公布，自公布之日起施行。

主 席：刘明康

二〇一〇年九月二十七日

# 融资性担保公司董事、监事、高级管理人员任职资格管理暂行办法

## 第一章 总 则

**第一条** 为加强对融资性担保公司董事、监事、高级管理人员的任职资格管理，促进融资性担保行业合法、稳健运行，根据《中华人民共和国公司法》、《融资性担保公司管理暂行办法》等有关规定，制定本办法。

**第二条** 本办法所称董事是指融资性担保公司的董事长、副董事长、独立董事和其他董事会成员。

本办法所称监事是指融资性担保公司的监事长、副监事长和其他监事会成员。

本办法所称高级管理人员是指融资性担保公司的总经理、副总经理、首席风险官、首席合规官、财务负责人以及其他对公司经营管理具有决策权或者对公司风险控制起重要作用的人员。

未担任前三款所列职务或虽称谓不同，但实际履行董事、监事、高级管理人员职责的人员，应当纳入本办法的任职资格管理。

融资性担保公司分支机构总经理的任职资格管理适用本办法关于高级管理人员的有关规定。

**第三条** 担任融资性担保公司董事、监事、高级管理人员，应当报经监管部门核准任职资格。

**第四条**　本办法所称监管部门是指省、自治区、直辖市人民政府确定的负责监督管理本辖区融资性担保公司的部门。

## 第二章　董事、监事、高级管理人员任职资格条件

**第五条**　融资性担保公司董事、监事、高级管理人员应当具备以下条件：

（一）具有完全民事行为能力；

（二）遵纪守法，诚实守信，勤勉尽职，具有良好的职业操守、品行和声誉；

（三）熟悉经济、金融、担保的法律法规，具有良好的合规意识和审慎经营意识；

（四）具备与拟任职务相适应的知识、经验和能力。

**第六条**　下列人员不得担任融资性担保公司董事、监事、高级管理人员：

（一）有故意或重大过失犯罪记录的；

（二）因违反职业操守或者工作严重失职给所任职的机构造成重大损失或者恶劣影响的；

（三）最近五年担任因违法经营而被撤销、接管、合并、宣告破产或者吊销营业执照的机构的董事、监事、高级管理人员，并负有个人责任的；

（四）曾在履行工作职责时有提供虚假信息等违反诚信原则行为，或指使、参与所任职机构对抗依法监管或案件查处，情节严重的；

（五）被取消董事、监事、高级管理人员任职资格或禁止从事担保或金融行业工作的年限未满的；

（六）提交虚假申请材料或明知不具备本办法规定的任职资格条件，采用欺骗、贿赂等不正当手段获得任职资格核准的；

（七）个人或配偶有数额较大的到期未偿还债务的；

（八）法律、法规规定的其他情形。

**第七条**　独立董事拟任人除符合本办法第五条、第六条规定外，还应当是法律、经济、金融、财会或担保方面的专业人士，并不得与拟任职的融资性担保公司存在利益冲突。

**第八条**　融资性担保公司高级管理人员应从事担保或金融工作三年以上，或从事相关行业工作五年以上。

融资性担保公司高级管理人员应当了解所任职务的职责，熟悉任职

公司的管理框架、盈利模式，熟知任职公司的内控制度，具备与所任职务相适应的风险管理能力。

融资性担保公司高级管理人员不得在其他经济组织兼职，经监管部门同意的除外。

## 第三章　董事、监事、高级管理人员任职资格的管理

**第九条**　融资性担保公司申请核准董事、监事、高级管理人员任职资格，应当将下列申请材料报送监管部门：

（一）申请人授权签字人签署并加盖公章的致监管部门的申请书。申请书应当说明拟任人拟任的职务、职责、权限，以及该职务在公司组织结构中的位置。

（二）拟任人身份证明、学历证明的复印件，拟任人简历和未来履职计划。

（三）由拟任人签署的陈述书和任职之后将守法尽责的承诺书。陈述书应当包括拟任人无犯罪或其他不良行为记录，拟任人或其配偶无数额较大的到期未偿还债务，拟任人与拟担任职务不存在利益冲突等内容。

（四）法律、行政法规或公司章程规定任命董事、监事、高级管理人员应召开股东（大）会或董事会会议的，应当报送相应的会议决议。

（五）监管部门要求的其他材料。

**第十条**　监管部门可以约见董事、监事、高级管理人员拟任人进行任职前谈话或考试，对拟任人的资格进行审查。

**第十一条**　融资性担保公司或其分支机构新设立时，董事、监事、高级管理人员任职资格核准申请可以与该机构设立申请一并受理、审查并决定。

**第十二条**　跨省、自治区、直辖市的融资性担保公司分支机构总经理的任职资格，由分支机构所在地监管部门负责核准，并由总公司向其住所地监管部门备案。

**第十三条**　融资性担保公司的董事、监事、高级管理人员拟任人在监管部门核准其任职资格前不得履职。

## 第四章　附　　则

**第十四条**　公司制以外的融资性担保机构中实际履行董事、监事和高级管理人员职责的人员的任职资格管理参照本办法执行。

**第十五条**　省、自治区、直辖市融资性担保机构监管部门可以根据

本办法的规定，制定实施细则。

**第十六条** 本办法颁布前已担任融资性担保公司董事、监事、高级管理人员的，应当向监管部门重新确认其任职资格。不具备本办法规定的资格条件但具备实际履职能力的，经监管部门考核认定后可以取得任职资格，具体认定办法由各省、自治区、直辖市融资性担保机构监管部门制定。

**第十七条** 本办法自公布之日起施行。

# 中国银监会关于印发《融资性担保机构重大风险事件报告制度》的通知

（银监发〔2010〕75号）

各省、自治区、直辖市融资性担保机构监管部门：

《融资性担保机构重大风险事件报告制度》已经2010年7月23日融资性担保业务监管部际联席会议（以下简称联席会议）审议通过，现印发给你们，并就相关事项通知如下：

一、各地监管部门要认真落实《融资性担保机构重大风险事件报告制度》，高度重视重大风险事件的报告工作。要根据本制度规定和辖内实际情况，研究制定重大风险事件报告机制、应急管理机制和问责制度的实施方案，切实加强组织领导，确保相关工作落到实处。各地监管部门主要负责人为本辖区融资性担保机构重大风险事件报告和应急管理工作的第一责任人。

二、各地监管部门要进一步完善重大风险事件应急管理机制。在及时、准确、全面报告重大风险事件的同时，及时启动应急处置预案，科学配置资源，会同相关部门建立重大风险事件的协调处置机制，妥善处理各类重大风险事件，切实维护金融秩序和社会稳定，坚决避免系统性风险的发生。

三、请各地监管部门将本通知转发至辖内融资性担保机构，并做好督导检查工作。

二〇一〇年九月六日

## 融资性担保机构重大风险事件报告制度

**第一条** 为及时掌握融资性担保机构重大风险事件情况，切实加强对重大风险事件的应急管理，防止重大风险事件对融资性担保业造成冲击，避免单体风险转化为系统性风险，根据《融资性担保公司管理暂行办法》，制定本制度。

**第二条** 本制度所称监管部门是指由省、自治区、直辖市人民政府确定的负责监督管理本辖区融资性担保机构的部门。

**第三条** 本制度所称融资性担保机构是指依法设立的经营融资性担保业务的公司制和公司制以外的担保机构及其分支机构。

**第四条** 本制度所称重大风险事件是指可能严重危及融资性担保机构正常经营、偿付能力和资信水平，影响地区金融秩序和社会稳定的事件。

**第五条** 融资性担保机构重大风险事件报告和应急管理工作实行属地管理。监管部门负责本辖区的融资性担保机构重大风险事件报告和应急管理工作。

**第六条** 监管部门应建立职责关系明确、报告路线清晰、反应及时有效的重大风险事件报告机制、应急管理机制和问责制度。

监管部门主要负责人对本辖区的融资性担保机构重大风险事件报告和应急管理工作负责；监管部门应指定专人专岗具体负责重大风险事件的接报、上报和应急管理工作。

**第七条** 融资性担保机构应在重大风险事件发生后及时向监管部门报告简要情况，24 小时内报告具体情况。融资性担保机构应报告的重大风险事件具体包括以下情形：

（一）融资性担保机构引发群体事件的；

（二）融资性担保机构发生担保诈骗、金额可能达到其净资产 5% 以上的担保代偿或投资损失的；

（三）融资性担保机构重大债权到期未获清偿致使其流动性困难，或已无力清偿到期债务的；

（四）融资性担保机构主要资产被查封、扣押、冻结的；

（五）融资性担保机构因涉嫌违法违规被行政机关、司法机关立案调查的；

（六）发现融资性担保机构主要出资人虚假出资、抽逃出资或主要出资人对公司造成其他重大不利影响的；

（七）3 个月内，融资性担保机构董事会、监事会或高级管理层中有二分之一以上辞职的；

（八）融资性担保机构主要负责人失踪、非正常死亡或丧失民事行为能力的，或被司法机关依法采取强制措施的；

（九）监管部门要求报告的其他情况。

**第八条** 监管部门应对本辖区发生的融资性担保机构重大风险事件的性质、事态变化和风险程度及时做出判断，对可能影响地区金融秩序和社会稳定的重大风险事件，应在事件发生 24 小时内，向所在省、自治区、直辖市人民政府和联席会议进行报告。监管部门应报告的重大风险事件具体包括以下情形：

（一）融资性担保机构引发群体事件的；

（二）注册资本5 000万元人民币以上，或融资性担保责任余额5亿元人民币以上的融资性担保机构破产、解散或被撤销的；

（三）融资性担保机构发生重大担保诈骗、担保代偿或投资损失，可能危及金融秩序或引发系统性风险的；

（四）其他可能危及金融秩序、影响社会稳定或引发系统性风险的情况。

报告内容包括重大风险事件的简要情况、可能产生的风险、已采取和拟采取的应急措施。

**第九条** 监管部门应在第八条所列重大风险事件处置完毕的20个工作日内，将事件的整体处置情况报告所在省、自治区、直辖市人民政府和联席会议。

**第十条** 监管部门应依据本制度和当地实际情况建立重大突发风险事件应急管理机制。

监管部门应制定重大突发风险事件应急管理预案，明确应急管理岗位及其职责、应急管理措施和应急管理程序，及时、有效地处置重大突发风险事件，保护债权人和其他相关利益人合法权益，有效维护社会稳定，防止系统性风险的发生。

**第十一条** 监管部门应会同相关部门建立融资性担保机构重大风险事件的协调处置机制，确保本辖区发生融资性担保机构重大风险事件时，能够及时、有效地进行处置。

**第十二条** 对可能影响地区金融秩序和社会稳定的重大风险事件，监管部门应依照法律、法规和政府信息公开制度的有关规定，及时、准确地公开重大风险事件的相关信息。

**第十三条** 监管部门应建立融资性担保机构重大风险事件报告和应急管理的问责制度，对故意迟报、瞒报、谎报真实情况的融资性担保机构及其主要负责人，给予相应处理。

**第十四条** 本制度自发布之日起施行。

# 中国银监会关于印发《××省（自治区、直辖市）融资性担保行业××××年度发展与监管情况报告》和《××机构概览》编写说明的通知

（银监发〔2010〕76号）

各省、自治区、直辖市融资性担保机构监管部门：

为贯彻落实《融资性担保公司管理暂行办法》的有关要求，规范融资性担保行业年度发展与监管情况报告和融资性担保机构机构概览的编写工作，融资性担保业务监管部际联席会议（以下简称联席会议）办公室研究拟订了《××省（自治区、直辖市）融资性担保行业××××年度发展与监管情况报告》和《××机构概览》（以下简称《年度情况报告》、《机构概览》）的编写说明，并已经2010年7月23日联席会议审议通过，现印发给你们。现就做好《年度情况报告》和《机构概览》编写工作的有关事宜通知如下：

## 一、高度重视《年度情况报告》和《机构概览》编写工作

《年度情况报告》是辖区融资性担保行业年度发展情况与监管工作成效的总结报告。编写《年度情况报告》，对于掌握融资性担保行业的经营管理情况，分析研究存在的风险和突出问题，制定和完善配套制度与扶持政策，不断提高监管有效性，防控系统性风险，促进行业健康稳定发展具有重要意义。《机构概览》是融资性担保机构经营管理与监管有关基本情况的历史记录，是监管部门分析评价单体机构风险状况、改进监管工作的重要依据。各地监管部门要高度重视《年度情况报告》和《机构概览》的编写工作，建立健全工作制度，认真抓好落实工作。

## 二、认真编写《年度情况报告》，及时报送

各地监管部门要按照《融资性担保公司管理暂行办法》有关规定，于每年年底认真做好本年度工作总结，全面分析评估本辖区融资性担保行业年度发展情况和监管工作情况，加强对重大问题的研究，规划好下一年度的监管工作。每年2月底前各地监管部门应以书面形式及时向部际联席会议和省、自治区、直辖市人民政府报送本辖区《年度情况报告》。同时，将《年度情况报告》电子文档通过当地银监局经银监会内网

转报部际联席会议。

## 三、认真编写《机构概览》，及时归档

各地监管部门要认真分析每家融资性担保机构的年度报告和日常经营管理状况，结合非现场监管和现场检查情况，分析评价其经营管理的规范性和稳健性，实事求是地评估已实施监管措施的成效，拟订切实有效的监管工作计划及监管措施。要按照《融资性担保公司管理暂行办法》有关规定，于每年 6 月底前完成所监管各融资性担保机构上一年度《机构概览》的编写、更新和存档工作。根据工作需要，各地监管部门要将已与银行业金融机构开展业务合作的融资性担保机构的《机构概览》及时抄送所在省、自治区、直辖市银监局及人民银行分支机构。

## 四、认真做好本辖区融资性担保业务的分析研究工作

各地监管部门和各银监局要结合日常监管掌握的情况，从不同角度加强对本地区融资性担保业务的分析，建立信息共享机制，准确把握风险动态，积极向有关部门提出意见和建议，努力推进银行业金融机构与融资性担保机构之间的业务合作，加强监管联动，不断促进本辖区融资性担保行业的健康稳定发展。

附件：1.《××省（自治区、直辖市）融资性担保行业××××年度发展与监管情况报告》编写说明

2.《××机构概览》编写说明

二〇一〇年九月六日

附件 1

# 《××省（自治区、直辖市）融资性担保行业××××年度发展与监管情况报告》编写说明

《××省（自治区、直辖市）融资性担保行业××××年度发展与监管情况报告》是监管部门对本辖区融资性担保行业年度发展整体情况与监管工作成效的综述材料，应包括但不限于以下内容：

**一、基本情况**

（一）融资性担保行业发展简况。

机构、从业人员、业务规模与结构（包括县（市）级区域机构业务情况的专项说明）及其变化情况。

（二）融资性担保机构与银行业金融机构合作情况。

（三）融资性担保机构落实产业政策情况。

对中小企业的支持情况（通过调查取得户数、金额等数据）；对“三农”经济的支持情况（通过调查取得户数、金额等数据）；对高新技术产业的支持情况（通过调查取得户数、金额等数据）。

（四）政府部门对中小企业融资性担保业务的扶持情况。

**二、行业经营与管理情况**

（一）行业资产负债与盈利情况。

规模与结构、主要经营指标（如平均的资本利润率、资产利润率、成本收入比、资产负债率等）分析。

（二）公司治理总体情况。

股东会、董事会、监事会及高级管理层等组织架构总体建设情况，董事会、监事会及高级管理层的履职情况，以及人员培训情况。可对总体情况及分类情况作分析说明，并可举事例说明。

（三）内部控制与风险管理。

简述并评估机构业务政策与流程的健全性、风险识别与监测的充分性、风险控制与处置措施的适当性、内外部审计的独立性与有效性，合规经营情况，以及管理信息系统的建设情况。可对总体情况及分类情况作分析说明，并可举事例说明。

（四）市场开发与成本控制。

产品与服务创新情况，本辖区发展较好的新业务开办和管理情况；担保费率收取的水平；市场营销状况；机构经营管理成本变化与财务管理情况。可对总体情况及分类情况作分析说明，并可举事例说明。

（五）融资性担保行业协会活动情况。

**三、行业风险情况**

（一）资本与拨备的充足性。

机构资本金数额及运用情况，风险拨备提取的充足性，融资性担保放大倍数分析，资本需求预估及资本增补计划可行性。可对总体情况及分类情况作分析说明，并可举事例说明。

（二）信用风险。

机构信用风险水平，客户、行业、区域等集中度分析，反担保措施对信用风险的缓释情况，代偿、损失与追偿情况（融资性担保代偿率、融资性担保损失率分析），风险补偿情况，信用风险管理的适当性分析。可对总体情况及分类情况作分析说明，并可举事例说明。

（三）流动性风险。

机构表内外资产负债期限匹配情况、机构及辖区流动性管理策略及应急管理预案的适当性评价。可对总体情况及分类情况作分析说明，并可举事例说明。

（四）市场风险。

机构承担的市场风险头寸及水平，市场风险管理的适当性评价。可对总体情况及分类情况作分析说明，并可举事例说明。

（五）操作及合规风险。

内控制度的健全性与执行力评价。可对总体情况及分类情况作分析说明，并可举事例说明。

合规、投诉与涉诉情况及其影响。可对总体情况及分类情况作分析说明，并可举事例说明。

（六）其他风险。

**四、总体情况评估**

对年度本省（自治区、直辖市）融资性担保行业的公司治理、内部控制和风险管理情况进行全面评价。

归纳年度本省（自治区、直辖市）融资性担保行业在改革与发展中取得的主要成绩与存在的主要问题，并分析其原因。

**五、发展政策与监管措施成效分析**

（一）政策措施的制定实施情况。

国家有关政策和法律法规、规章制度、规范性文件等落实情况；本地区政策、制度制定实施情况。

（二）市场准入、退出及日常监管工作开展情况。

非现场监管情况，现场检查工作开展情况与效果评估，风险提示情况。

（三）重大风险事件处置、信息披露情况。

**六、本省（自治区、直辖市）融资性担保机构、业务发展趋势及监管安排**

分析本省（自治区、直辖市）融资性担保机构、业务、风险与问题发展态势，提出下一年度监管工作思路与工作重点，并简述监管措施计划。

**七、政策建议**

结合监管工作中遇到的突出问题，对完善融资性担保体系建设、监管及扶持政策、相关制度建设等方面提出意见和建议。

附件2

## 《××机构概览》编写说明

《××机构概览》是融资性担保机构经营管理与监管有关基本情况的历史记录，是监管部门分析评价单体机构风险状况、改进监管工作的重要依据。《××机构概览》的内容主要是：全面扼要地描述融资性担保机构的经营管理情况，分析其存在的主要风险和突出问题，评估已实施监管措施的成效，确立下一步的监管计划。《××机构概览》由监管部门对本辖区列为监管对象的融资性担保机构逐个进行编写，并按年度及时予以更新，包括但不限于以下内容：

**一、融资性担保机构年度基本情况**

摘录融资性担保机构年度报告和重大事项临时报告的主要内容。

**二、对融资性担保机构的总体分析评价**

（一）发展的稳健性；

（二）公司治理的合理性；

（三）内部控制和风险管理的健全性与有效性、经营的合规性；

（四）信息披露的准确性、及时性与完整性；

（五）资本及准备金的充足性；

（六）机构主要风险点及突出的问题。

**三、已采取监管措施的成效及后续监管计划**

（一）主要监管措施与取得的效果；

（二）后续监管计划的要点。

# 中国银监会关于印发《融资性担保机构经营许可证管理指引》的通知

（银监发〔2010〕77号）

各省、自治区、直辖市融资性担保机构监管部门：

《融资性担保机构经营许可证管理指引》已经2010年7月23日融资性担保业务监管部际联席会议审议通过，现印发给你们，请结合实际贯彻执行。

请将本通知转发至辖内融资性担保机构。

二○一○年九月六日

## 融资性担保机构经营许可证管理指引

**第一条** 为规范监管部门对融资性担保机构经营许可证的管理，促进融资性担保机构依法经营，维护融资性担保市场秩序，根据《融资性担保公司管理暂行办法》等有关规定，制定本指引。

**第二条** 本指引所称监管部门是指省、自治区、直辖市人民政府确定的负责监督管理本辖区融资性担保机构的部门。

本指引所称融资性担保机构是指依法设立的经营融资性担保业务的公司制和公司制以外的担保机构及其分支机构。

**第三条** 本指引所称融资性担保机构经营许可证是指监管部门依法颁发的特许融资性担保机构经营融资性担保业务的法律文件。

融资性担保机构经营许可证的颁发、换发、注销等由监管部门依法办理。

**第四条** 融资性担保机构依法取得融资性担保机构经营许可证后，方可向有登记管辖权的工商行政管理部门等登记机关申请办理注册登记。

**第五条** 各省、自治区、直辖市监管部门结合监管工作实际，按照依法、公开、高效的原则确定本辖区融资性担保机构经营许可证的管理方式。

融资性担保机构跨省、自治区、直辖市设立的分支机构，由分支机

构所在地监管部门颁发、换发、注销经营许可证。

**第六条** 融资性担保机构经营许可证机构编码第一位为省、自治区、直辖市名称简称，其他编码由省、自治区、直辖市监管部门统一编制，并实行机构编码终身制。

融资性担保机构经营许可证如遗失或损坏，申请换发经营许可证时，原机构编码继续沿用。

融资性担保机构经营许可证如被注销，该机构编码自动作废，不再使用。

**第七条** 融资性担保机构经营许可证应载明下列内容：

（一）机构名称；

（二）注册资本；

（三）业务范围；

（四）营业地址（住所或分支机构所在地）；

（五）机构编码；

（六）发证机关及公章（监管部门及公章）；

（七）有效期限；

（八）颁发日期。

**第八条** 融资性担保机构经营许可证有效期限为5年。

融资性担保机构经营许可证有效期限届满，需要延续的，应提前90日向发证机关提出延续申请，换发新的融资性担保机构经营许可证。不再延续的，应提前90日向发证机关报告，注销融资性担保机构经营许可证，并做好善后工作。

**第九条** 融资性担保机构设立、变更、终止，应经监管部门许可后颁发、换发或缴回经营许可证。

**第十条** 融资性担保机构向监管部门申请领取融资性担保机构经营许可证时，应提供下列材料：

（一）监管部门的批准文件；

（二）融资性担保机构（筹建）介绍信；

（三）经办人员的合法有效身份证明；

（四）监管部门要求的其他材料。

**第十一条** 融资性担保机构经营许可证遗失、损坏或载明内容变更的，应向监管部门申请换发经营许可证。

经营许可证遗失的，融资性担保机构应在监管部门指定的网站或公开发行的报纸上声明旧证作废，重新申请领取新证。

经营许可证损坏的，融资性担保机构应在重新申请领取新证后缴回旧证。

经营许可证载明内容变更的，融资性担保机构应将旧证缴回发证机关，并持本指引第十条规定的材料重新申请领取新证。

**第十二条** 监管部门根据行政许可决定需向融资性担保机构颁发、换发经营许可证的，应自作出行政许可决定之日起 10 个工作日内向申请人颁发、换发经营许可证。

**第十三条** 融资性担保机构被注销经营许可证的，应在收到监管部门有关文件、法律文书或人民法院宣告破产裁定书之日起 15 个工作日内，办理经营许可证注销手续并将经营许可证缴回发证机关。逾期不缴回的，由发证机关及时依法收缴。融资性担保机构被注销经营许可证的情形包括：

（一）融资性担保机构经营许可被撤销的；

（二）融资性担保机构经营许可被撤回的；

（三）融资性担保机构解散的；

（四）融资性担保机构破产的；

（五）融资性担保机构被撤销的；

（六）融资性担保机构经营许可证有效期限届满不再延续的；

（七）监管部门规定的其他情形。

**第十四条** 颁发或换发经营许可证，融资性担保机构应在监管部门指定的网站或公开发行的报纸上进行公告。

融资性担保机构经营许可证被注销的，监管部门应在网站或公开发行的报纸上进行公告。

公告的具体内容应包括：机构名称、注册资本、业务范围、营业地址（住所或分支机构所在地）、机构编码、有效期限、邮政编码、联系电话。

**第十五条** 融资性担保机构经营许可证应在营业场所的显著位置公示。

**第十六条** 融资性担保机构经营许可证由融资性担保业务监管部际联席会议办公室统一印制。

**第十七条** 监管部门应加强融资性担保机构经营许可证的信息管理，建立完善的机构管理档案系统，依法披露融资性担保机构经营许可证的有关信息。

**第十八条** 监管部门应按照融资性担保机构经营许可证编码方法打

印融资性担保机构经营许可证，经营许可证加盖监管部门的单位公章方具效力。

**第十九条** 监管部门应将融资性担保机构经营许可证作为重要凭证专门管理，建立经营许可证颁发、换发、注销、收缴、销毁登记制度。

监管部门对于融资性担保机构经营许可证管理过程中产生的废证、收回的旧证、依法注销和缴回的经营许可证，应加盖“作废”章，作为重要凭证专门归档，定期销毁。

**第二十条** 本指引自发布之日起施行。

附件：1.《中华人民共和国融资性担保机构经营许可证》式样

2.《中华人民共和国融资性担保机构经营许可证》编写说明

附件 1

中华人民共和国
融资性担保机构经营许可证（式样）

机　构　名　称：
注　册　资　本：
业　务　范　围：

营　业　地　址：
机　构　编　码：
发　证　机　关：
有　效　期　限：
NO　00000000　　　　年　月　日（公章）

附件 2

# 《中华人民共和国融资性担保机构经营许可证》填写说明

一、机构名称：全称填写。字体为宋体，字号为 28 号。

如：××省××担保有限公司。

二、注册资本：资本金额用汉字大写填列。字体为宋体，字号为 20 号。

如：叁亿捌仟伍佰壹拾陆万元人民币。

三、业务范围：以监管部门批准文件所列经营范围为准。字体为宋体，字号为 20 号。

如：融资性担保业务：贷款担保、票据承兑担保、……。

监管部门批准的其他业务：诉讼保全担保，投标担保、……。

四、营业地址：住所或分支机构所在地，以机构主要办公场所所在地为准。字体为宋体，字号为 20 号。

如：××省××市××区××路（街）××号。

五、机构编码：第一位编码为省、自治区、直辖市名称简称，其他编码由省、自治区、直辖市监管部门统一编制。字体为宋体，字号为 20 号。

如：北京市融资性担保机构经营许可证机构编码为“京××××××××××”；河北省融资性担保机构经营许可证机构编码为“冀××××××××××”；内蒙古自治区融资性担保机构经营许可证机构编码为“蒙××××××××××”。

六、发证机关：监管部门。字体为宋体，字号为 20 号。

如：××市金融工作局；××省人民政府金融工作办公室；××省经济和信息化委员会；××省中小企业局；××省财政厅。

七、有效期限：按公历、汉字小写填列。

如：至二〇一五年三月二十日。

八、年月日（公章）：按公历、阿拉伯数字填写，以发证日期为准，并加盖监管部门公章。字体为宋体，字号为 20 号。

如：2010 年 11 月 23 日。

九、少数民族文字。内蒙古、新疆维吾尔、西藏自治区在填写汉文的同时还要分别填写蒙古文、维吾尔文、藏文。

注：X 为名称或数字。

# 中国银监会关于加强融资性担保行业统计工作的通知

（银监发〔2010〕80号）

各省、自治区、直辖市融资性担保机构监管部门：

为建立健全融资性担保行业统计制度，全面、准确、及时地掌握融资性担保行业经营情况，持续跟踪监测融资性担保业务风险，促进融资性担保业务健康稳定发展，融资性担保业务监管部际联席会议（以下简称联席会议）办公室研究拟订了《融资性担保行业统计报表制度》（见附件，以下简称《报表制度》），并已经2010年7月23日联席会议审议通过和国家统计局核准，现印发给你们，并就加强融资性担保行业统计工作的有关事项通知如下：

## 一、高度重视融资性担保行业统计工作

统计信息是掌握情况、分析问题、制定决策的重要依据。融资性担保行业统计信息对于完善融资性担保监督管理制度，制定扶持政策，改善外部环境，具有重要意义。当前，融资性担保行业统计工作十分薄弱，难以满足监管工作和促进行业发展的需要，亟待建立健全统计制度，制定完善统计报表，推进统计工作的规范化、制度化。

各地监管部门要充分认识加强融资性担保行业统计工作的重要性，切实加强对统计工作的领导。要根据国家有关法律法规的规定，按照统一规范、准确及时、科学严谨、实事求是的原则，尽快建立健全本辖区融资性担保行业的统计制度和报表体系，认真做好数据信息的收集、报送和分析研究工作。

## 二、抓紧建立本辖区融资性担保行业统计制度和报表体系

各地监管部门要抓紧研究制定本辖区融资性担保行业统计信息的采集、审核、汇总、复核、分析、报送、存档等制度，明确数据来源、整理方法、报送时限和报送途径。要结合本辖区融资性担保行业发展的实际情况和监管工作需要，制定本辖区监管统计报表。统计报表中有关指标的定义、口径和计算方法，应与联席会议对相关统计指标的定义、口径和计算方法保持衔接和一致。

各地监管部门要指定专人负责统计工作，切实加强对统计工作人员

的培训和指导，不断提高统计工作质量。各地监管部门应对所填报统计报表的完整性、及时性以及数据来源的真实性负责。

## 三、认真做好本辖区融资性担保行业统计报表的填报工作

请各地监管部门按照《报表制度》有关要求，认真做好上一年度统计报表的填报工作，并于每年2月15日前，以书面形式报送联席会议办公室，同时将统计报表的电子文档通过当地银监局经银监会内网转报联席会议办公室。

## 四、积极推进统计信息系统建设，认真做好统计分析工作

各地监管部门要在做好日常统计工作的同时，认真做好数据信息的汇总、整理和存档工作。要加快本辖区融资性担保行业统计信息系统的建设，运用现代信息技术，推进统计工作的电子化、网络化和标准化，夯实统计信息管理的基础。

各地监管部门要把统计工作作为融资性担保机构监管工作的重要组成部分，尽快建立健全本辖区融资性担保行业非现场监管工作机制，加强本辖区融资性担保机构经营情况和风险状况的监测、分析、评估和预警，全面揭示风险与问题，及时把握行业发展趋势，准确研判潜在风险，提高监管工作的有效性，不断促进融资性担保行业的健康稳定发展。

附件：融资性担保行业统计报表制度

二〇一〇年九月十五日

附件

# 融资性担保行业统计报表制度

中国银行业监督管理委员会制定
中华人民共和国国家统计局核准

2010年8月

本报表制度根据《中华人民共和国统计法》的有关规定制定

《中华人民共和国统计法》第七条规定：国家机关、企业事业单位和其他组织以及个体工商户和个人等统计调查对象，必须依照本法和国家有关规定，真实、准确、完整、及时地提供统计调查所需的资料，不得提供不真实或者不完整的统计资料，不得迟报、拒报统计资料。

《中华人民共和国统计法》第九条规定：统计机构和统计人员对在统计工作中知悉的国家秘密、商业秘密和个人信息，应当予以保密。

## 目　录

**一、总说明**

（一）为全面、准确、及时地掌握融资性担保行业经营活动的基本情况，为国家有关部门制定行业发展政策、监督管理制度以及指导协调有关监督管理工作提供依据，依照《中华人民共和国统计法》的规定，根据国家统计局有关制度要求，特制定本统计报表制度。

（二）本统计报表制度经融资性担保业务监管部际联席会议审议通过，是对各省、自治区、直辖市融资性担保机构监管部门统计调查的总体要求，由中国银行业监督管理委员会牵头组织实施。各地监管部门应建立健全本辖区融资性担保行业的统计制度，按照全国统一规定的统计范围、计算方法、统计口径，认真组织实施本辖区相关统计工作，按时完成报送。

（三）融资性担保行业的全部年报均由各省、自治区、直辖市融资性担保机构监管部门负责填报，调查方法为全面调查。各地监管部门应对所填报统计报表的完整性、及时性以及数据来源的真实性负责。

（四）对于报表体系中 G1 表，各省、自治区、直辖市融资性担保机构监管部门应以本省（区、市）登记注册的融资性担保机构（含省（区、市）外融资性担保法人机构在本省（区、市）设立的分支机构，但不含本省（区、市）融资性担保法人机构在省（区、市）外设立的分支机构）为统计对象进行全面调查和汇总填报。对于报表体系中 G2 表、G3 表、G4 表、G5 表，各监管部门应以本省（区、市）登记注册的融资性担保法人机构及合伙制企业为统计对象进行全面调查和汇总填报（本省（区、市）融资性担保法人机构在省（区、市）外设立的分公司的有关情况需汇总至总公司统一填报）。

（五）本统计报表制度由融资性担保机构与人员情况、融资性担保机构财务状况、担保业务及机构风险状况等指标内容构成，统计范围为各省、自治区、直辖市融资性担保机构监管部门监管的全部融资性担保机构。

（六）各省、自治区、直辖市融资性担保机构监管部门汇总辖区内融资性担保机构填报的有关数据后，于年后 2 月 15 日前将年报以书面形式报送融资性担保业务监管部际联席会议办公室，同时将年报的电子文档通过当地银监局经银监会内网转报融资性担保业务监管部际联席会议办公室。

（七）本统计报表制度由融资性担保业务监管部际联席会议办公室统一布置、解释。

## 二、报表目录

| 表号 | 表名 | 报告期别 | 填报范围 | 报送单位 | 报送日期及方式 | 页码 |
|---|---|---|---|---|---|---|
| G1 表 | 省（自治区、直辖市）辖区内融资性担保机构与人员情况 | 年报 | 本省（区、市）登记注册的融资性担保机构（含省（区、市）外融资性担保法人机构在本省（区、市）设立的分支机构，但不含本省（区、市）融资性担保法人机构在省（区、市）外设立的分支机构） | 各省、自治区、直辖市融资性担保机构监管部门 | 年后 2 月 15 日前，以书面形式报送融资性担保业务监管部际联席会议办公室，同时将电子文档通过当地银监局经银监会内网转报部融资性担保业务监管部际联席会议办公室 | 6 |
| G2 表 | 省（自治区、直辖市）辖区内融资性担保机构资产负债情况 | 年报 | 本省（区、市）登记注册的融资性担保法人机构及合伙制企业为统计对象全部汇总填报（本省（区、市）融资性担保法人机构在省（区、市）外设立的分支机构的有关情况需汇总至法人机构统一填报） | 同上 | 同上 | 7 |
| G3 表 | 省（自治区、直辖市）辖区内融资性担保机构收益情况 | 年报 | 同 G2 表 | 同上 | 同上 | 8 |
| G4 表 | 省（自治区、直辖市）辖区内担保业务状况 | 年报 | 同 G2 表 | 同上 | 同上 | 9 |
| G5 表 | 省（自治区、直辖市）辖区内融资性担保机构风险指标 | 年报 | 同 G2 表 | 同上 | 同上 | 10 |

## 三、调查表式

### （一）省（自治区、直辖市）辖区内融资性担保机构与人员情况

表　　号：G1表
制表机关：中国银行业监督管理委员会
批准机关：国家统计局
批准文号：国统制〔2010〕97号
数据单位：家、人

填报单位：　　　　　　　　　　　　20　　年

<table>
<tr><th rowspan="3">序号</th><th rowspan="3" colspan="3">项目</th><th>A</th><th>B</th><th>C</th></tr>
<tr><th colspan="3">年末数</th></tr>
<tr><th>公司制</th><th>非公司制</th><th>合计</th></tr>
<tr><td>1</td><td colspan="3">1. 本省（区、市）融资性担保机构数量</td><td></td><td></td><td></td></tr>
<tr><td>2</td><td colspan="3">1.1 法人机构数量</td><td></td><td></td><td></td></tr>
<tr><td>3</td><td rowspan="10">其中</td><td rowspan="8">按注册资本划分</td><td>1.1.1　10亿元（含）以上</td><td></td><td></td><td></td></tr>
<tr><td>4</td><td>其中：国有控股</td><td></td><td></td><td></td></tr>
<tr><td>5</td><td>1.1.2　1亿元（含）~10亿元</td><td></td><td></td><td></td></tr>
<tr><td>6</td><td>其中：国有控股</td><td></td><td></td><td></td></tr>
<tr><td>7</td><td>1.1.3　2000万元（含）~1亿元</td><td></td><td></td><td></td></tr>
<tr><td>8</td><td>其中：国有控股</td><td></td><td></td><td></td></tr>
<tr><td>9</td><td>1.1.4　500万元（含）~2 000万元</td><td></td><td></td><td></td></tr>
<tr><td>10</td><td>其中：国有控股</td><td></td><td></td><td></td></tr>
<tr><td>11</td><td colspan="2">已开展再担保业务的</td><td></td><td></td><td></td></tr>
<tr><td>12</td><td colspan="2">在县（市）登记机关登记的</td><td></td><td></td><td></td></tr>
<tr><td>13</td><td colspan="3">1.2 分支机构数量</td><td></td><td></td><td></td></tr>
<tr><td>14</td><td colspan="3">其中：跨省（区、市）在本省（区、市）设立的</td><td></td><td></td><td></td></tr>
<tr><td>15</td><td colspan="3">2. 本省（区、市）融资性担保行业的从业人数</td><td></td><td></td><td></td></tr>
<tr><td>16</td><td colspan="2" rowspan="3">其中：按学历划分</td><td>2.1　研究生</td><td></td><td></td><td></td></tr>
<tr><td>17</td><td>2.2　本科</td><td></td><td></td><td></td></tr>
<tr><td>18</td><td>2.3　大专及以下</td><td></td><td></td><td></td></tr>
</table>

单位负责人：　　统计负责人：　　填表人：　　　报出日期：20　年　月　日

填报说明：1. 本表由各省、自治区、直辖市融资性担保机构监管部门填报。

2. 本表统计范围为本省（区、市）登记注册的融资性担保机构（含省（区、市）外融资性担保法人机构在本省（区、市）设立的分支机构，但不含本省（区、市）融资性担保法人机构在省（区、市）外设立的分支机构）。

3. 本报表为年报，报送时间为年后2月15日前。

## （二）省（自治区、直辖市）辖区内融资性担保机构资产负债情况

表　　号：G2 表
制表机关：中国银行业监督管理委员会
批准机关：国家统计局
批准文号：国统制〔2010〕97 号
数据单位：万元

填报单位：　　　　　　　　　　　　　　　　　　20　　年

<table>
<tr><th rowspan="3">序号</th><th rowspan="3" colspan="2">项目</th><th>A</th><th>B</th><th>C</th></tr>
<tr><th colspan="3">年末数</th></tr>
<tr><th>公司制</th><th>非公司制</th><th>合计</th></tr>
<tr><td>1</td><td colspan="2">1. 资产总额</td><td></td><td></td><td></td></tr>
<tr><td>2</td><td colspan="2">其中：货币资金</td><td></td><td></td><td></td></tr>
<tr><td>3</td><td colspan="2">存出保证金</td><td></td><td></td><td></td></tr>
<tr><td>4</td><td colspan="2">债权投资</td><td></td><td></td><td></td></tr>
<tr><td>5</td><td rowspan="2">其他投资</td><td>合计</td><td></td><td></td><td></td></tr>
<tr><td>6</td><td>其中：长期股权投资</td><td></td><td></td><td></td></tr>
<tr><td>7</td><td colspan="2">固定资产</td><td></td><td></td><td></td></tr>
<tr><td>8</td><td colspan="2">抵债资产</td><td></td><td></td><td></td></tr>
<tr><td>9</td><td rowspan="3">应收账款</td><td>合计</td><td></td><td></td><td></td></tr>
<tr><td>10</td><td>其中：期限在 2 年以上（含）的应收代偿款</td><td></td><td></td><td></td></tr>
<tr><td>11</td><td>其他应收款</td><td></td><td></td><td></td></tr>
<tr><td>12</td><td colspan="2">2. 负债总额</td><td></td><td></td><td></td></tr>
<tr><td>13</td><td colspan="2">其中：借款</td><td></td><td></td><td></td></tr>
<tr><td>14</td><td colspan="2">应付款项</td><td></td><td></td><td></td></tr>
<tr><td>15</td><td colspan="2">存入保证金</td><td></td><td></td><td></td></tr>
<tr><td>16</td><td colspan="2">预计负债</td><td></td><td></td><td></td></tr>
<tr><td>17</td><td colspan="2">未到期责任准备金</td><td></td><td></td><td></td></tr>
<tr><td>18</td><td colspan="2">担保赔偿准备金</td><td></td><td></td><td></td></tr>
<tr><td>19</td><td colspan="2">3. 净资产</td><td></td><td></td><td></td></tr>
<tr><td>20</td><td colspan="2">其中：实收资本</td><td></td><td></td><td></td></tr>
<tr><td>21</td><td colspan="2">一般风险准备</td><td></td><td></td><td></td></tr>
</table>

单位负责人：　　统计负责人：　　填表人：　　　报出日期：20　年　月　日

填报说明：

1. 本表由各省、自治区、直辖市融资性担保机构监管部门填报。
2. 本表统计范围：本省（区、市）登记注册的融资性担保法人机构及合伙制企业为统计对象全部汇总填报（本省（区、市）融资性担保法人机构在省（区、市）外设立的分支机构的有关情况需汇总至法人机构统一填报）。
3. 本报表为年报，报送时间为年后 2 月 15 日前。
4. 外币数据须按报告期末最后一天国家外汇管理局公布的基准汇价折合为人民币数据进行汇总。
5. 填列的金额按四舍五入保留整数。

## （三）省（自治区、直辖市）辖区内融资性担保机构收益情况

表　　号：G3 表

制表机关：中国银行业监督管理委员会

批准机关：国家统计局

批准文号：国统制〔2010〕97 号

数据单位：万元

填报单位：　　　　　　　　　　　　　　　　　　20　　年

| 序号 | 项目 | A | B | C |
|---|---|---|---|---|
| | | 本年累计数（发生额） | | |
| | | 公司制 | 非公司制 | 合计 |
| 1 | 1. 担保业务收入 | | | |
| 2 | 其中：融资性担保费收入 | | | |
| 3 | 2. 担保业务成本 | | | |
| 4 | 其中：融资性担保赔偿支出 | | | |
| 5 | 融资性分担保费支出 | | | |
| 6 | 营业税金及附加 | | | |
| 7 | 3. 担保业务利润 | | | |
| 8 | 4. 利息净收入（净支出则前加“－”号填列） | | | |
| 9 | 5. 其他业务利润 | | | |
| 10 | 6. 业务及管理费 | | | |
| 11 | 7. 投资收益（投资损失则前加“－”号填列） | | | |
| 12 | 8. 营业利润 | | | |
| 13 | 9. 营业外净收入（净亏损则前加“－”号填列） | | | |
| 14 | 10. 资产减值损失（转回的金额则前加“－”号填列） | | | |
| 15 | 11. 所得税 | | | |
| 16 | 12. 净利润（净亏损则前加“－”号填列） | | | |

单位负责人：　　统计负责人：　　填表人：　　报出日期：20　年　月　日

填报说明：

1. 本表由各省、自治区、直辖市融资性担保机构监管部门填报。
2. 本表统计范围：本省（区、市）登记注册的融资性担保法人机构及合伙制企业为统计对象全部汇总填报（本省（区、市）融资性担保法人机构在省（区、市）外设立的分支机构的有关情况需汇总至法人机构统一填报）。
3. 本报表为年报，报送时间为年后 2 月 15 日前。
4. 外币数据须按报告期末最后一天国家外汇管理局公布的基准汇价折合为人民币数据进行汇总。
5. 填列的金额按四舍五入保留整数。

## （四）省（自治区、直辖市）辖区内担保业务状况

表　　号：G4 表
制表机关：中国银行业监督管理委员会
批准机关：国家统计局
批准文号：国统制〔2010〕97 号
数据单位：万元

填报单位：　　　　　　　　　　　　　　　　20　　年

| 序号 | 项目 | | A | B | C | D |
|---|---|---|---|---|---|---|
| | | | 年初数 | 本年度增加（发生额） | 本年度减少/解除（发生额） | 年末数 |
| 1 | 1. 融资性担保业务 | 1.1.1　贷款担保 | | | | |
| 2 | | 1.1.2　票据承兑担保 | | | | |
| 3 | | 1.1.3　信用证担保 | | | | |
| 4 | | 1.1.4　其他融资性担保项 | | | | |
| 5 | | 1.1　担保金额小计 | | | | |
| 6 | | 1.2　担保户数 | | | | |
| 7 | | 1.3　代偿金额 | | | | |
| 8 | | 1.4　损失金额 | — | | | — |
| 9 | 2. 非融资性担保业务 | 2.1.1　诉讼保全担保 | | | | |
| 10 | | 2.1.2　履约担保 | | | | |
| 11 | | 2.1.3　其他非融资性担保 | | | | |
| 12 | | 2.1　担保金额小计 | | | | |
| 13 | | 2.2　代偿金额 | | | | |
| 14 | | 2.3　损失金额 | — | | | — |
| 15 | 3. 债券发行担保 | 3.1　担保金额 | | | | |
| 16 | | 3.2　担保户数 | | | | |
| 17 | | 3.3　代偿金额 | | | | |
| 18 | | 3.4　损失金额 | — | | | — |
| 19 | 4. 再担保 | 4.1　担保金额 | | | | |
| 20 | | 4.2　代偿金额 | | | | |
| 21 | | 4.3　损失金额 | — | | | — |
| 22 | 5. 担保业务合计 | 5.1　担保金额合计 | | | | |
| 23 | | 5.2　代偿金额合计 | | | | |
| 24 | | 5.3　损失金额合计 | — | | | — |

单位负责人：　　统计负责人：　　填表人：　　报出日期：20　年　月　日

填报说明：

1. 本表由各省、自治区、直辖市融资性担保机构监管部门填报。
2. 本表统计范围：本省（区、市）登记注册的融资性担保法人机构及合伙制企业为统计对象全部汇总填报（本省（区、市）融资性担保法人机构在省（区、市）外设立的分支机构的有关情况需汇总至法人机构统一填报）。
3. 本报表为年报，报送时间为年后 2 月 15 日前。
4. 外币数据须按报告期末最后一天国家外汇管理局公布的基准汇价折合为人民币数据进行汇总。
5. 填列的金额按四舍五入保留整数。
6. 报表中画横线部分不需填列。

## （五）省（自治区、直辖市）辖区内融资性担保机构风险指标

表　　号：G5 表

制表机关：中国银行业监督管理委员会

批准机关：国家统计局

批准文号：国统制〔2010〕97 号

数据单位：万元、%

填报单位：　　　　　　　　　　　　　　　　　　　　　　　　20　　年

| 序号 | 项目 | | A | B | C |
|---|---|---|---|---|---|
| | | | 年初数 | 本年度期间数 | 年末数 |
| 1 | 1. 流动性 | 1.1 流动性资产 | — | — | |
| 2 | | 1.2 流动性负债 | — | — | |
| 3 | | 1.3 流动性比率 | — | — | |
| 4 | 2. 放大倍数 | 2.1 融资性担保责任余额 | — | — | |
| 5 | | 2.2 净资产 | — | — | |
| 6 | | 2.3 融资性担保放大倍数 | — | — | |
| 7 | 3. 代偿率 | 3.1 本年度累计担保代偿额 | — | | — |
| 8 | | 其中：本年度累计融资性担保代偿额 | — | | — |
| 9 | | 3.2 本年度累计解除的担保额 | — | | — |
| 10 | | 其中：本年度累计解除的融资性担保额 | — | | — |
| 11 | | 3.3 担保代偿率 | — | | — |
| 12 | | 3.4 融资性担保代偿率 | — | | — |
| 13 | 4. 代偿回收率 | 4.1 本年度累计代偿回收额 | — | | — |
| 14 | | 其中：本年度累计融资性担保代偿回收额 | — | | — |
| 15 | | 4.2 年初担保代偿余额 | | — | — |
| 16 | | 其中：年初融资性担保代偿余额 | | — | — |
| 17 | | 4.3 代偿回收率 | — | | — |
| 18 | | 4.4 融资性担保代偿回收率 | — | | — |
| 19 | 5. 损失率 | 5.1 本年度累计担保损失额 | — | | — |
| 20 | | 其中：本年度累计融资性担保损失额 | — | | — |
| 21 | | 5.2 担保损失率 | — | | — |
| 22 | | 5.3 融资性担保损失率 | — | | — |
| 23 | 6. 拨备覆盖率 | 6.1 担保准备金 | — | — | |
| 24 | | 6.2 担保代偿余额 | — | — | |
| 25 | | 6.3 拨备覆盖率 | — | — | |

单位负责人：　　统计负责人：　　填表人：　　报出日期：20　年　月　日

填报说明：

1. 本表由各省、自治区、直辖市融资性担保机构监管部门填报。
2. 本表统计范围：本省（区、市）登记注册的融资性担保法人机构及合伙制企业为统计对象全部汇总填报（本省（区、市）融资性担保法人机构在省（区、市）外设立的分支机构的有关情况需汇总至法人机构统一填报）。
3. 本报表为年报，报送时间为年后 2 月 15 日前。
4. 外币数据须按报告期末最后一天国家外汇管理局公布的基准汇价折合为人民币数据进行汇总。
5. 填列的金额按四舍五入保留整数，百分比保留两位小数。
6. 报表中画横线部分不需填列。

**四、主要指标解释**

1. 非公司制融资性担保机构，是指除公司制以外的其他融资性担保机构，包含事业单位、社会团体、合伙制企业等（以下各表同）。在填列 G1 表非公司制法人机构数量时，将一个合伙制企业视同为一个非公司制法人单位进行统计。

2. 本省（区、市）融资性担保机构数量，是指年末本省（区、市）融资性担保法人机构（含视同为非公司制法人的合伙制企业）和分支机构的汇总数量。其中，已开展再担保业务的是指经监管部门批准可开展再担保业务的年末本省（区、市）融资性担保法人机构（含视同为非公司制法人的合伙制企业）的数量；在县（市）登记机关登记的是指在县（市）工商管理部门或民政管理部门登记注册的年末本省（区、市）融资性担保法人机构（含视同为非公司制法人的合伙制企业）的数量。

3. 国有控股的法人机构数量，是指各级政府及国有企业的全资和控股（含绝对控股和相对控股）的年末本省（区、市）融资性担保法人机构（含视同为非公司制法人的合伙制企业）的数量。

4. 分支机构数量，是指年末已从监管部门取得经营许可证的本省（区、市）融资性担保分支机构的数量，含本省（区、市）融资性担保法人机构在本省（区、市）设立的分支机构数量、外省（区、市）融资性担保法人机构在本省（区、市）设立的分支机构的数量，但不含本省（区、市）融资性担保法人机构在本省（区、市）外设立的分支机构的数量。其中，跨省（区、市）在本省（区、市）设立的，是指外省（区、市）融资性担保法人机构在本省（区、市）设立的分支机构汇总数量。

5. 本省（区、市）融资性担保机构的从业人数，是指年末本省（区、市）所有融资性担保机构全部在职员工（含正式员工、合同员工和一年期以上临时人员，不含短期临时人员）人数。其中，按学历划分的研究生，是指年末本省（区、市）融资性担保机构已取得硕士研究生和博士研究生学历或同等学位的从业人数。

6. 货币资金，统计口径包括现金、银行存款、其他货币资金。

7. 存出保证金，是指融资性担保机构与银行业金融机构等债权人协议约定，存入指定账户，在担保责任解除之前不得动用的专项资金，包括存出担保保证金和存出分担保保证金。

8. 债权投资，是指各类债权性质投资的可收回金额，包含对国债、金融债券及大型企业债务工具等的各种期限的投资，不含委托贷款。计算时应根据各类债权投资的分类，分别计算。对于分类为公允价值计量

且其变动计入当期损益的金融资产和可供出售金融资产，按公允价值填列；对于分类为贷款和应收款项、持有至到期投资，按摊余成本填列。

9. 其他投资，是指除上述债权投资以外的股权投资、房地产投资、基金投资、信托产品投资等，以及委托贷款。计算时应根据其分类，分别计算。对于分类为公允价值计量且其变动计入当期损益的金融资产和可供出售金融资产，按公允价值填列；对于委托贷款，按摊余成本填列。

10. 固定资产，是指固定资产原价减累计折旧，再减固定资产减值准备，所得出的数额。

11. 抵债资产，是指融资性担保公司代偿后收回的抵债资产的期末可收回金额。计算时根据抵债资产期末余额减去跌价准备期末余额后的金额填列。

12. 应收账款，是指融资性担保机构应收的各种款项的净额。计算时根据统计对象的资产负债表“应收款项”项目汇总填列。其中，期限在2年以上（含）的应收代偿款，根据“应收代偿款”科目中应收期限在2年以上（含）的期末余额，减去对应已计提的坏账准备后的金额填列；其他应收款，根据“其他应收款”科目的期末余额，减去对应已计提的坏账准备后的金额填列。

13. 借款，统计口径包括短期借款和长期借款。

14. 应付款项，是指融资性担保机构期末应付未付其他单位或个人的各种款项，应根据应付分担保账款、预收担保费、应付股利、其他应付款等项目的期末余额合计填列。

15. 存入保证金，统计口径包括存入担保保证金和存入分担保保证金。

16. 预计负债，是指融资性担保机构根据或有事项等相关准则确认的各项预计负债，统计口径包括对外提供担保、未决诉讼、重组义务、亏损性合同以及固定资产弃置义务等产生的预计负债。

17. 未到期责任准备金，是指融资性担保机构担保责任未解除时，为承担未到期责任而提取的准备金。统计口径包括融资性担保机构提取的原担保合同未到期责任准备金以及提取的再担保合同分保未到期责任准备金。

18. 担保赔偿准备金，是指融资担保机构按有关规定提取的担保赔偿准备金。统计口径包括融资性担保机构提取的原担保合同担保赔偿准备金以及提取的再担保合同担保赔偿准备金。

19. 净资产，是指资产负债表所有者权益合计。其中，实收资本是指融资性担保机构接受投资者投入融资性担保机构的实收资本，统计口径不含融资性担保机构收到投资者超过其在注册资本或股本中所占份额的部分；一般风险准备是指融资性担保机构按规定从净利润中提取的一般风险准备。

20. 担保业务收入，是指融资性担保机构有关担保业务所取得的收入总额，包括担保费收入、手续费收入、评审费收入、追偿收入等。其中，融资性担保费收入是指，融资性担保机构承担融资性担保风险而按委托融资性担保合同、融资性分担保合同规定向被担保人收取的款项，包括融资性担保费和融资性分担保费收入。

21. 担保业务成本，是指融资性担保机构担保业务发生的实际成本，包括担保赔偿支出、分担保费支出、手续费支出、营业税金及附加等。其中，融资性担保赔偿支出是指，融资性担保机构融资性担保代偿后净损失的支出；融资性分担保费支出，是指融资性担保机构分出融资性分担保业务向分担保单位支付的分担保费；营业税金及附加是指，融资性担保机构日常活动应负担的税金及附加，所括营业税、城市维护建设税、土地增值税和教育费附加等。

22. 利息净收入，是指融资性担保机构取得的利息净收入。本指标应根据利息收入、利息支出科目的发生额分析填列；如果利息净支出，前加“-”号填列。

23. 其他业务利润，是指融资性担保机构除担保业务以外取得的收入，减去所发生的相关成本、费用，以及相关税金及附加等的支出后的余额。本指标应根据其他业务收入、其他业务支出科目的发生额分析填列。

24. 业务及管理费，是指融资性担保机构在业务经营及管理工作中发生的各项费用。本指标应根据业务及管理费科目的发生额分析填列。

25. 投资收益，是指融资性担保机构以各种方式对外投资所取得的收益。本指标应根据投资收益科目的发生额分析填列；如为投资损失，前加“-”号填列。

26. 营业外净收入，是指融资性担保机构发生的与其担保业务无直接关系的各项收入的净额。本指标应根据营业外收入和营业外支出科目的发生额分析填列；如为营业外净亏损，前加“-”号填列。

27. 资产减值损失，是指融资性担保机构发生的应计入损益的各项资产减值损失。本指标应根据资产减值科目的发生额分析填列；如为资产价值回升而转回的金额，前加“-”号填列。

28. 所得税，是指融资性担保机构按规定从本期损益中减去的所得税。本指标应根据所得税科目的发生额分析填列。

29. 净利润，是指融资性担保机构实现的净利润；如为净亏损，前加“-”号填列。

30. 融资性担保业务，是指融资性担保机构与银行业金融机构等债权人约定，当被担保人不履行对债权人负有的融资性债务时，由担保人依法承担合同约定的担保责任的业务。G4 表主栏融资性担保业务项目统计口径包含贷款担保、票据承兑担保、贸易融资担保、项目融资担保、信用证担保及其他融资性担保业务，但不包含债券担保和再担保业务部分。其中，票据承兑担保是指客户开出商业票据时，融资性担保机构就客户按期偿债能力向债权人提供的担保；信用证担保是指客户向银行申请开立信用证时，融资性担保机构就客户依约偿债能力向银行提供的担保；贸易融资担保是指贸易商向银行业金融机构申请与贸易结算相关的短期融资时，如进口押汇、出口押汇、打包放款、保理融资等，融资性担保机构就贸易商依约偿债能力向银行业金融机构提供的担保；项目融资是指客户以特定项目的预期收益及资产、权益的处置作为还款来源而向银行业金融机构申请融资时，融资性担保机构就客户依约偿债能力向银行业金融机构提供的担保。G4 表中其他融资性担保项是指除贷款担保、票据承兑担保、信用证担保以外的贸易融资担保、项目融资担保及经监管部门批准的其他融资性担保业务。

31. 担保金额，年初数、年末数，分别指年初担保余额、年末在保余额；本年度增加一栏填列本年度按逐笔业务统计累计增加的担保金额；本年度减少/解除一栏填列本年度按逐笔业务统计累计解除的担保金额。

32. 代偿金额，年初数及年末数，分别指年初及年末的余数；在本年增加一栏中填列本年累计新增数量，在本年减少一栏中填列已代偿但本年累计追偿收回的数量。

33. 损失金额，年初数及年末数，分别指年初及年末的余数；在本年增加一栏中填列本年累计损失（损失是指有诉讼判决书或仲裁书和强制执行书，或者其他足以证明损失已形成的证据，证明代偿已无法收回）新增数量，在本年减少一栏中填列原已确认为损失但本年累计追偿收回的数量。

34. 非融资性担保业务，是指除前述融资性担保业务和债券担保、再担保以外的其他担保业务。非融资担保业务项目统计口径包含诉讼保全担保、履约担保及经监管部门批准的其他非融资性担保业务，不包含对非融资担保业务的再担保业务。

35. 流动性资产，统计口径包括：现金，三个月内到期的银行存款和其他货币资金，三个月内到期的各项应收款，三个月内到期的债权投资，在二级市场上可随时变现的证券投资，三个月内到期的委托贷款和委托投资，其他三个月内到期的可变现资产（扣除其中的不良资产）。

36. 流动性负债，统计口径包括：三个月内到期的借款，三个月内到期的各项应付款，三个月内到期的应付债券，三个月内到期的存入保证金，三个月内到期的预提费用，其他三个月内到期的负债。

37. 流动性比率，其计算公式：流动性比率 = 流动性资产/流动性负债 ×100。

38. 融资性担保放大倍数，其计算公式：融资性担保放大倍数 = 融资性担保责任余额/净资产 ×100。本项融资性担保责任余额是指融资性担保业务年末在保余额，即融资性担保金额小计的年末数（G4 表_［1.1D］）、债券发行担保金额的年末数（G4 表_［3.1D］）等项之和。

39. 担保代偿率，其计算公式：担保代偿率 = 本年度累计担保代偿额/本年度累计解除的担保额 ×100。

40. 融资性担保代偿率，其计算公式：融资性担保代偿率 = 本年度累计融资性担保代偿额/本年度累计解除的融资性担保额 ×100。

41. 代偿回收率，其计算公式：代偿回收率 = 本年度累计代偿回收额/（年初担保代偿余额 + 本年度累计担保代偿额） ×100。其中本年度累计代偿回收额是指融资性担保机构以现金或其他抵债资产的方式在本年度里累计收回的担保代偿额。

42. 融资性担保代偿回收率，其计算公式：融资性担保代偿回收率 = 本年度累计融资性担保代偿回收额/（年初融资性担保代偿余额 + 本年度累计融资性担保代偿额） ×100。其中本年度累计融资性担保代偿回收额是指融资性担保机构以现金或其他抵债资产的方式在本年度里累计收回的融资性担保代偿额。

43. 担保损失率，其计算公式：担保损失率 = 本年度累计担保损失额/本年度累计解除的担保额 ×100。其中本年度累计担保损失额是指融资性担保机构本年度有确凿证据（指有诉讼判决书或仲裁书和强制执行书证明，以及其他足以证明损失已形成的证据）表明已无法收回的担保代偿的损失净额（即本年度累计增加的担保损失金额减去本年度累计减少的担保损失金额）。

44. 融资性担保损失率，其计算公式：融资性担保损失率 = 本年度累

计融资性担保损失额/本年度累计解除的融资性担保额×100。其中本年度累计融资性担保损失额是指融资性担保机构有确凿证据（指有诉讼判决书或仲裁书和强制执行书证明，以及其他足以证明损失已形成的证据）表明已无法收回的本年度融资性担保代偿的损失净额（即本年度累计增加的融资性担保损失金额减去本年度累计减少的融资性担保损失金额）。

45. 拨备覆盖率，其计算公式：拨备覆盖率 = 担保准备金/担保代偿余额×100。其中，担保准备金为未到期责任准备、担保赔偿准备与一般风险准备等项的年末余额之和；担保代偿余额为担保业务代偿金额合计的年末数（G4 表_［5.2D］）。

**五、附录**

1. G1 表有关项目的核对关系：〔A〕+〔B〕=〔C〕,〔1.1〕+〔1.2〕=〔1.〕,〔1.1.1〕+〔1.1.2〕+〔1.1.3〕+〔1.1.4〕=〔1.1〕,〔2.1〕+〔2.2〕+〔2.3〕=〔2.〕。

2. G2 表有关项目的核对关系：〔A〕+〔B〕=〔C〕,〔1.〕-〔2.〕=〔3.〕。

3. G3 表有关项目的核对关系：〔1.〕-〔2.〕=〔3.〕,〔3.〕+〔4.〕+〔5.〕-〔6.〕+〔7.〕=〔8.〕,〔8.〕+〔9.〕-〔10.〕-〔11.〕=〔12.〕,〔A〕+〔B〕=〔C〕。

4. G4 表有关项目的核对关系：〔1.1.1〕+〔1.1.2〕+〔1.1.3〕+〔1.1.4〕=〔1.1〕,〔2.1.1〕+〔2.1.2〕+〔2.1.3〕=〔2.1〕,〔1.1〕+〔2.1〕+〔3.1〕+〔4.1〕=〔5.1〕,〔1.3〕+〔2.2〕+〔3.3〕+〔4.2〕=〔5.2〕,〔1.4〕+〔2.3〕+〔3.4〕+〔4.3〕=〔5.3〕,〔A〕+〔B〕-〔C〕=〔D〕。

# 中国银监会关于加强融资性担保贷款统计和有关资料转送工作的通知

（银监发〔2010〕95 号）

各银监局：

为掌握银行业金融机构融资性担保贷款情况，完善融资性担保业务统计工作机制，促进融资性担保行业健康发展，现就加强融资性担保贷款统计和有关资料转送工作通知如下：

## 一、认真做好融资性担保贷款统计报表的填报工作

融资性担保贷款统计信息对于加强融资性担保机构监督管理，推进银担合作，完善扶持政策，具有十分重要的作用。银监会融资担保部设计了银行业金融机构融资性担保贷款统计报表，以定期收集、汇总全国有关统计信息。各银监局要按照本通知的要求，高度重视，认真做好融资性担保贷款统计报表的填报工作。

各银监局要根据本通知所附融资性担保贷款统计报表的有关内容，结合本辖区实际，要求辖内银行业金融机构及时报送有关统计信息。各银监局要明确统计信息的整理方法、报送时限和报送途径，妥善安排并做好有关统计信息的审核、汇总、复核、分析、报送、存档等各项工作。

各银监局要指定专人负责本辖区银行业金融机构融资性担保贷款统计工作，并加强对辖内银行业金融机构有关统计工作的指导和督促，确保所搜集数据的真实性、准确性、完整性。

各银监局应于每年 7 月底前及 2 月底前通过银监会内网将银行业金融机构融资性担保贷款统计报表（半年报）发送至银监会融资担保部，并对所填报统计报表的完整性、及时性负责。

各银监局要加强对本辖区融资性担保贷款情况及相关风险状况的监测、分析、评估和预警，把握融资性担保贷款发展趋势，及时揭示潜在风险与重大问题，并提出政策措施建议；积极开展与融资性担保机构监管部门之间的信息交流，推动银行业金融机构与融资性担保机构形成互利双赢的合作机制，不断促进融资性担保业务的健康稳定发展。

## 二、及时做好有关资料的转送工作

根据《融资性担保公司管理暂行办法》（银监会 2010 年第 3 号令）

规定和《中国银监会关于印发〈××省（自治区、直辖市）融资性担保行业××××年度发展与监管情况报告〉和〈××机构概览〉编写说明的通知》（银监发〔2010〕76号）、《中国银监会关于加强融资性担保行业统计工作的通知》（银监发〔2010〕80号）要求，各省（自治区、直辖市）银监局收到融资性担保机构监管部门报送的电子文档资料（《××省（自治区、直辖市）融资性担保行业××××年度发展与监管情况报告》、《融资性担保行业统计报表》）后，应于2个工作日内通过银监会内网发送至银监会融资担保部，并对有关资料进行分析研究和整理存档。

附件：银行业金融机构融资性担保贷款统计报表

二○一○年十一月十二日

附件：

# 银行业金融机构融资性担保贷款统计报表

表　　号：银监统临〔2010〕002
制表机关：中国银行业监督管理委员会
数据单位：户、家、万元

填报单位：　　　　　　　　　　　　　　　　　　　　　　20　　年

| 序号 | 项目 | | A | B | B |
| --- | --- | --- | --- | --- | --- |
| | | | 年初 | 本年度（发生额） | 期末 |
| 1 | 1. 辖区银行业金融机构贷款 | 1.1　各项贷款余额 | | — | |
| 2 | | 其中：中小企业 | | — | |
| 3 | | 1.2　不良贷款余额 | | — | |
| 4 | | 其中：中小企业 | | — | |
| 5 | | 1.3　企业贷款户数 | | — | |
| 6 | | 其中：中小企业 | | — | |
| 7 | 2. 辖区融资性担保贷款 | 2.1　企业贷款户数 | | — | |
| 8 | | 其中：中小企业 | | — | |
| 9 | | 2.2　各项贷款余额 | | — | |
| 10 | | 其中：中小企业 | | — | |
| 11 | | 2.3　不良贷款余额 | | — | |
| 12 | | 其中：中小企业 | | — | |
| 13 | 3. 辖区融资性担保贷款的代偿情况 | 3.1　代偿户数 | — | | — |
| 14 | | 其中：中小企业 | — | | — |
| 15 | | 3.2　代偿金额 | — | | — |
| 16 | | 其中：中小企业 | — | | — |
| 17 | | 3.3　应承担代偿责任余额 | | — | |
| 18 | 4. 辖区与融资性担保机构开展业务合作的银行业金融机构数量 | 4.1　政策性银行及邮储银行 | | — | |
| 19 | | 4.2　国有商业银行 | | — | |
| 20 | | 4.3　股份制商业银行 | | — | |
| 21 | | 4.4　城市商业银行及城市信用合作社 | | — | |
| 22 | | 4.5　农村商业银行及农村合作金融机构 | | — | |
| 23 | | 4.6　外资商业银行 | | — | |
| 24 | | 4.7　非银行金融机构 | | — | |
| 25 | | 4.8　其他金融机构 | | — | |

续表

<table>
<tr><td rowspan="3">序号</td><td rowspan="3" colspan="2">项目</td><td>A</td><td>B</td><td>B</td></tr>
<tr><td rowspan="2">年初</td><td rowspan="2">本年度<br>（发生额）</td><td rowspan="2">期末</td></tr>
<tr></tr>
<tr><td>26</td><td rowspan="2">5. 辖区与银行业金融机构开展业务合作的融资性担保机构数量</td><td>5.1 公司制法人</td><td></td><td>—</td><td></td></tr>
<tr><td>27</td><td>5.2 非公司制法人及合伙企业</td><td></td><td>—</td><td></td></tr>
</table>

单位负责人：　　统计负责人：　　填表人：　　报出日期：　　年　月　日

填报说明：

1. 本表由各银监局负责填报。本表为半年报，分别于每年7月底前及2月底前以电子报表形式报送银监会融资担保部。
2. 本表统计对象为辖区银行业金融机构，调查方法为全面调查。辖区银行业金融机构，本表统计口径包括在辖内设立的政策性银行、商业银行、城市信用合作社、农村信用合作社等银行业金融机构及分支机构，和金融资产管理公司、信托投资公司、财务公司、金融租赁公司、汽车金融公司、贷款公司等非银行金融机构及分支机构，以及经银行业监督管理机构批准设立的其他金融机构（如村镇银行）及分支机构，不包括小额贷款公司。
3. 本表统计内容应以银行业金融机构的会计及统计信息为基础。对于非现场监管信息系统已有的数据，应以之为准进行填报。
4. 本表指标〔5.1〕和〔5.2〕，各银监局应搜集辖区各银行业金融机构在统计时点上存在有效业务合作关系的融资性担保法人机构及合伙制企业清单（不含担保机构的分支机构，且清单中各担保机构名称以其登记注册名称为准），然后汇总并剔除重复统计得到。
5. 外币数据须按报告期末国家外汇管理局公布的基准汇率折合为人民币进行汇总。
6. 报表填列的金额按四舍五入保留整数。
7. 报表中画横线部分不需填列。

主要指标解释：

1. 年初、本年度（发生额）、期末，上半年报是指报告期年初、上半年（发生额）、6月末；下半年报是指报告期所在年度的年初、全年（发生额）、12月末。
2. 辖区银行业金融机构各项贷款余额〔1.1〕，是指辖区银行业金融机构对借款人融资货币资金形成的资产余额，主要包括贷款、贸易融资（含保理业务、不含开立信用证）、票据融资、融资租赁、从非金融机构买入返售资产、各项透支、各项垫款等项合计余额。
3. 辖区银行业金融机构不良贷款余额〔1.2〕，是指辖区银行业金融机构对借款人各项贷款按资产质量五级分类确定的次级类、可疑类、损失类的本金合计余额。
4. 辖区银行业金融机构对企业贷款户数〔1.3〕，是指辖区银行业金融机构各项贷款在统计时点上存有余额的企业总户数。在辖区同一银行业金融机构内不同分支机构取得各项贷款的同一企业，其各项贷款企业户数按一户计算。各银监局在汇总辖区不同银行业金融机构对企业贷款户数时，可将上述各银行业金融机构对企业贷款户数直接加总，暂不剔除不同银行业金融机构间的重复统计户数。
5. 辖区银行业金融机构对中小企业贷款户数，是指辖区银行业金融机构各项贷款在统计时点上存有余额的中小企业总户数。在辖区同一银行业金融机构内不同分支机构取得各项贷款的同一中小企业，其各项贷款企业户数按一户计算。各银监局在汇总辖区不同银行业金融机构对中小企业贷款户数时，可将上述各银行业金融机构对中小企业贷款户数直接加总，暂不剔除不同银行业金融机构间的重复统计户数。

6. 辖区融资性担保贷款企业贷款户数〔2.1〕，是指在由担保机构提供融资性担保情况下，辖区银行业金融机构各项贷款在统计时点上存有余额的企业总户数。在辖区同一银行业金融机构内不同分支机构取得融资性担保贷款的同一企业，其融资性担保贷款企业户数按一户计算。各银监局在汇总辖区不同银行业金融机构融资性担保贷款企业贷款户数时，可将上述各银行业金融机构融资性担保贷款企业贷款户数直接加总，暂不剔除不同银行业金融机构间的重复统计户数。
7. 辖区融资性担保各项贷款余额〔2.2〕，是指在由担保机构提供融资性担保情况下，辖区银行业金融机构向借款人提供各项贷款的余额。
8. 辖区融资性担保不良贷款余额〔2.3〕，是指在由担保机构提供融资性担保情况下，辖区银行业金融机构向借款人提供各项贷款按资产质量五级分类确定的次级类、可疑类、损失类的本金合计余额。
9. 辖区融资性担保贷款代偿户数〔3.1〕，是指借款人不能完全履行对辖区银行业金融机构各项贷款的还款责任时，已由融资性担保机构依约代为履行还款责任（含部分代偿）的总户数。在辖区同一银行业金融机构内不同分支机构取得融资性担保贷款并由担保机构代为履行还款责任的同一借款人，其担保贷款代偿户数按一户计算。各银监局在汇总辖区不同银行业金融机构融资性担保贷款代偿户数时，可将上述各银行业金融机构融资性担保贷款代偿户数直接加总，暂不剔除不同银行业金融机构间的重复统计户数。
10. 辖区融资性担保贷款代偿余额〔3.2〕，是指借款人不能完全履行对辖区银行业金融机构各项贷款的还款责任时，已由融资性担保机构依约代为履行还款责任的总金额。
11. 应承担代偿责任余额〔3.3〕，是指借款人不能完全履行对辖区银行业金融机构各项贷款的还款责任时，按照现行法规及担保合同约定，应由融资性担保机构依约代为履行还款责任，但融资性担保机构尚未履行还款责任的余额。
12. 辖区与融资性担保机构开展业务合作的银行业金融机构数量，是指本辖区与融资性担保机构开展融资性担保业务合作（指存在有效的业务合作协议）的各类银行业金融机构及其分支机构数量（统计口径不含储蓄所级机构数量），剔除重复统计。其中，政策性银行及邮储银行，包括国家开发银行、中国进出口银行、中国农业发展银行和中国邮政储蓄银行；国有商业银行包括工、农、中、建、交五行；城市商业银行及城市信用合作社，包括城市商业银行、城市信用合作社等；农村商业银行及农村合作金融机构，包括农村商业银行、农村合作银行、农村信用合作社等；非银行金融机构，包括金融资产管理公司、信托投资公司、财务公司、金融租赁公司、汽车金融公司、贷款公司及其分支机构；其他金融机构，是指经银行业监督管理机构批准设立的其他金融机构，包括村镇银行等。
13. 辖区与银行业金融机构开展业务合作的融资性担保非公司制法人及合伙企业〔5.2〕，是指本辖区与银行业金融机构业务合作（指存在有效的业务合作协议）的除公司制以外的其他融资性担保法人机构（含事业单位法人、社会团体法人）数量，加上合伙制企业数量，统计口径不含融资性担保机构的分支机构数量，剔除重复统计。

附录：

中小企业的划分标准及统计口径按照《统计上大中小型企业划分办法（暂行）》（国统字〔2003〕17号）和《境内大中小型企业贷款专项统计制度》（银发〔2009〕35号）的有关规定执行。（略）

# 中国银监会关于印发《融资性担保公司公司治理指引》的通知

（银监发〔2010〕99号）

各省、自治区、直辖市融资性担保机构监管部门：

《融资性担保公司公司治理指引》已经2010年7月23日融资性担保业务监管部际联席会议审议通过，现印发给你们，请结合实际认真贯彻落实。

请将本通知转发至辖内各融资性担保机构。

二〇一〇年十一月二十五日

# 融资性担保公司公司治理指引

## 第一章 总 则

**第一条** 为建立健全融资性担保公司公司治理机制，防范融资性担保业务风险，促进融资性担保行业稳定健康发展，根据《中华人民共和国公司法》、《融资性担保公司管理暂行办法》等有关规定，制定本指引。

**第二条** 本指引所称监管部门是指省、自治区、直辖市人民政府确定的负责监督管理本辖区融资性担保公司的部门。

**第三条** 本指引是监管部门对融资性担保公司公司治理进行监督和评价的依据。融资性担保公司应当遵循本指引建立健全公司治理机制。

**第四条** 本指引所称公司治理包括建立以股东（大）会、董事会、监事会、高级管理层为主体的组织架构，并对各主体之间相互制衡的责、权、利关系作出制度安排，保障融资性担保公司建立明晰的治理结构、科学的决策机制、合理的激励机制和有效的约束机制。

**第五条** 融资性担保公司应当根据现代企业制度要求和公司实际制定公司章程，并载明法律、法规、规章以及本指引要求的相关事项。

**第六条** 融资性担保公司的董事、监事、高级管理人员应当具有审慎经营的风险意识、相应的业务技能和实际经验。

## 第二章　股东和股东（大）会

**第七条**　融资性担保公司的股东应当具备下列条件：

（一）信誉良好，无重大违法违规记录。

（二）具备持续出资能力。

（三）了解融资性担保业务的风险、流程及相关规定等。

**第八条**　融资性担保公司股东（大）会职权依据法律、法规和公司章程确定。

股东（大）会决定公司的重大事项，至少应当包括决定融资性担保公司的经营方针和重大投资计划，选举和更换董事、监事，审议批准董事会、监事会报告，审议批准公司年度财务预决算方案，对公司增资、减资等重大事项作出决议等。

**第九条**　股东（大）会会议每年至少召开一次，不能出席会议的股东可以委托代理人参加。股东委托代理人参加会议的，应当出具授权委托书。

股东（大）会重大决议应当及时向监管部门报告。

**第十条**　股东应当积极支持融资性担保公司可持续审慎经营、稳定健康发展。

**第十一条**　股东不得利用其股东地位损害融资性担保公司及其他利益相关者的合法权益，不得有虚假出资、出资不实、抽逃出资或变相抽逃出资等行为。

**第十二条**　国有独资融资性担保公司不设股东会，由国有资产监督管理机构行使股东会职权。国有资产监督管理机构可以依据法律，授权公司董事会行使股东会的部分职权。

## 第三章　董事和董事会

**第十三条**　董事会向股东（大）会负责，董事会职权依据法律、法规和公司章程确定。

董事会的职权至少应当包括负责召集股东（大）会会议，执行股东（大）会决议，向股东（大）会报告工作，决定公司的经营计划，制定年度财务预决算方案，决定内部管理机构设置，聘任或解聘总经理，制定公司基本管理制度等。

**第十四条**　董事会应当及时了解、提示、控制和处置公司总体风险和主要风险。

**第十五条**　董事会可以根据实际需要设立风险管理、关联交易控制、审计、法律、薪酬等专门委员会。

各专门委员会应当就公司业务合规情况、风险状况、内控制度的有效性及执行情况、经营业绩等向董事会提供专业意见，并依据董事会授权对相关情况进行监督和检查。

**第十六条**　董事会应当保证融资性担保公司合法合规经营，董事会在履职时应当充分考虑股东、债权人、员工及其他利益相关者的合法权益。

**第十七条**　董事会应当倡导融资性担保公司形成健康的企业文化、良好的道德氛围、诚实信用的价值准则和审慎经营的风险意识。

**第十八条**　董事会应当建立规范的会议制度，明确董事会会议的召开方式、频率、议事规则和表决程序，并应当保存完整的董事会会议记录。董事会会议由董事长或董事长指定的其他董事会成员召集并主持。经三分之一以上董事提议可以召开董事会临时会议。

董事会重大决议应当及时向监管部门报告。

**第十九条**　董事应当具备相关任职资格。董事任期应当在公司章程中明确规定。

作为公司法定代表人的董事长不得兼任党政机关职务。

**第二十条**　董事对融资性担保公司及全体股东负有忠实与勤勉义务。董事应当依照相关法律、法规和公司章程规定认真履行职责，维护公司和全体股东的利益。

董事不得超越公司授权或利用职权牟取私利或损害公司利益。

**第二十一条**　融资性担保公司可以根据需要聘任独立董事。

独立董事由股东提名，股东（大）会选举产生。同一股东原则上只能提名一名独立董事。跨省、自治区、直辖市设立分支机构的融资性担保公司，应当设两名以上独立董事。

在融资性担保公司的股东机构任职者以及与该公司或其控股股东有利害关系者不得担任独立董事。

**第二十二条**　独立董事应当积极参与董事会的各项决策，尤其应当对融资性担保公司的关联交易、重大风险管理等事项发表独立意见，发现董事会、董事、高级管理人员有违反法律、法规和公司章程规定情形的，应当在董事会会议上提出纠正要求。

**第二十三条**　规模较小的融资性担保公司可以不设董事会。不设董事会的融资性担保公司股东（大）会会议由执行董事召集和主持。执行董事可以兼任公司总经理。执行董事的职权由公司章程确定。

## 第四章 监事和监事会

**第二十四条** 融资性担保公司可以根据公司实际设立监事会。监事会由股东代表和适当比例的职工代表组成，其中职工代表的比例不低于三分之一，具体比例由公司章程规定。职工代表由全体职工或职工代表大会推举产生。

**第二十五条** 监事会向股东（大）会负责，履行对董事会和高级管理层监督的职责，监事会职权依据法律、法规和公司章程确定，至少应当包括检查财务会计状况，对董事、高级管理人员违反法律、法规和公司章程的行为进行监督，防止董事会、高级管理层的行为损害公司、股东、债权人、员工及其他利益相关者的合法权益，定期向股东（大）会报告董事、高级管理人员的履职情况等。

**第二十六条** 监事会发现董事会、高级管理层有违反法律、法规和公司章程的行为时，应当建议予以纠正并对有关责任人员进行处分。董事会或高级管理层应当及时进行纠正或处分，并将结果书面报告监事会。

**第二十七条** 董事、总经理、财务负责人及其他高级管理人员不得兼任监事。监事应当具备相关任职资格。监事任期应当在公司章程中明确规定。

**第二十八条** 监事应当依照法律、法规和公司章程规定，忠实履行监督职责。

**第二十九条** 监事可以列席董事会会议和高级管理层会议，发表独立意见，但不享有表决权。监事可以提议召开临时股东（大）会会议，以及行使公司章程规定的其他职权。

**第三十条** 融资性担保公司应当保障监事会独立开展工作所需的知情权、调查权和相关经费。

**第三十一条** 规模较小的融资性担保公司可以不设监事会。不设监事会的融资性担保公司可以设一名至二名监事，由监事履行监事会的职责。

## 第五章 高级管理层

**第三十二条** 融资性担保公司的高级管理层由总经理、副总经理、首席风险官、首席合规官、财务负责人等组成。总经理由董事会聘任，向董事会负责，其他高级管理人员的任免权限和程序由公司章程规定。

高级管理人员应当具备相关任职资格。

**第三十三条** 高级管理人员应当诚实守信，恪尽职守，审慎经营，不得利用职务之便以任何手段为自己或他人牟取不正当利益或损害公司利益。

高级管理人员不得兼任党政机关职务。

**第三十四条** 高级管理层职权应当依据法律、法规和公司章程确定。

**第三十五条** 总经理依照法律、法规、公司章程和董事会授权，组织开展经营管理活动。

**第三十六条** 高级管理层应当根据公司发展战略，建立内部规章制度和风险管理措施，拟订经营计划并经董事会批准后组织实施。

高级管理层应当按有关规定建立完善的公司内部控制体系，确保公司安全稳健运行。

**第三十七条** 高级管理层应当选任合格人员管理各业务部门和分支机构，并对公司各项经营活动和业务风险进行严格监控。

**第三十八条** 融资性担保公司应当建立高级管理层向董事会定期报告的制度，真实、准确、完整、及时地报告有关经营业绩、财务状况、风险状况及其他重大事项。

**第三十九条** 高级管理层应当建立和完善会议制度，并制定相应的议事规程。高级管理层会议应当有正式的书面记录。会议记录应当及时提交董事会、监事会。

## 第六章 首席风险官 首席合规官

**第四十条** 跨省、自治区、直辖市设立分支机构的融资性担保公司应当设立首席风险官、首席合规官，其他融资性担保公司可以根据公司实际设立首席风险官、首席合规官。首席风险官、首席合规官应当由取得注册会计师、律师等相关资格，并具有融资性担保、金融或法律从业经验的人员担任。

**第四十一条** 首席风险官负责公司信用风险、市场风险、操作风险、流动性风险的识别、评估、监测和控制，并应当就加强风险管理和风险处置向董事会和高级管理层提出建议。

**第四十二条** 首席合规官负责研究审查公司的合规政策，审查内部规章制度的合法性与合规性，确保公司经营管理活动符合法律、法规、规章、公司章程和内部规章制度的要求，对项目合规风险进行评估并就加强合规风险管理向董事会和高级管理层提出建议。

**第四十三条** 首席风险官应当担任公司项目审批机构的成员，享有与其他成员同等的表决权。

**第四十四条** 首席合规官应当担任公司项目审批机构的成员，首席合规官对公司违法违规经营事项具有一票否决权。

## 第七章 激励约束机制

**第四十五条** 融资性担保公司应当根据国家和地方有关规定，建立有利于公司可持续发展的激励与约束机制，制订与公司效益和个人业绩相联系的绩效评价标准和程序。

**第四十六条** 融资性担保公司的薪酬分配制度应当经董事会批准。董事会应当向股东（大）会就公司董事、高级管理人员履行职责、绩效评价、薪酬等情况作出专项说明。

**第四十七条** 融资性担保公司应当与员工签订聘用协议，对公司员工的聘期、绩效考核、薪酬待遇、解聘事由、双方的权利义务及违约责任进行约定。

## 第八章 附 则

**第四十八条** 本指引适用于在中华人民共和国境内依法设立的融资性担保公司，公司制以外的融资性担保机构参照本指引的有关规定执行。

**第四十九条** 本指引自发布之日起施行。

# 中国银监会关于印发《融资性担保公司信息披露指引》的通知

（银监发〔2010〕100号）

各省、自治区、直辖市融资性担保机构监管部门：

《融资性担保公司信息披露指引》已经2010年7月23日融资性担保业务监管部际联席会议审议通过，现印发给你们，请结合实际认真贯彻落实。

请将本通知转发至辖内各融资性担保机构。

二〇一〇年十一月二十五日

# 融资性担保公司信息披露指引

## 第一章 总 则

**第一条** 为规范融资性担保公司的信息披露行为，促进融资性担保公司与银行业金融机构等债权人之间的业务合作和融资性担保公司的稳定健康发展，根据《融资性担保公司管理暂行办法》、《企业会计准则》等有关规定，制定本指引。

**第二条** 本指引所称监管部门是指省、自治区、直辖市人民政府确定的负责监督管理本辖区融资性担保公司的部门。

**第三条** 融资性担保公司根据本指引披露信息的对象为债权人及其他利益相关者。

**第四条** 鼓励融资性担保公司在遵循本指引的基础上向社会公众公开披露信息。

**第五条** 融资性担保公司应当遵循真实性、准确性、完整性、及时性和可比性的原则披露信息。

**第六条** 融资性担保公司的信息披露应当遵守法律、法规、规章、国家会计制度和其他相关规定。

**第七条** 融资性担保公司披露的年度财务会计报告应当经具有相应

资质的社会中介机构审计。

**第八条** 监管部门应当依据法律、法规和规章加强对融资性担保公司信息披露的监督、指导。

## 第二章 信息披露的内容

**第九条** 融资性担保公司按照本指引应当披露的信息包括:

（一）年度报告。

（二）重大事项临时报告。

（三）法律、法规、规章和监管部门规定披露的其他信息。

**第十条** 融资性担保公司应当按照本指引的规定编制和披露年度报告，年度报告应当至少包括以下内容:

（一）公司概况。

（二）公司治理和内部控制。

（三）风险管理。

（四）担保业务总体情况和融资性担保业务情况。

（五）资本金构成和资金运用情况。

（六）财务会计报告。

融资性担保公司委托外部评级机构进行主体信用评级的，应当将公司信用评级报告内容概要在年度报告中予以披露。

**第十一条** 融资性担保公司应当在公司概况中披露下列信息:

（一）公司简介。

（二）经营计划。

（三）组织架构、分支机构设置及人员情况。

（四）合作的金融机构。

**第十二条** 融资性担保公司应当在公司治理和内部控制中披露下列信息:

（一）公司最大十名股东或实际控制人名称、基本情况及报告期内变动情况。

（二）本年度内召开的股东（大）会重要决议。

（三）董事会的构成及其工作情况。

（四）监事会的构成及其工作情况。

（五）高级管理层的构成及其基本情况。

（六）内部控制情况，重点披露公司内部控制建设和执行情况。

**第十三条** 融资性担保公司应当披露下列风险管理情况:

（一）风险管理概况。包括：风险管理的原则、流程、组织架构和职责划分以及新建制度，经营活动中面临的主要风险，准备金的提取标准，代偿损失的核销标准，反担保措施的保障程度，风险预警机制和突发事件应急机制情况。

（二）信用风险管理。包括：信用风险的管理方法，产生信用风险的业务活动，信用风险暴露的期末数。

（三）流动性风险管理。包括：影响流动性的因素，反映流动性状况的有关指标以及流动性资产与一年内到期担保责任的匹配情况，流动性风险的管理方法。

（四）市场风险管理。包括：因利率、汇率以及其他因素变动而产生的总体市场风险水平及不同类别市场风险水平，市场风险的管理方法。

（五）操作风险管理。包括：由于内部程序、人员、系统的不完善或执行不力，或外部事件造成的风险，操作风险的管理方法。

（六）其他风险管理。包括：可能对公司、债权人和其他利益相关者造成严重不利影响的其他风险因素，公司对该类风险的管理方法。

**第十四条** 融资性担保公司应当就本年度担保业务总体情况和融资性担保业务情况分别披露下列信息：

（一）承保情况：期末在保余额、当年累计担保额、近三年累计担保额。

（二）代偿情况：当年新增代偿额、近三年累计代偿额。

（三）追偿及损失情况：当年代偿回收额、近三年累计代偿回收额和累计损失核销额。

（四）准备金情况：未到期责任准备金余额、担保赔偿准备金余额、一般风险准备金余额。

（五）集中度情况：最大十家客户集中度明细、最大三家关联客户集中度明细。

（六）放大倍数：担保业务放大倍数、融资性担保业务放大倍数。

（七）业务质量：担保代偿率、代偿回收率、担保损失率、拨备覆盖率。

（八）接受监管部门检查和整改的情况。

**第十五条** 融资性担保公司应当披露本年末资本金构成及本年度资金运用明细。

**第十六条** 融资性担保公司披露的财务会计报告应当至少包括：资产负债表、利润表、现金流量表、所有者权益变动表以及财务报表附注。

融资性担保公司披露的财务会计报告应当按照《企业会计准则》的有关规定编制。

**第十七条** 融资性担保公司发生重大事项，应当制作重大事项临时报告并及时披露，法律、法规、规章及有关规定禁止披露的信息除外。重大事项包括但不限于下列情况：

（一）公司第一大股东变动及原因。

（二）公司董事长、监事会主席（监事长）、总经理变动及原因。

（三）公司名称、公司章程、注册资本和住所的变更。

（四）公司合并、分立、解散等事项。

（五）公司的重大诉讼事项。

（六）其他可能严重危及公司正常经营、偿付能力和资信水平，影响地区金融秩序和社会稳定的事件。

**第十八条** 融资性担保公司披露的重大事项临时报告应当至少包括：重大事项发生的时间、基本情况、可能产生的影响、已采取和拟采取的应对措施。

## 第三章 信息披露的管理

**第十九条** 融资性担保公司应当建立健全信息披露制度，完善信息披露流程，指定专人负责信息披露事务。

**第二十条** 融资性担保公司应当于每年 4 月 30 日前披露上一年年度报告，因特殊原因不能按时披露的，应当至少提前 10 个工作日向监管部门申请延期披露。

**第二十一条** 融资性担保公司应当将重大事项临时报告自事项发生之日起 3 个工作日内及时披露。

**第二十二条** 融资性担保公司可以采用邮寄、电子邮件或其他适当的方式将年度报告全文和重大事项临时报告送达债权人及其他利益相关者。

融资性担保公司应当将年度报告同时报送监管部门。

**第二十三条** 融资性担保公司董事会或总经理对公司披露信息的真实性、准确性、完整性和及时性负责。公司的年度报告和重大事项临时报告由法定代表人签署。

融资性担保公司设独立董事的，独立董事应当就所披露信息的真实性、准确性、完整性和及时性发表意见并单独列示。

## 第四章　附　　则

**第二十四条**　本指引没有规定、但不披露相关信息可能导致对公司经营管理和风险状况产生错误判断的，融资性担保公司应当将相关信息视为关键信息及时予以披露。

**第二十五条**　本指引适用于在中华人民共和国境内依法设立的融资性担保公司，公司制以外的融资性担保机构信息披露参照本指引的有关规定执行。

**第二十六条**　本指引涉及的指标适用《融资性担保行业统计报表制度》的有关规定。

**第二十七条**　本指引自发布之日起施行。

# 中国银监会关于印发《融资性担保公司内部控制指引》的通知

（银监发〔2010〕101 号）

各省、自治区、直辖市融资性担保机构监管部门：

《融资性担保公司内部控制指引》已经 2010 年 7 月 23 日融资性担保业务监管部际联席会议审议通过，现印发给你们，请结合实际认真贯彻落实。

请将本通知转发至辖内各融资性担保机构。

二〇一〇年十一月二十五日

# 融资性担保公司内部控制指引

## 第一章　总　　则

**第一条**　为建立健全融资性担保公司内部控制制度，防范融资性担保业务风险，促进融资性担保公司稳健经营，根据《中华人民共和国公司法》、《融资性担保公司管理暂行办法》等有关规定，制定本指引。

**第二条**　本指引所称监管部门是指省、自治区、直辖市人民政府确定的负责监督管理本辖区融资性担保公司的部门。

**第三条**　本指引是监管部门对融资性担保公司内部控制进行监督和评价的依据。融资性担保公司应当遵循本指引建立健全内部控制制度。

**第四条**　本指引所称内部控制是融资性担保公司为实现经营目标，通过制定和实施一系列制度、程序和方法，对风险进行事前防范、事中控制、事后监督纠正的动态机制和过程。

**第五条**　融资性担保公司内部控制的目标：

（一）确保法律、法规、规章和公司内部规章制度的贯彻执行。

（二）确保公司发展战略的全面实施，经营目标和效率的充分实现。

（三）确保公司风险管理体系的有效性。

（四）确保业务记录、财务信息和其他管理信息的真实、准确、完整

和及时。

**第六条** 融资性担保公司内部控制应当遵循以下原则：

（一）全面性原则。内部控制应当贯穿公司的各项业务流程和各个操作环节，覆盖所有的部门和岗位，并由全体人员参与，任何决策或操作均应有案可查。

（二）重要性原则。内部控制应当在全面控制的基础上，关注重要业务和高风险事项。

（三）制衡性原则。内部控制应当在治理结构、机构设置及权责分配、业务流程等方面相互制约、相互监督，同时兼顾运营效率。内部控制的监督、评价部门应当独立于内部控制的建设、执行部门，并有直接向董事会、监事会和高级管理层报告的渠道。

（四）适应性原则。内部控制应当与公司经营规模、业务范围、竞争状况和风险水平等相适应，并随着情况的变化及时加以调整。

（五）成本效益原则。内部控制应当权衡成本与效益，以合理的成本实现有效控制。

**第七条** 融资性担保公司应当在内部环境、风险评估、控制活动、信息与沟通、内部监督等方面采取必要的制度、程序和方法，建立科学、有效的激励约束机制，培育良好的内部控制文化，为全体员工创造充分了解内部控制要求，忠实、勤勉、合规、审慎履行职责的环境和氛围。

## 第二章 内部控制职责

**第八条** 融资性担保公司应当明确划分董事会、监事会、高级管理层之间、相关部门之间、岗位之间、上下级机构之间的职责，建立职责清晰、相互监督制约的机制。

**第九条** 董事会负责保证公司建立并实施充分而有效的内部控制体系；负责定期检查评价整体经营战略和重大政策的执行情况；负责确保公司在法律和政策的框架内审慎经营，明确设定可接受的风险程度，确保高级管理层采取必要措施识别、评估、监测并控制风险。

**第十条** 监事会负责监督董事会、高级管理层完善内部控制体系；负责监督董事会及董事、高级管理层履行内部控制职责；负责要求董事及高级管理人员纠正其损害公司利益的行为并监督执行。

**第十一条** 高级管理层负责制定内部控制政策，对内部控制体系的充分性与有效性进行监测与评估；负责保证董事会决策的贯彻落实；负责建立和完善内部组织机构，形成有效的内部激励约束机制；负责建立识别、评估、监测并控制风险的程序和措施，并保证内部控制的各项职责得到有效履行。

**第十二条** 融资性担保公司应当设立专门的风险管理部门。风险管理部门应当独立于其他业务部门，负责具体制定并实施识别、评估、监测和控制风险的制度、程序和方法，保障风险管理目标的实现。

不设首席风险官的融资性担保公司，风险管理部门负责人的任免、薪酬待遇由总经理决定，但应当事先征得董事会同意。

风险管理负责人（首席风险官、不设首席风险官的融资性担保公司风险管理部门负责人）对项目审批机构表决通过的项目持有否定意见时，应当将意见提交总经理。如总经理否定风险管理负责人意见，而风险管理负责人坚持自己意见的，总经理应当将有关争议提交董事会研究决定。

**第十三条** 融资性担保公司应当对项目审批实行统一的法人授权制度，明确规定项目审批人的权限和审批程序，严格按照权限和程序审批业务。

上级机构应当根据下级机构的风险管理水平、资产质量、所处地区经济环境以及担保额度等因素，合理确定项目审批权限。

**第十四条** 对于额度较大的担保或投资项目，融资性担保公司应当通过建立有效的项目审批机构进行集体决策。项目审批机构应当有经验丰富的专业人士参加。项目审批机构审议表决应当遵循集体审议、明确发表意见、多数同意通过的原则，全部意见应当记录存档。

**第十五条** 融资性担保公司各个部门和岗位应当有正式、成文的岗位职责说明和清晰的报告关系。

融资性担保公司对各项业务都应当有明确的保前调查、保时审查、保后检查的工作标准和尽职要求。

## 第三章 业务活动的内部控制

**第十六条** 融资性担保公司应当以融资性担保业务为核心主业，在法律、法规和规章允许的范围内开展其他业务。

**第十七条** 融资性担保公司应当制定和完善全面、系统、成文的业务政策和相关管理制度，明确规定融资性担保的对象、范围、方式、条件、程序、担保限额以及禁止担保等事项。

**第十八条** 融资性担保公司应当规范项目受理、评审、审批、签约承保、保后监管、代偿、追偿等全部业务环节的工作流程、操作规则和运行机制。

**第十九条** 融资性担保公司应当制定符合法律、法规、规章、政策和公司章程要求的明确的项目受理标准。负责项目受理的人员应当严格审查担保申请人资格的合法性、融资背景以及申请材料的真实性。

**第二十条** 融资性担保公司应当制定符合法律、法规、规章、政策和公司章程要求的明确的项目评审标准。评审标准应当包括定性标准和定量标准。

**第二十一条** 项目评审应当从定性、定量方面作出依据充分的分析判断；应当全面考察项目情况，评估拟设定的反担保措施的合法性、标的的价值和可实现性；应当严格评审被担保对象的财务状况，认真核查各类财务报表、产品库存和业务合同，查清其真实性、合法性和价值；应当严格审查担保项目所融资资金的用途，确保通过担保融资的资金用于符合国家产业政策和改善民生的活动。

**第二十二条** 项目评审人员不得少于2人。项目评审人员应当对评审项目进行实地考察。评审结束时，项目评审人员应当制作项目评审报告，包括项目基本情况、风险因素、评审结论以及拟设立反担保措施在内的担保方案等内容。

**第二十三条** 项目审批机构和人员应当切实核查所提交的全部项目资料，重点把握项目风险因素和保障措施。必要时项目审批机构和人员应当对项目进行实地考察。

**第二十四条** 融资性担保项目签约承保应当明确各类合同生效条件和签订程序；遵循先落实保障措施后签约承保的原则，依法办理反担保抵质押登记；核实债权人、债务人的签约资格和权限，加强印章管理。

**第二十五条** 融资性担保公司应当根据合同约定要求被担保人按期提供财务报表，并进行保后现场检查；应当根据实际情况对全部或部分在保项目进行及时的风险排查，并逐步实现对在保项目的风险分类。

**第二十六条** 融资性担保公司应当合理调控项目集中度，避免可能出现的集中代偿。当代偿率出现大幅度上升时，融资性担保公司应当暂时停止办理新的担保项目。

**第二十七条** 融资性担保项目发生代偿时，融资性担保公司应当依据法律和合同约定切实履行担保人的权利和义务，及时对被担保人和反担保人的相关财产采取必要保全措施。

融资性担保项目发生代偿后，融资性担保公司应当及时进行追偿。追偿应当以最大限度减少损失为原则。追偿小组应当由原经办人员、法律、风险管理、审计等部门人员组成。

不符合有关法律法规规定、不符合财务制度规定时限的代偿损失不得核销。代偿收入应当按有关财务制度处理。

**第二十八条** 融资性担保公司对于政府重点支持的、成熟的、额度较小的担保项目，可以采取简易程序。按照简易程序办理的项目也应当进行必要的评审，采取合理的风险防范措施，落实项目评审、审批责任人。

**第二十九条** 融资性担保公司设立新的机构或开办新的业务，应当事先制定相关流程和规则，对风险因素进行计量和评估，并提出风险防范措施。

**第三十条** 融资性担保公司应当按《融资性担保公司管理暂行办法》的有关规定建立对关联交易进行监督和控制的机制。融资性担保公司从事关联交易应当符合诚实、信用和公允原则，不得以优于对非关联方的条件为关联方提供担保。

**第三十一条** 融资性担保公司的其他业务，包括非融资性担保业务、投资业务等，应当与其融资性担保业务相匹配，严格防止风险累积和叠加。

**第三十二条** 融资性担保公司应当按照有关法律法规的要求建立健全财务、会计管理制度。

融资性担保公司应当严格控制财务风险，保持资本充足、拨备充足。

## 第四章 内部控制的监督与纠正

**第三十三条** 融资性担保公司应当建立内部控制报告、评价和纠正的机制，对内部控制的制度建设以及执行情况定期进行回顾和评价，并根据国家相关规定、组织结构、经营状况、市场环境的变化进行修订和完善。

业务部门、内审部门及其他相关部门和人员应当经常对各项业务经营状况进行检查，及时发现内部控制存在的问题，并应当有畅通的报告渠道和迅速有效的纠正措施。

**第三十四条** 融资性担保公司应当建立有效的信息交流和反馈机制，确保董事会、监事会、高级管理层及时了解公司经营和风险状况，确保有关信息能够在相关部门和员工中顺畅传递和反馈。

**第三十五条** 内审部门和岗位应当有权获得公司的所有经营信息和管理信息，并对各个部门、岗位和各项业务实施全面的监督和评价。

**第三十六条** 融资性担保公司应当按照规定进行会计核算和业务记

录，建立完整的会计、统计和业务档案并妥善保管，确保原始记录、合同等资料真实、完整。

融资性担保公司应当及时按规定提供、披露财务信息，接受同级财政部门的财务监督。

**第三十七条** 融资性担保公司应当建立有效的核对、监控制度，对各种账证、报表定期进行核对；对现金、有价证券等资产和反担保抵质押物进行及时盘点和有效的持续监控，切实掌握相关变动情况，并及时采取必要的补救措施；对办理的融资性担保业务和相关业务实行复核或事后监督，对重要业务实行双签制度，对授权执行情况进行监控。

**第三十八条** 融资性担保公司应当按照有关规定，聘请具有相应资质的社会中介机构进行年度全面审计，其中应当包括对尽职调查的审计。审计报告应当及时报送董事会和股东（大）会，并抄送监事会。

**第三十九条** 融资性担保公司应当建立有效的应急管理机制，制订应急管理预案，定期进行测试。在突发事件或紧急情况发生时，应当按照应急管理预案及时处置，以预防或减少可能造成的损失，确保业务持续开展，并按有关规定建立健全重大风险事件报告制度和信息披露制度。

## 第五章 附 则

**第四十条** 本指引适用于在中华人民共和国境内依法设立的融资性担保公司，公司制以外的融资性担保机构参照本指引的有关规定执行。

**第四十一条** 本指引自发布之日起施行。

# 中国银监会关于促进银行业金融机构与融资性担保机构业务合作的通知

（银监发〔2011〕17号）

各银监局，各政策性银行、国有商业银行、股份制商业银行、金融资产管理公司，邮政储蓄银行，各省级农村信用联社，银监会直接监管的信托公司、企业集团财务公司、金融租赁公司：

《国务院办公厅关于进一步明确融资性担保业务监管职责的通知》（国办发〔2009〕7号）和《融资性担保公司管理暂行办法》（银监会等七部委令2010年第3号，以下简称《办法》）发布实施以来，按照国务院确定的监管体制，各地政府高度重视融资性担保行业的发展，确定监管部门并积极制定本地区的相关管理办法、对现有融资性担保机构进行规范整顿，融资性担保机构已开始步入良性健康发展的轨道。为进一步促进银行业金融机构与融资性担保机构平等合作，互利共赢，现就加强双方业务合作有关事宜通知如下：

一、充分认识加强银担合作的意义。加强银担合作是银行业金融机构促进经济社会发展，缓解小企业和“三农”贷款难、担保难的一项重要举措，有利于银行业金融机构拓展业务领域，控制业务风险。各银行业金融机构要转变观念，在风险可控、遵循市场原则的基础上，采取有效措施进一步加强银担业务合作。

二、要善于借助融资性担保机构的增信作用。通过加强银担合作，拓展业务领域，改进小企业和“三农”金融服务，培育新的业务和利润增长点。

三、注重对融资性担保机构资质的审查。自2011年3月31日起，银行业金融机构应将融资性担保机构持有经营许可证作为开展合作的一个必要条件，并根据担保机构公司治理、风险管控、依法合规经营情况以及资本、信用、经营业绩等实际情况确定合作的深度与广度。

四、建立适合融资性担保机构承保贷款（以下简称担保贷款）特点的业务模式。推出符合小企业需求和经营特点的信贷品种，进一步优化审贷流程，提高担保贷款的审批、发放效率。

五、合理确定担保贷款的利率。对担保贷款中的小企业贷款、“三农”贷款、“民生”项目贷款以及战略性新兴产业贷款，银行业金融机构

要根据相关政策落实有关利率优惠政策。

六、致力于与融资性担保机构的长期稳定合作。双方要根据市场原则，协商一致，建立公平诚信、互惠互利的协作关系，在合同中明确约定承担担保责任的方式。银行业金融机构应对融资性担保机构代偿后的追偿活动提供必要的协助，银行业金融机构之间要加强信息沟通和共享，对融资性担保责任总余额按不超过其净资产的10倍掌握。

七、严格落实担保贷款管理制度。认真做好贷款“三查”，加强贷后跟踪管理，对信贷资金流向和用途情况进行持续动态监测并做好相关风险分析、预警及防范工作。

八、加强与融资性担保机构的信息沟通。合作过程中，双方应及时共享项目运营及风险预警信息，共同开展风险防范和化解工作。银行业金融机构要积极为融资性担保机构及其监管部门依法查询、确认有关信息提供协助和便利。

九、及时掌握融资性担保行业动态信息。包括政策变化及监管发展情况，积极关注融资性担保行业环境建设、风险补偿机制及国家相关扶持政策对行业发展的影响，加强对融资性担保行业的运行分析，准确把握双方业务合作趋势。

十、促进公平、公正的担保行业环境建设。银行业从业人员要恪守职业道德，项目经办人员和审批人员如与合作的融资性担保机构或担保项目有利益关系应主动回避。银行业金融机构从业人员不得在融资性担保机构中兼职，不得利用职务之便与亲属及其他利益关系人投资入股或实际控制的融资性担保机构进行业务合作，不得利用职权指令与某一特定融资性担保机构合作。

各银监局要充分了解和掌握辖内融资性担保行业及融资性担保机构的经营发展情况，严密监控担保贷款风险及主要问题，并将相关情况及时通报辖内银行业金融机构，并抄送当地融资性担保机构监管部门，采取有效措施促进辖内银担合作的健康稳定发展。

请各银监局将本通知转发到辖内银监分局及银行业金融机构。

二〇一一年二月二十七日

# 附录二 典型担保机构信用评级体系介绍

## 金融担保机构信用评级方法

穆迪投资者服务公司（Moody's Investors Service）（以下简称穆迪）由约翰·穆迪于1909年创立，是世界三大评级机构之一，同时也是著名的金融信息出版公司。穆迪公司先后对100多个国家的政府和企业所发行的10万余种证券进行了信用分析与评估。截至2005年底，穆迪评估了全球12个金融担保机构和再保险公司，共计约2万亿美元的在保余额和50亿美元的债券评级。此外，我们编译了穆迪对金融担保机构的信用评级方法，包括评估金融担保机构时关注的核心要素及评级体系，与读者共享。

### 一、金融担保机构信用评级框架

信用评级反映了评级机构对金融担保机构长期风险的看法，具有前瞻性和预测性。仅依据被评级机构的财务状况，不能准确预测其未来的业绩和财务实力。因此，评级体系涉及的分析方法除了定量分析还有定性分析，包含了分析师的观点与判断。

金融担保机构的评级体系主要包括五个核心因素（附图1）：

1. 运营价值和发展战略；
2. 担保组合特性；
3. 资本充足性；
4. 盈利能力；
5. 财务弹性。

这些相互依存的因素构成了金融担保机构的经营状况与信用基础。五个因素之间的关系可以概括如下：公司的运营战略决定了担保组合，担保组合特性决定了保持充足偿付能力所需的资本充足水平，资本需求影响到公司盈利能力，盈利能力将反过来会影响发展战略和运营价值，这些经营状况进一步受到财务弹性（诸如资本可获得性和资本筹集成

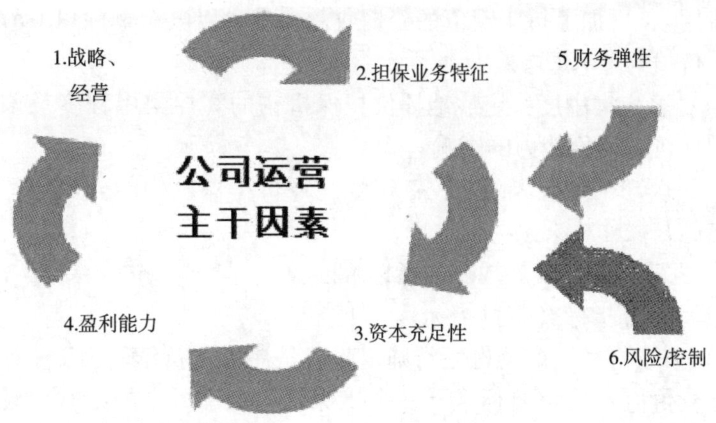


**附图1 公司运营核心因素**

本)、监管环境、市场趋势、竞争状况和行业特定风险等外部因素的影响。

分析师的评估还会涉及会计政策和信息披露、监管环境、非金融担保业务、流动性风险、对新运营企业的特别处理等，并要评估被评级机构得到的显/隐性支持，以得到财务评级结果及支持评级结果。

（一）发展战略和运营价值

1. 发展战略和运营价值的重要性。

发展战略和运营价值代表了公司发展和维持在市场竞争优势地位的能力——这是企业未来商业价值的体现。一个金融担保机构的竞争地位和实力增长的前景，决定了未来收益及内部盈利能力。此外，具有较强的市场地位和品牌的担保机构能更好地经受长期低迷的营商环境的影响，能更好地利用潜在的盈利机会实现在未来更好的发展。有理由相信此类公司更有可能在不同的经济时期均能够偿还债务，这意味着更高的评级结果。反之，那些运营较弱的担保机构更容易遭受经济周期影响。经济危机通常促使定价能力弱、客户少因而利润率低的公司铤而走险进入不熟悉的领域，承受新的、不熟悉的风险或债台高筑以提高利润率。

2. 发展战略和运营价值包含的分类指标。

（1）市场占有率：在保余额占穆迪所评机构所有在保余额的百分比。

（2）基础市场占有率：签约保额占穆迪所评机构所有签约保额的百分比。（注：对再保险公司，签约保额指受让的再保险金额。）

（3）业务储备（ABV/AV）：计算方法是以公认会计准则（GAAP）

计算的账面价值减去累计其他综合收益（AOCI），加上应收保费（扣减相关费用），再加上折为现值的分期收款保费，以上余额除以GAAP计算的账面价值与AOCI之差。

（4）客户集中度：定性地评价担保机构的客户集中程度及该集中程度对担保机构议价能力的影响。

（5）公司治理及风险防控：定性地评价担保机构的公司治理与风险防控措施与操作构架。

3. 运营价值和发展战略的指标解读。

（1）财务指标（定量指标）。

1）市场份额。市场份额与确定收入是评价“持续能力”（如定价能力与运营价值）的重要标准。一个担保机构在市场中的绝对规模和相对规模同市场接受度、品牌和竞争地位密切相关。如果担保机构的实际收入主要来源于承保业务，那么业务量的绝对规模就能够说明其未来收益的潜力。此外，市场份额影响保证人的承保能力、定价原则和对新增业务的风险管理。承保规模也能一窥该担保机构的规模经济，这在很大程度上决定了未来的盈利能力。

在一个新市场参与者众多、激烈竞争的行业，我们会通过观察新业务的份额变化趋势来观察可能变化的竞争地位。在一定程度上，更多的金融担保机构意味着更广泛的业务选择范围，特别是经济低谷期尤为明显。然而，在更市场化的产品市场的占有率长期保持不变则有可能是竞争地位改善或恶化的指标。

2）未来收益。调整后的账面价值与实际账面价值之比指担保机构未来确定能收到的收益与目前账面价值之比。它考虑了合同未来收益的程度和质量。如果出现严重的信用危机，未来的保费不一定总能收到，因此我们对分期交纳的保费折为现值后再打八五折。再保险公司未来收益的不确定性更大，原因可从再保险合约上找到：如果某评级机构降低了再保险机构的评级，分保机构有权终止合约或减少再保险额度，相关的风险和收益回归分保机构。历史数据表明，一旦发生上述降级事件，再保险机构的业务会大量回归分保机构。因此我们对再保险的合同保额打七五折。

（2）定性指标。

1）客户集中度：相对于拥有相对广泛来源客户群体的公司来说，客户集中度较高的公司更容易遭受大幅度的业务量下降。如果一家公司的大部分业务都来自少量客户，那么任何一家客户出现任何原因的需求危

机都可能对公司的未来业务前景和发展战略产生重大影响。此外，如果某公司的业务高度信赖于几家大客户，而客户们又可能有其他选择时，该公司的谈判能力变得很低，可能迫于压力接受不利的商业条款。

在金融担保行业，由于发行人和交易对手繁多，多数担保机构很少面临客户集中的风险。另外，对于单一险种再保险公司来说，其业务来源是极少数的分保商，再保险业务容易受到分保商的影响，容易发生业务量下降、降价或逆选择等不利变化，从而影响业务前景。

2）管理特点：管理质量和公司治理是公司实现战略与运营价值成败的关键。因此，我们的评级考虑了管理团队的信誉、能力、经验和可靠性。金融担保业务本身具有竞争激烈、不断发展的特点，要求其管理层有远见并且有执行力。管理层的长期视野、风险意识、财务与运营杠杆意识、资金策略以及回馈股东价值等观念都很重要。收购/剥离，合资/战略联盟等发展策略等也会影响担保机构的风险状况。

管理团队的风险意识决定了公司的风险和杠杆偏好。因此，管理层能否建立并执行严格的风险管理、制定并执行合理的资金规划，是我们评判信用风险的重要因素。要判断管理层的经验，跟踪记录，成功的管理，维持公司营运的能力，盈利和资本状况，能够避免冲动决策、保持战略的稳定以及公司财务与经营灵活性的管理层是有成效的管理层。通过考察准备金、投资、利润与风险控制，可以看出公司的抗风险能力与资金状况。管理层的战略，与业绩总体增长或新业务的发展一样，决定了担保机构的信用状况。通过观察管理层如何应对宏观经济、竞争与监管环境的挑战来了解他们的目标与动机。

3）公司治理：由董事会主导的公司治理，与管理层的工作一样，也影响着公司的财务与信用状况。公司治理的好坏取决于公司董事会的独立性，专业知识和参与程度，以及与管理团队和企业战略的配合。董事会应独立审查关键财务指标与风险控制流程。董事会对于公司内部保持适宜的专业操守具有决定性的作用。激励机制与董事会对激励措施的看法会影响管理层的工作动力。建立管理层与员工薪酬与公司长期价值挂钩的激励措施有助于公司信用的提升。

同时，应关注大股东的回报、激励、交易记录以及资源情况，原因是不管经济平稳还是低迷，他们都会考虑投资回报。公司治理也包括董事会与管理层如何平衡股东、债权人以及相关方可能发生的利益冲突。对金融担保机构而言，由于市场评级会影响到业务以及商业价值，股东与债权人的利益高度一致。这种一致驱使管理层唯股东利益是瞻而非债权人的利益。这也意味着公司更有可能沿袭既定的业务模式。

4）风险管理：管理团队和董事会识别、监督、管理和减轻风险的能力是一个企业减少突发事件和波动并保护其保单持有人和其他利益相关者利益的关键。金融担保公司必然承担风险，无论是在承销、投资、销售行为、收购或其他区域。但重要的是，管理层（和董事会）了解风险、采取积极地应对措施来管理风险以维持财务稳定和灵活性，维持公司信誉、市场地位和资本市场的信心。风险管理是担保公司治理和经营管理的重要组成部分。

5）与管理、治理和风险控制的相关评估：由于评估点多样，对管理和治理的评级在本质上是主观的。通常会先预设管理层能力充分、公司治理与风险控制设计适当、执行顺畅。为了检验这一工作设想，评估人员应定期与管理层成员，甚至与董事会成员会面。

附表1　　运营价值和发展战略的核心因素

| | Aaa | Aa | A | Baa | 非投资级别 |
|---|---|---|---|---|---|
| 市场占有率 | 10% ~20% | 5% ~10% | 3% ~5% | 1% ~3% | 低于1% |
| 基础市场占有率 | 10% ~20% | 5% ~10% | 3% ~5% | 1% ~3% | 低于1% |
| 再保险市场占有率 | 高于67% | 33% ~67% | 13% ~33% | 7% ~13% | 低于7% |
| 业务储备 | 1.3 ~1.5 倍 | 1.15 ~1.3 倍 | 1.05 ~1.15 倍 | 1.00 ~1.05 倍 | 低于1.00 倍 |
| 客户集中度 | 从更宽泛的客户范围增加收入来源（非常强） | 从相对有限集中的客户增加收入来源（强） | 从独立的最大客户范围内增加收入来源（适中） | 从高度独立的大客户范围内获取收入（有限） | 从相对高度独立的大客户范围内获取税收（非常有限） |
| 管理质量、公司治理与风险管理 | 全面发展的团队管理及治理结构（非常强） | 必要的发展及治理结构（强） | 相对全面发展的团队管理和治理结构（适中） | 有限的团队管理和治理结构（有限） | 较弱的团队管理和治理结构（非常有限） |

（二）担保组合

1. 担保组合的重要性。

投资组合的重要性体现在，它反映了管理层的风险偏好与承保政策以及该机构未来的业务趋势。可采用仿真模型来评估金融担保机构的业务风险。虽然很难获得在保余额坏账率的确切数字，但通过高置信区间的压力测试可以得出大概数。通过普通情况以及较差情形的敏感性测试，

可以测出业务的风险。需要说明的是，这种敏感性测试只能说明现有的业务组合下的可能损失，不代表未来签发的业务风险。由于财务评级是基于长期，因此评价业务风险时也必须关注公司未来业务以及管理层在既定市场环境下执行担保策略的能力。另外，不同公司掌控风险的能力也不同。

2. 担保业务组合的分类指标和评价标准。

（1）信用质量比率：已签发保单业务中的可能损失折为现值，除以在保余额扣除分保的部分。

（2）尾部风险比率：99.9%高置信区间的信用损失除以在保余额扣除分保的部分。

（3）非投资级担保项目占比：在保余额中非投资级业务额除以在保余额总额。

（4）最坏情况损失与资本比率：指出现“最坏情况损失”的业务额超过企业核心资本10%的部分除以核心资本。一项业务的“最坏情况损失”指如果出现最坏设想，哪怕是小概率的违约或大额损失时可能蒙受的损失。

3. 担保业务组合的指标解读。

担保业务评价模型的基础是对所有业务及其预估违约与损失的详细测试。该模型的结果有助于了解金融担保机构的业务特点。它提供了担保业务的信用质量、到期结构、与宏观经济波动与风险密切相关的证券市场分布等信息的可能损失分布。

（1）信贷质量比指担保业务预计累积损失的现值除以在保余额净值（即担保业务预期平均损失率）。该比率说明了担保业务的质量，与业务的领域、信用级别以及到期期限等相关联。本指标会因为公司规模和成熟度的差异而很难横向比较，但是其纵向趋势可以说明管理层对风险控制的态度变化。

（2）尾部风险比率指担保业务的压力损失与在保余额之比，与担保业务的信用质量、风险集中度和信用关联性相联系。压力损失（正态分布的右侧尾部）取决于担保机构的风险集中度，更具体地，指对非投资级别业务的高承保额、业务集中在单一客户或单一的ABS交易员、不稳定的领域与宏观风险。这些因素会增大尾部，提高“最坏情况损失”。

（3）除了上述模型计算出的比率，还有两项指标特别重要，即非投资级别交易额及对单一客户的大额交易。非投资级别交易额过高的金融担保公司相比较低的同行，质量波动性更大，损失水平也更高。评价方式是用非投资级别交易额除以在保余额。另外，单一交易额过大，即使这一交易出现损失的可能性非常小，也容易损害公司的核心资本。因此，对较大的单一交易，不采用常用预估损失法，而是假设它会出现最坏的情况。将所有可能导致损失超过10%核心资本的业务相加，再减去10%核心资本，可以测试单一风险集中度。

附表2　　担保业务组合分类指标汇总

| | Aaa | Aa | A | Baa | 非投资级别 |
|---|---|---|---|---|---|
| 信用风险比率 | 30bps ~ 60bps | 60bps ~ 100bps | 100bps ~ 150bps | 150bps ~ 200bps | Above 200bps |
| 尾部风险比率 | 75bps ~ 150bps | 150bps ~ 250bps | 250bps ~ 375bps | 375bps ~ 500bps | Above 500bps |
| 非投资级担保项目占比 | 0% ~3% | 3% ~6% | 6% ~10% | 10% ~15% | Above 15% |
| ∑（WCI > 10% of HC）/HC - | 0% ~50% | 50% ~120% | 120% ~200% | 200% ~300% | Above 300% |

（三）资本充足性

1. 资本充足的重要性。

对担保机构信用评估的核心是公司的经济资本和资本充足性（如偿付能力）或经营杠杆。经济资本具有缓冲作用，以便担保公司消化损失。资本充足性衡量公司的经营杠杆和业务量相对于核心资本的风险。维持充足的资本对于金融担保机构是非常重要的，不仅因为保险监管机构要求其维持最低资本水平以持续经营，也因为它影响债权人与投资者的认可程度。不充足的资本还会影响公司的增长能力及其战略。

2. 资本充足性的分类指标和评价标准。

（1）核心资本比率：核心资本（指注册资本、预提损失准备金、未收到保费准备金以及未来保费折现后的85%，减去投资业务风险与非核心业务的资本支出）除以损失额的99.9%。

（2）总资本比率：总资本（核心资本加上软资本）除以损失额的99.9%。

（3）分保比率：在保余额中分给再保险的比率。

3. 资本充足性的指标解读。

资本充足性反映了担保机构资本与业务特点与风险的匹配程度。穆迪评估公司资本与最坏情况下可能发生的损失之比。当然也考虑业务分保取得的资本支持。

金融担保业务风险模型用于计算压力损失与资本充足的关系。如上

所述，本模型纳入了公司所有承保的业务，分析其坏账可能性、到期日、在保净值与平均损失额，得出最终的损失分布。损失分布还受到风险集中度、关联度与宏观经济形势的影响。

资本充足性有两个重要指标。一是核心资本比率，即担保机构在恶劣情况下对公司现有核心资本的依存度。核心资本指注册资本加上预提损失准备金，加上未收到保费准备金以及未来保费折现后的85%，减去投资业务风险与非核心业务的资本支出。二是总资本比率，指担保机构在遇到比核心资本比率中假设的情况更加恶劣时，担保机构应对危机的能力。总资本指核心资本加上软资本的折现后价值。

特定担保机构的压力损失值可以从与其评级水平匹配的置信区间及损失分布的尾部数据获得。例如，评级为 Aaa 的担保机构的资本充足性计算方法如下：（1）99.9%的置信区间内核心资本与预计损失的比率；（2）99.9%的置信区间内总资本与预计损失的比率。对 Aa 评级的担保机构来说，核心资本与总资本的置信区间分别变为99.5%和99.9%（换言之，更靠近损失分布的尾部）。对 A 级担保机构，置信区间变为98.5%和99.5%，以此类推。

为了达到和保持某个评级，担保机构应符合正态分布尾部标准，保持与该评级一致的资本并略微上浮，以覆盖风险、缓冲模型计算误差、运营与业务风险。成熟担保机构的核心资本率与总资本率应不小于1.3倍，成长型公司不小于1.5倍。如果由于某种原因达不到，管理层应该采取积极措施在六个月内纠正，否则将有降级的风险。

不同评级的机构在尾部指标上有不同的要求，但对所有担保机构有一个最低要求（如，与其评级相对应，担保机构资本覆盖置信区间内可能损失的最低倍数为1.3倍）。在本方法中，为简便起见，以 Aaa 级公司的可能损失分布为标准，其核心资本与总资本覆盖可能损失的置信区间为99.9%和99.9%。以此类推，Aa 级公司的资本覆盖 Aaa 级置信区间内的可能损失最低倍数为1.15（Aaa 级为1.3倍），A 级公司对 Aaa 级公司可能损失的覆盖倍数为1倍。

充足的资本有助于抵御负面事件，同时，资本充足性应适当。如果核心资本率达到1.8倍，说明资本实力雄厚，但超过2倍则可能说明资金使用效率低下。

评价资本充足性的另一个要素是金融担保公司是否能够分保，借助再保险公司的资本实力。分保公司通过再保险，可增强资本实力、重塑业务结构、减少单一业务风险。但是过度信赖再保险也将分保公司置于不可控的环境下（例如主要的再保险机构降级）。因此，附表3中有对不同级别的担保公司可再保险业务的比例说明。

附表3 资本充足性指标汇总

| | Aaa | Aa | A | Baa | 非投资级别 |
|---|---|---|---|---|---|
| 核心资本率 | 1.30x～2.00x | 1.15x～1.30x | 1.00x～1.15x | 0.85x～1.00x | 低于0.85倍 |
| 总资本比率 | 1.30x～2.00x | 1.15x～1.30x | 1.00x～1.15x | 0.85x～1.00x | 低于0.85倍 |
| 分保比率 | 0.0%～10.0% | 10.0%～25.0% | 25.0%～40.0% | 40.0%～60.0% | 高于60% |

（四）盈利能力

1. 盈利能力的重要性。

担保机构盈利的多少与持续性是评价其信用级别的基础。收入水平决定了担保机构能否履行合同、偿付债务，收入是保持资本充足性的内部来源，保证该机构能够在市场上获得优惠条款。盈利能力说明了公司运行是否有效率，能够给予股东足够的回报，能够持续运营并保持经营策略的稳定。

2. 盈利能力的分类指标和评价标准。

（1）普通股收益（ROE）：三年平均回报除以股本。净收入减去分红与汇率对会计影响的税后调整额，除以每股股本（不包括累计其他综合收入）。

（2）损失率（SAP）①：三年平均损失与损失调整费用除以保费净收入。

（3）费用率（SAP）：三年平均签约成本除以保费净收入。

3. 盈利能力的指标解读。

一般来说，由于某一行业风险回报的相对关系，相对于低评级公司，更高评级公司往往有较高的盈利能力，较高的毛利率和净资产收益，收入波动也小。但是，金融担保业务模式较固定，行业内的相对收益较固定，担保机构收入有一半来源于大量优质的投资业务。

普通股收益（ROE）指标是衡量金融担保机构资本应用能力的良好措施。尽管债权人在破产程序中出于先于持股人的位序上，但是人们不能忽略股东对于管理层施加的压力足以影响到投资资本产生的回报。当投资回报和资金充足冲突时，例如足够的资本缓冲能够带来较高评级时，股本回报率需要让步。普通股收益（ROE）必须从一个公司的组织/法律

① 损失率与费用率在原文中的英文缩写均为SAP。

结构和对于特定行业的市场预期等方面综合考虑。比较普通股收益（ROE）时，还要考虑财务杠杆的影响，因为它关乎提高股东的回报。

毛利率代表了公司的盈利前景与运营效率。同样的，损失与费用可以说明公司的价格策略，保单质量与运营效率，尤其是当这些数据与行业平均水平出现较大偏差时。计算损失与费用比率时通常采用三年平均数据，因为业务数据很容易受到非正常项目与重大损失弥补的影响。当然，对于业务成长期的新公司，也可以一年为分析期间。

**附表 4　　盈利能力指标汇总**

| | Aaa | Aa | A | Baa | 非投资级别 |
|---|---|---|---|---|---|
| ROE－3 年平均 | 12.0%～16.0% | 10.0%～12.0% | 8.0%～10.0% | 5.0%～8.0% | 低于 5% |
| 损失率（SAP）－3 年平均 | 0.0%～15.0% | 15.0%～30.0% | 30.0%～50.0% | 50.0%～70.0% | 高于 70% |
| 费用率（SAP）－3 年平均 | 5.0%～20.0% | 20.0%～40.0% | 40.0%～60.0% | 60.0%～80.0% | 高于 80% |

（五）财务弹性

1. 财务弹性的重要性。

一家公司不仅应该有内部资本增长的能力，更应该有获得资本市场信心并表明其能够及时偿债的能力。金融担保机构通过投资、并购等来获得外部资本，以应付突发情况，如市场环境急剧恶化、收入波动或其他计划内与计划外的资本需求。评价金融担保机构的指标包括：收益偿还倍数、股息率、双重杠杆、资本可获得性。

2. 财务弹性的分类指标和评价标准。

（1）收益覆盖率：息税前运营收益减去未实现的衍生品收入与损失，除以利息与优先股股息。

（2）现金流覆盖率：子公司的股息能力除以利息与优先股股息之和。股息能力指无其他负债关系的股息（即没有法律限制），能被母公司的偿债能力抵消。

（3）双重杠杆：母公司对子公司的投资除以母公司股东的所有者权益。

（4）资本可获得性：定性分析公司以合理价格获得资本市场资金的能力。

3. 财务弹性的指标解读。

在大多数情况下，财务弹性参考控股公司的情况，这是集团内部分配债务与股权的问题。专业担保集团的债务能力反映在盈利能力与股息能力对利息与优先股的保障程度。当然这些数字每年都有变化。收益覆盖率等于集团收入（息税前，不包括衍生品的会计影响）除以利息与优先股股息之和。穆迪关注持续核心的收入对利息与优先股股息的保障程度。

由于某些子公司因为法律限制无法向母公司返还股息，收益覆盖率指担保机构实际能够从控股公司抽回现金的能力。现金流覆盖率指母公司单次能够从子公司抽出的最大额度的股息（不必考虑该公司持续运营的法定资本充足要求）。从现金使用角度，包括母公司的利息与优先股股息。

在分析覆盖率时，一般考虑利息费用和利益相关方支付现金存在的差异。此外还会评估现金流覆盖率和收益覆盖率的关系：（1）是否存在有大额收入但无法提取股息的地区；（2）母公司是否有能够提供大量与持续现金流的非限制性来源；（3）股息能力与收益能力之比。如果存在股息能力大大超过收益能力的情况，也许说明股息能力很难持续。对担保机构进行评级时，覆盖率是个很重要的指标，因此穆迪也很注意母公司是否持有大量非限制性资产。

另外一个衡量担保机构债务能力的晴雨表是杠杆率。财务杠杆可以衡量公司通过长期、短期或混合期间债券融资的能力。包括了所有用于公司经营的债务形式。金融担保机构通常很保守，一般保持约16%或是更少的财务杠杆比率。

双重杠杆可作为衡量专业金融担保机构债务能力的特别指标。双重杠杆考虑了母公司举债投资于子公司的情况。担保公司可以通过母公司举债，投资到子公司作为资本金，从而提高杠杆能力。

除了上述杠杆与收益偿还倍数等常用的指标，有时也需要对特殊情况作特别处理。例如，如果认为公司出于维护声誉或利益驱动，将会履行表外债务时，也应做出相应调整。相反，表内出现的已经有配套资金或能够自我覆盖的债务有可能会从财务杠杆与收益、现金流偿还率计算中剔除，因为这些债务是经营性债务而非融资性债务。

让资本市场保持对一个公司的信心非常重要。公司可能面临很多不确定情况需要大量资金，比如收购或业务发展，因此有良好的举债能力非常重要。如果无法以合理的价格或有利的条件取得资金，公司的财务弹性会受到影响。应关注金融担保机构获得市场资金的能力，不利的因素包括：过高的金融杠杆、过低的偿还倍数、不良交易记录以及重大

风险。

此外，还应关注公司债务安排的后备措施、信用证等相关问题。较少的限制、较多的后备措施有助于提高财务弹性，尤其是经济低迷时。

附表 5　　财务弹性指标汇总

| | Aaa | Aa | A | Baa | 非投资级别 |
|---|---|---|---|---|---|
| 收益覆盖率 | 10.0x～20.0x | 7.0x～10.0x | 1.0x～7.0x | 0.5x～1.0x | 低于0.5倍 |
| 现金覆盖率 | 6.0x～10.0x | 4.0x～6.0x | 1.5x～4.0x | 1.0x～1.5x | 低于1倍 |
| 双重杠杆 | 100%～120% | 120%～130% | 130%～140% | 140%～160% | 高于160% |
| 资本可获得性 | 公司通过实际的获取资金活动及（或是）增强评估来获取持续的市场占有。或者公司附属于一个级别较高（高于Aa）的公司（非常强） | 公司将重心放在增加资本活动及（或是）增强评估。或者公司附属于一个A级别的公司（强） | 有证据表明公司从事资本活动，或是附属于某个较低投资级别的公司（充足） | 有限的证据表明有从事资本的活动。附属的公司不属于投资组别（有限） | 未参与资本市场，附属公司非投资级别（非常有限） |

（六）其他影响因素

评级分析还会考虑许多其他不能通过数据测量的风险与财务因素：

1. 会计政策和信息披露。

相关和及时的财务信息是财务分析的重要部分。许多担保机构按照所属国的公认会计准则或国际会计准则编制财务信息，也有些信息有特定的制度要求，与公认会计准则有出入。在评价一个地区的会计政策时，一个独立于政府的会计准则制定机构被认为是正面因素。

财务信息披露在全球和地区内差异很大。某些地区监管机构能够主动配合提供财务信息，当然信息的深度也有差异。

财务信息与经济行为的一致性是财务分析的前提。某些会计准则能够准确地反映经济现实，但如果发现经济现实不能如实反映在财务报告中，报告将被进行相应调整。

2. 监管环境。

当地辖区的经济和政治的稳定和政府的支持/干扰程度对于担保机构的信用状况可以有很大的影响，无论是正面还是负面的。发达的资本市场可以使公司筹集足够资金以应付突发事件。

担保人的信用状况会受到下列因素的影响：监管规则，市场惯例，以及会影响竞争地位的规定或是产品税的变化，或者是重构行业版图的情况。无效的机制和监管当局的行为也会影响担保人的违约率和违约损失。

3. 非金融担保业务和流动性风险。

在过去的几年里，担保机构的非金融担保业务（包括投资管理，与担保的投资合同相关的服务以及中期票据）有大幅增长，并成为某些担保机构的重要业务组成部分。这些活动如果运作好的话，可以提供多样化的业务增量，甚至是整体商业模式的协同效益。然而，他们同样会带来不同的财务、业务、声誉或是资金流动性方面的风险，这些都会影响担保机构的核心业务，因此这些因素同样应被纳入考虑的范畴。

金融担保机构应具有良好持续的经济实力，同时具有保守的风险文化，这对公司商业价值有重要意义。因此，评价非金融担保业务时主要看它是否与公司业务模式保持一致，是否能够增加企业的价值，同时分散风险。

最后，将担保机构的非核心业务分为不同类别，一是核心金融担保业务的延伸，例如与担保的投资相关联的业务；二是低风险业务，如第三方资产管理（包括结构性投资工具）；三是与担保主业不相关的业务。金融担保机构维持评级与商业价值需要低风险与强实力，因此，评级高的担保机构的核心业务应该在集团的收入与经济资本中占据主导地位。

本评估方法对“核心外延业务”和“低风险业务”对总收入与经济资本的贡献要求有不同的容忍程度，即，核心外延业务比低风险业务的贡献程度可以更高。本方法也将区分低风险与相对高风险业务，尤其是当该业务影响到市场介入与流动性风险时。对专业金融担保机构来说，避免流动性风险是最高法则。在核心业务中，金融担保业务的标准条款以及信用违约掉期工具避免了叠加的索赔风险。但对某些非核心业务，流动性风险加大了，尤其是出现评级下降时。出于上述原因，有时会对甚至处在概念期的项目做出评估。

4. 对新运营企业的特别处理。

金融担保机构是对信用非常敏感的机构：成功的机构能够持续签发利润丰厚、低风险的保单，具有与业务规模相对应的强大而稳定的资本基础，能够满足股东期望稳定的回报。对于新进入者，这些特性很难在短期实现，因为建立多元化和持续盈利能力的业务框架需要时间。因此，在金融担保业，进入的门槛往往是相当高的。

在为一新成立的担保机构评级时，可用下列因素来评估未来前景，包括：目前的产业经济环境，业务规划与财务计划的可行性，管理层的能力与凝聚力，资本实力，投资者的目的与耐心等。假设五年上升期来评价公司的财务与经济发展计划，然后从评价常规担保机构的方法中选取关键要素与指标。五年上升期结束后，我们希望这个新公司的各项指标能够符合它的评级，但在五年期内并不总是这样（如，新企业运营第一年的利润率通常较低，随后上升）。最初的评级反映了我们对新公司在中期内建立可靠业务体系的期望值，而“滑翔期评价指标（Rating Metrics Glide - path）”则是我们评价新公司在上升期的基础。与该滑翔期指标的正面或负面的重大偏离都有可能导致该公司的评级产生改变。

如何选择进入时间？市场对信用的需求是市场周期的函数，也与资本市场在创新与多样化方面的步伐相关。成立一家金融担保机构不容易，在供大于求的行业萧条期更加困难。任何新公司进入，都希望在合理的时间内能找到优良的市场机会与竞争优势，以形成自己的商业价值。管理专业知识也是至关重要的。在任何起步阶段，应评估高级管理团队过去的经验和能力，不仅仅考查各自的核心学科经验的深度及广度，而且还评估是否有能力建立一个强有力的具备必要的专业技能的支持团队和运营基础设施。

新成立的金融担保机构在发展阶段会遇到一些独特的风险（例如，运营问题、业务量增长缓慢、承保失误），这些风险都会严重地危害启动资金和（或）恶化声誉，进一步延缓甚至妨碍业务体系构建。因此，无论现在和将来，对于新成立企业进行评估的重点均围绕资本充足性、投资者的耐心、决心和预期回报。

5. 从孤立评级到公开评级——对关联方支持的评估。

孤立地评估金融担保机构时上述方法都必不可少，但要得出最后的公开评级结果，还需要关注来自母公司或关联公司的支持（显性或隐性）。这样得出的结果往往比孤立评估的结果要好一些。

金融担保机构的最终评级结果受到其和母公司、子公司与关联方的关系（显性或隐性）所影响。如果明确能够获得支持，担保机构的支付能力提升，评级自然也上升了。

最重要的是，评价一个机构能够在多大程度上获得关联方的支持时，需要考虑很多因素，需要综合判断，没有一定之规。这些因素包括：担保机构在整个集团内业务模式的重要性，它与集团品牌、管理、分销及愿景之间的契合度以及集团支持的能力与意愿。评价支持的程度要看过去实际的支持行为与目前的公开陈述。

总而言之，评价担保机构能否获得有力的支持，主要看支持方有没有足够的经济动机。即使有人发表了强烈支持的公开声明，如果认定其中并无理性经济动机，将无法提高被支持机构的评级。

显性支持是指将支持方的信用实力转移到被支持方。通常的表现形式有：维持资本协议、最低净价值协议、再保险协议或某些形式的直接担保。其余还包括：管理合同、市场营销安排、再保险协议或分税协议。针对这些形式，应检查其法律实质、实施可能性、终止可能性，也会考虑这种支持（也包括隐性支持）是否会削弱母公司的信用并导致它的降级。

虽然大多数时候支持是加分因素，但也有受较弱的关联公司影响，最终评级比孤立评级较低的例子。例如，某金融担保公司的关联企业很弱，负债率极高，反过来会影响该担保公司的信用。历史经验表明，同一控制人下的企业，尤其在监管当局将对该企业采取行动时，资金通常会从好公司流向差公司。

6. 财务能力评级和其他评级之间的关系。

（1）财务能力和债券评级。财务能力评级评价的是担保公司和再保险公司是否能够及时履行义务和满足投保人的索赔。这些评级适用于直接从事提供信贷担保和风险业务的公司。虽然许多担保公司由业务部门承保，但是担保财务能力评级以法人实体为评价主体而非业务部门。

与此相反，长期债券评级则以具体发债人为评价主体。财务能力评级与债券评级的关系取决于在一定法律与制度框架内，担保机构出现清算、破产、重组等情况时保单持有人与债权人的相应受偿地位。

下面的章节将会讨论不同类别债权人之间等级关系，以数据表达出差异程度（按等级“缺口”表示）。这些都不是绝对的规则，而是解释财务能力评级和债券评级关系的指标。要注意如果一个金融担保公司的母公司债台高筑，或有很弱关联公司，即使它的资本强大，利润丰厚，相较于一个独立公司，财务能力评级反而较低，原因是不利因素的压力可能会施加在它的盈利和资本上。相反，如果一个公司能够获得哪怕是隐性的，但实力雄厚的股权关联公司的支持，财务能力评级可能提高。

（2）财务能力评级和其他评级之间的受偿顺序差异。财务能力评级通常是一个公司的最高评级，从分析的角度看，它是公司、母公司与关联公司发行其他证券的基础。我们通常将财务能力评级视为基础评级，其他评级按照具体合约及相关法律规定的受偿顺序而定。

监管机构通常给予金融担保机构的保单持有人最优先的受偿权，其次才是债务人与优先股权人等。因此，通常对债务的评级调低一级。在某些地区，保单受偿（或再保险保单受偿）与高级债务受偿的权利平等，这种情况下的财务能力评级与高级债务评级一致。但是，次级债务的评级将被调低两级而非一级，因为保单持有人与高级债务人的优先受偿使次级债务人的损失进一步扩大了。

金融担保机构除了允许其下属运营子公司发行优先股之后，通常不允许其发行其他种类的证券，否则这些证券本身以及母公司发行的相应证券级别都会受到影响。

（3）子公司的财务能力评级与母公司评级之间的差异。子公司的财务能力评级通常比母公司高级债务的评级高，反映了监管层对保单履约的重视，也反映了母公司通常的次级顺位。虽然子公司与母公司的违约可能性高度相关，但母公司债权人的损失会大很多，因为他们的受偿顺序在保单持有人与子公司债权人之后，即母公司债权人通常不受监管层的照顾，仅被视为普通的财务投资，只有子公司所有债务被清偿后才能获得补偿。

Aaa 级金融担保子公司的履约能力评级与其母公司的高级债务评级通常差别为两级（假设集团结构简单，只有一家子公司，并且该地区的监管严格）。低于 Aaa 级的公司，两者的差别通常为三级。原因是高级别的担保机构资本更加充足。当然这个差别会随着财务杠杆与其他关键信用因素的改变而改变。

（4）母公司经营多样性与流动性的影响。虽然通常子公司的履约能力评级与母公司的高级债务评级差别为两级，但如果母公司的收入大量来自于高质量的关联度较小的领域，这个差别会缩小。相反，如果母公司的收入主要来源是履约能力低于该子公司的关联公司，则这个差别会扩大（母公司的债务评级会以具有较低履约能力关联公司的评级为标准）。这种差别缩小还是扩大，取决于母公司旗下子公司收入的多样性、数量与质量。

如果母公司持续持有大量优质高流动性资产，以便危机时刻能够大量偿还债务，由于违约风险降低，上述差别也能够缩小。

## 二、信用级别确定方法

### （一）等级计分卡

本方法已经详细地分析了如何对金融担保机构财务实力进行评级，

另外，抽取了其中的主要因素建立了“等级计分卡”，用于简要评估担保机构评级浮动的范围。等级计分卡采用本方法中一系列称为“关键评级指标”的比率与要素。每个比率值都可在本方法的评级分值表中找到对应的点。

以财务弹性为例，某公司财务杠杆率为 125%，处于计分卡矩阵中 Aa 的范围，另一公司财务杠杆率为 135%，则位于 A 范围。一般而言，本矩阵可以由公开信息算出，但有些内容则需由风险模型的衍生数据（如核心资本率）得出。

（二）一级与二级要素的计算方法

从 Aaa 至 Ba 及以下的评级可以用数值反映。每个评级都有最大与最小比率值与分数范围。这个分数范围如附表 6 所示：

附表 6　　等级计分表

| 评级结果 | 得分 |
|---|---|
| Aaa | 0 ~ 1 |
| Aa | 1 ~ 2 |
| A | 2 ~ 3 |
| Baa | 3 ~ 4 |
| < Baa | 4 ~ 5 |

某公司的具体分数由该公司所处评级等级矩阵的最大最小值，采用线性插值法决定。附图 2 以核心资本率为例说明如何计算：

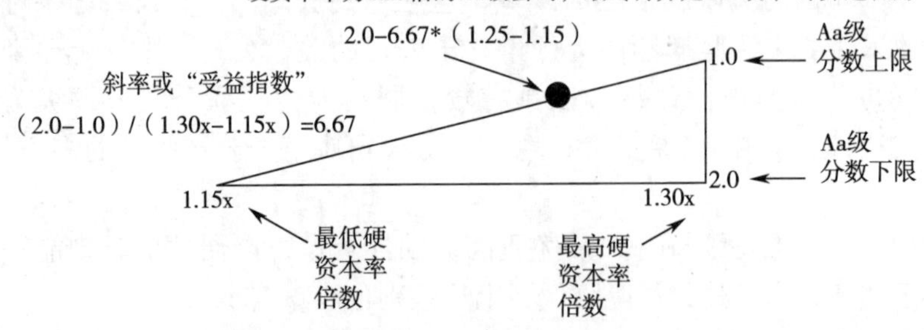


附图 2　计算尺图解

自然最大值：对 Aaa 企业，建立实际操作中的矩阵“自然最大值”，超过这个最大值的比率不能为总体评级加分。例如，对 Aaa 企业而言，

1.3倍的核心资本率是基本要求。1.8倍说明公司采取保守的资本管理策略。然而，超过2倍的核心资本率说明公司未能充分利用资本，不能为公司的资本充足性加分。

（三）要素权重

将次级要素数值乘以权重，得出主要因素数值与相应的评级范围。附表7显示的是对金融担保机构主观评级时采用的相对重要的主要与次级要素。

附表7　　要素权重

| 主要评级要素与次级要素： | 要素权重 | 次级要素权重 |
| --- | --- | --- |
| 要素1：运营价值及发展战略 | 25% | |
| 市场占有率 | | 25% |
| 市场总收入份额 | | 25% |
| 业务储备 | | 15% |
| 客户集中度 | | 10% |
| 发展战略、管理及风险防控 | | 25% |
| 要素2：担保组合特性 | 20% | |
| 信用质量比率 | | 25% |
| 尾部风险比率 | | 25% |
| 非投资级担保项目占比 | | 25% |
| 最坏情况损失与资本比率 | | 25% |
| 要素3：资本充足率 | 30% | |
| 硬资本比率 | | 50% |
| 总资本比率 | | 30% |
| 分保比率 | | 20% |
| 要素4：盈利能力 | 15% | |
| 普通股收益 | | 50% |
| 损失率 | | 20% |
| 成本率 | | 30% |
| 要素5：财务弹性 | 10% | |
| 收益覆盖率 | | 25% |
| 现金流覆盖率 | | 25% |
| 双重杠杆 | | 25% |
| 资本可获得性 | | 25% |

通过附表7，每个次级与主要因素都根据行业特点给予了权重，得出加权平均数，通过调整后找出其在Aaa到Ba范围内对应的点。例如，得分在1.0到1.3，对应评级为Aa1；1.3到1.7对应Aa2，以此类推。这个结果是纯数值的、客观的，并没有考虑到会计政策与披露、监管环境、非金融担保业务与流动性风险等因素。

计分卡评级结果与实际评级结果可能有出入，原因是权重设置不同或计分卡没有考虑公司特有的情况。由于母公司支持或管理政策等原因，计分卡评级结果与最终公布的评级结果可能不同。本计分卡评级方法，与市场评级方法一样，作为分析师评级时的一个步骤，为评级委员会提供了新的视野与角度。

# 信用与保证担保公司信用评级方法

标准普尔公司（Standard & Poor's Financial Services LLC）（以下简称标普）专为全球资本市场提供独立信用评级、指数服务、风险评估、投资研究和数据服务。该公司同时为世界各地超过 220 000 家证券及基金进行信用评级，对全球数万亿元债务进行评级，是国际三大评级机构之一。此处我们编译了标准普尔公司对信用与保证担保公司的评级方法，与读者共享。

标普认为，用来评价传统财产和人身保险公司的方法不适用于经营业绩与经济周期高度相关的信用和保证担保公司。信用和保证担保公司的风险包括了常规的宏观经济周期风险，也包括了担保价格周期风险，因此对它们的评级必须着眼于长期，每隔几十年就会出现的全球与地区性经济萧条将导致这些公司的业绩出现异常。全球范围内的信用保险与保证担保业务都有潜在风险，与在保余额相匹配的资本充足率特别重要。相反，评价财产与人身保险商时则特别注重保费及储备金。标普在成熟的财产与人身保险公司评级基础上考虑信用和保证担保公司的特点，制定了专用的评级方法。

分析方法采用主观分析与客观分析相结合，历史分析与未来预测相结合的方法。评级体系的评价要素分为八个大类：（1）行业风险；（2）市场竞争地位；（3）管理与公司策略；（4）经营绩效；（5）投资管理；（6）流动性；（7）资本充足性；（8）财务弹性。信用和保证担保公司面临的挑战互相关联，可能跨越不同评价要素。最终评级为各大类要素优势与劣势综合平衡的结果。

## 一、行业风险

行业风险指担保业务所处行业的风险分析。评级时主要以公司具体签发保单（信用保险、保证担保、对上述两种或其中之一的再保险）与该领域特有的风险种类为依据。例如，信用保险与保证担保都呈周期性变化，但保证担保的损失具有损失幅度大、损失频率较低的特点。同时，由于信用保险与保证担保业务都与行业和经济周期相关联，都应该重视承保领域的分散化。周期性导致的损失不稳定性对资本金的缓冲功能提出了较高要求。因此，信用与保证担保商广泛采用再保险，几乎占其业务的65%。然而，再保险本身也是一种风险，使公司更加信赖于市场上可提供的再保险业务的数量与质量。

## 二、竞争地位

分析信用和保证担保公司的竞争地位，与分析其他保险商的竞争地位方式相似，主要从以下几个方面来看：营销渠道、品牌认知度、产品的能力、定价、成本支出、固有优势及劣势和外部的商业机会及威胁。此外，应特别重视公司的竞争能力，能否成功取得高保费，能否有其他竞争优势获得高保费，即在财务实力或客户服务上有突出竞争地位。评估风险多样化时，公司规模当然是重要因素，另外，建立必要的信息系统与数据系统也很重要。

评价信用保险商的一个重要因素是对政府支持业务的管理，尤其是中央政府出口信用保险。此类业务可以提升公司形象，带来大量无风险收益，减少损失波动。但是，这样的地位会带来政治影响，也有可能制约公司管理业务的自主性。

## 三、管理和公司战略

管理与企业战略是决定评级的关键因素之一，同一个市场的两个公司之间评级差异主要由基本要素决定。长期、良好的经营记录始终是质量管理和内部管理体系的良好反映。

信息系统的质量很关键，特别是数据库，提供详细的历史客户（供应商或对手方）与买方的信息，以及风险监测系统。应检查担保商对信用保险和保证担保项目的评分与签单方法，是否持续有效执行了这些方法。此外，还会进行穿行实验。

应审查被评级机构是否建立了明确的交易对手限制，这些限制是否有效实施，集团内部有没有重复控制。一些公司已经与客户建立网上联系，可以即时更新信贷额度；另一些公司则依赖于定期报告。在信贷额度方面，公司获得信息并转化为及时行为的速度很重要。

被评级机构的战略定位也将被审查，虽然企业需要不断创新和扩大，但致力于核心领域通常能获得较好效果。管理团队的专业经验、公司治理结构、公司经营目标也很重要，还要审查风险管理管理体系设计与实施，包括产品设计与财务策略。另外，还要注重考察管理层的收益目标、资本化的“合理区域”与风险敞口的关系。

## 四、经营绩效

经营业绩分析的重点是利润与收入的关系，以及收益随时间推移产

生的不确定性。评价措施中除了定性分析，最重要的定量分析有两点：(1) 投资收益率（ROR）=（担保净收入+投资净收入）/（保费收入+投资收入）和（2）收益因波动产生的损失率标准差。假设保费水平能够充分反映风险，随客户信用水平及保证措施的水平变动，投资收益率 ROR 是最重要的分析指标。然而这个假设并不必然正确，常常出现主要风险被错误定价、保费受市场周期、专业水平及客户购买力影响等情况。这就需要第二种分析方式：收益因波动产生的损失率标准率，可以进一步检查保单的质量。

**附表 8　　投资收益率 ROR**

| 投资收益率 ROR | |
|---|---|
| ROR | 相应的评级 |
| 大于 20% | AAA |
| 15% ~20% | AA |
| 10% ~15% | A |
| 5% ~10% | BBB |
| 0% ~5% | BB |
| 小于 0% | B |

与财产和人身保险业务相比，附表 8 的 ROR 比较保守，考虑了内在的系统性风险。投资收率通常以 5 年到 10 年为计算基础。通常是 5 年，但如果某国正处于经济低谷，结果会受影响。为获得较稳定的评级，避免受到经济周期影响，我们做一个 10 年的分析，包含至少一个严重衰退期，以"均衡"或"平复"整个经济周期。

信用保险和保证担保在一定程度上具有收入的不稳定性，通常每年都有 10% ~50% 的损失率，经济衰退时可能大幅提高。比同业较高的平均损失率表明，公司可能没有适当的风险定价或某领域的价格竞争导致了超乎寻常的损失水平。

观察公司超过 10 年的损失率标准差，可以发现偏差低至 1%，高达 150%。为了减少波动，有些保险公司采取长短期措施相结合的方式。短期措施包括降低授信额度、重新定价风险，长期措施如提高免赔额、分保抵扣和不同的再保险保障。

相反，鉴于保证担保商业务的长尾特点，一旦承保回旋余地较小。

通常对30%以上的波动进行更为深入的分析。

附表9　　标准损失率

| 标准损失率 | |
|---|---|
| 损失率标准差 | 对应评级 |
| 0% ~15% | AAA/AA |
| 16% ~30% | A/BBB |
| 超过31% | BB/B |

信用与保证担保公司再保险的比例通常比传统保险公司更大；分出50%以上是正常的。再保险公司的质量和再保险方案的结构很重要。许多公司注重单项风险损失，忽视整体风险，也不重视风险组合。

以下多种因素影响盈利能力：损失率、综合比率、费用率、投资收益率、每股收益ROEs以及每个因素的稳定性。分析师通过分析这些因素了解投资回报率的构成、承保和整体盈利的波动，另外不要忽视再保险的影响。

收入质量受多种因素影响。单独影响信用保险的因素有：

1. 风险相互独立或风险高度相关？
2. 正常水平的免赔额是多少？
3. 保险公司承保的是长期拖欠或是公司的实际破产的风险？

单独影响保证担保的因素有：

1. 是否有抵押品？抵押品可以覆盖风险，或只是作为惯例反担保？
2. 免赔额是否影响损失率？

同时影响两类业务的因素有：

1. 公司是否只承保了客户实际破产的风险？
2. 追偿率是多少？
3. 追偿成功的时间跨度？

担保业务的质量影响盈利能力。可以通过分析相关行业的风险对担保业务进行主观评估。以行业为基础的国内数据可以采用，例如破产企业的数目或银行提供资金量。还要关注被评级公司的业务标准，以及该公司盈利水平恶化的前兆。此外，我们将审查该公司是否对业务风险进行评级，以及每一级风险的损失率。

## 五、投资和流动性

要评估资产质量和流动性，以及资产负债管理情况。分析师希望信

用保险商比财产保险和人身保险商的投资组合更具有流动性，因为信用保险商更需要应对突如其来的损失变化。另外，还要考虑银行的授信额度或母公司的支持。

## 六、资本充足性和财务弹性

为了评估资本充足性，我们采用了基于风险的资本模式加上再保险保障评估模式。还需要评估公司的财务弹性。如果需要的话，将研究再融资的必要性，并进一步考察该公司是否具有良好的资本来源渠道，例如通过资本市场、外部投资者和母公司的无条件资本支持。

评价信用与保证担保公司的“专家资本模型”与标普欧洲的“以风险为基础的资本充足模型”基本一致，区别在于前者对资本充足的要求以风险敞口分析为导向，后者以更传统的保费分析为导向。可用资本在报表资本的基础上做分析性地调整：加上隐藏或未入账的资本（如未实现的投资收益）或减去储备金赤字，投资资产组合中的投资与信用风险减值等。必要的资本充足率等于“总损失除以累计担保总额”，即十年以上（通常为十年）的最高总损失除以相同期间的累计担保总额。计算出来的比率以25%为限，乘以预期担保额（减去再担保额），结果就是该公司的资本充足率水平，并可与标普的长期资本充足性评级表进行比较。

虽然“总损失除以担保总额”方法的基本原理相同，但是不同公司的业务范围不同，需要具体情况具体分析。对防止超额损失的措施没有作定量评价，只作定性分析。原因在于，只有具现实意义的止损措施才有评价的必要（例如，某公司十年来的平均损失率为65%，那么该公司以75%为目标的止损措施具有现实意义，以120%为目标的措施则没有）。下面的附表10显示了如何以“总损失除以担保总额”法计算目标资本率。

**附表10　　总损失除以担保总额法**　　单位：美元

| 总损失除以担保总额法 | | | | | |
|---|---|---|---|---|---|
| 项目 | 2003 | 2002 | 2001 | 1995 | 1994 |
| 担保总额 | 200 000 | 190 000 | 180 000 | 120 000 | 110 000 |
| 报表总损失 | 1 001 | 900 | 801 | 200 | 100 |
| 全部损失 | 1 201 | 1 081 | 961 | 240 | 120 |
| 总损失除以担保总额% | 0.60 | 0.57 | 0.53 | 0.20 | 0.11 |

续表

| 总损失除以担保总额法 | | | | | |
|---|---|---|---|---|---|
| 计算目标资本： | | | | | |
| 过去十年内最差<br>总损失除以担保总额指标% | 0.60 | 0.60 | 0.60 | 无数据 | 无数据 |
| 压力测试（乘以1.25） | 0.75 | 0.75 | 0.75 | 无数据 | 无数据 |
| 乘以担保总额 | 1 502 | 1 426 | 1 351 | 无数据 | 无数据 |
| 减去客户保持（以20%计） | -300 | -285 | -270 | 无数据 | 无数据 |
| 减去比例再担保（以45%计） | -541 | -514 | -487 | 无数据 | 无数据 |
| 信用担保公司的目标资本（A） | 661 | 628 | 595 | 无数据 | 无数据 |
| 风险调整后的资本＊（B） | 1 043 | 943 | 943 | 无数据 | 无数据 |
| 资本充足比率（B/A）% | 157.9 | 150.3 | 158.7 | 无数据 | 无数据 |

注：＊风险调整后的资本需要根据标普资本充足模型单独计算。

上述总损失除以担保总额法中，也考虑了主权与风险分散的因素。资本充足率模型以担保人的业务区域与业务品种合理分散为前提。如果某公司业务品种过于集中，资本要求在通常标准上浮25%～75%。上浮程度取决于公司业务的集中程度、是否受公司保费标准指导、顾客集中度、行业、国家与地区。我们以公司集团为单位，而不是以集团内的单个运营公司为单位进行判断。

# 参考文献

［1］蔡鄂生主编：融资性担保公司管理暂行办法释义［M］. 北京：中国金融出版社，2011.

［2］银监会：墨西哥、巴西担保业考察报告［M］. 2010（12）.

［3］银监会网站［OL］. http：//www. cbrc. gov. cn.

［4］刘新来主编. 信用担保概论与实务（修订版）［M］. 北京：经济科学出版社，2006.

［5］中国投资担保有限公司. 中投保发展报告（2006—2010 年）［M］.

［6］中国投资担保有限公司. 泛美担保协会文集（2001—2005 年）［M］.

［7］文海兴、许晓征：日本信用保证业发展的经验［J］. 中国金融，2011（8）.

［8］文海兴、徐捷、樊卫东. 构建我国融资性担保机构综合评价体系研究［J］. 当代金融家，2012（3）.

［9］文海兴：《融资性担保业法制建设与完善》，《当代金融家》，2011（1）.

［10］文海兴、张铭、徐晓征：《韩国信用保证体系及其启示》，《中国金融》，2011（121）.

［11］文海兴、张正：《规范非融资性担保机构势在必行》，《当代金融家》，2011（11）.

［12］Sarah Gray，Thierry Mahieux，Gabriel Reyes，Peter van Rooij，James Roth 著，中国国际经济技术交流中心、中国投资担保有限公司、北京大学中国中小企业促进中心译. 小型/微型担保基金操作指南［M］. 北京：经济科学出版社，2002.

［13］Philippe Jorion 著，张陶伟、彭永江译. 金融风险管理师手册（第二版）［M］. 北京：人民大学出版社，2003.

［14］卢文莹. 金融风险管理［M］. 上海：复旦大学出版社，2006.

［15］贾康. 中国政策性金融向何处去［M］. 北京：中国经济出版

社，2010.

[16] Stavrianos，L. S. 著，吴象婴等译．全球通史：从史前到21世纪（第7版修订版）[M]．北京：北京大学出版社，2011.

[17] 武力．中华人民共和国经济史（增订版）[M]．北京：中国时代经济出版社，2010.

[18] 李志广．借鉴印度经验，建立和完善我国中小企业政策性金融支持体系．河北大学硕士学位论文，2009年5月1日．

[19] 李振宇、李信宏、邵立强．资信评级原理 [M]．北京：中国方正出版社，2003.

[20] 陆庆平：企业绩效评价论 [M]．北京：中国财经出版社，2006.

[21] 国务院国有资产监督管理委员会：中央企业综合绩效评价实施细则．国资发评价〔2006〕157号，2006年．

[22] 武明艳．浅谈企业信用评级方法 [J]．黑龙江对外经贸，2006 (9).

[23] 孔英杰．企业信用评级方法探索 [M]．北京：首都经济贸易大学出版社，2006.

[24] 岳超源．决策理论与方法 [M]．北京：科学出版社，2003.

[25] 陈公越、于盟、许威．金融风险测量和全面风险管理 [M]．上海：上海科学技术出版社，2011.

[26] 邓文剑．中国保险公司治理评价体系．湖南大学硕士论文，2008.

[27] 刘世平．数据挖掘技术及应用 [M]．北京：高等教育出版社，2010.

[28] Arnaud、Oliver 著，任若恩、徐晓肆、马向前、蒋云贇译．信用风险度量与管理 [M]．北京：中国财政经济出版社，2005.

[29] 李子奈、叶阿忠．高级计量经济学 [M]．北京：清华大学出版社，2004.

[30] 梁世栋．商业银行风险计量理论与实务 [M]．北京：中国金融出版社，2009.

[31] Arlene Isaacs - lowe，Stanislas Rouyer，Anna Krayn，Jack Dorrer. Moody's rating methodology for the financial guaranty insurance industry [OL]. www. moodys. com.

[32] Tatiana Grineva，Laura Santori，David Anthony. Credit and surety

insurance criteria: interactive rating methodology [OL]. www. standarand poors. com.

[33] Saaty T L. The Analytic Hierarchy Process [M]. New York: McGraw Hill, 1980.

[34] Steven Sandberg. the business of Surety [M]. Text Book of IPCIS, 2002.

[35] 标准普尔公司. For The U. S. Bond Insurance Market, There May Be No Turning Back, 2010 (1).

[36] 标准普尔公司. Global Bond Insurance 2007, 2007.

[37] 日本金融公司 (JFC). JFC2009 财年年报, 2010.

[38] Edward I. Altman, Predicting financial distress of companies: revisting the Z - score and ZETA models [OL], http: //pages. stern. nyu. edu/ - ealtman/Zscores. pdf, 2000.

[39] Basel Committee on Banking Supervision. Studiers on the Validation of Internal Raing Systems. Working Paper No. 14, 2005.

# 后　记

2009 年 4 月,《国务院关于同意建立融资性担保业务监管部际联席会议制度的批复》同意建立由中国银监会牵头的融资性担保业务监管部际联席会议制度,《国务院办公厅关于进一步明确融资性担保业务监管职责的通知》（国办发〔2009〕7 号）明确，由中国银监会牵头八部委组成融资性担保部际联席会议，负责研究制订促进融资性担保业务发展的政策措施，拟定融资性担保业务监督管理制度，协调相关部门共同解决融资性担保业务监管中的重大问题，指导地方人民政府对融资性担保业务进行监管和风险处置等，而各省、自治区、直辖市人民政府结合本地实际制定促进本地区融资性担保业务健康发展、缓解中小企业贷款难担保难的政策措施，负责制定本地区融资性担保机构风险防范和处置的具体办法并组织实施，负责协调处置融资性担保机构发生的风险，负责做好融资性担保机构重组和市场退出工作，督促融资性担保业务监管部门严格履行职责、依法加强监管，引导融资性担保机构探索建立符合国家产业政策和市场规律的商业模式，并完善运行机制和风险控制体系。省、自治区、直辖市人民政府按照“谁审批设立，谁负责监管”的要求，确定具体监管部门负责本地区融资性担保机构的设立审批、关闭和日常监管。这标志着融资性担保行业新的监管体制的确立。

新的监管体制形成后，管理层在推动融资性担保行业监管办法“硬件”建设的同时，也在思考着行业发展“软件”建设一些问题，其中，对融资性担保机构的评价标准问题是四个最主要的方面之一。由于我们个人的研究兴趣和坚持，融资性担保机构评价标准问题能够在业余持续地进行，成为一个纯学术性课题，并最终形成此书与读者见面。

本书是研究写作团队共同劳动的产物。团队的成员中既有国家融资性担保监管部门从事政策法规研究制定、指导协调地方政府及其监管部门开展融资性担保监管工作的监管者，又有一线从事融资性担保经营管理的专家高管，还有专业从事机构评级的评级机构的专家高管，以及科研机构的知名专家。应该说团队成员具有较高的理论素养和较为丰富的监督管理、经营管理、机构评价的经验。团队对问题的研究的态度是科学而严谨的、认真而深入的，也是客观而公正的，力求做到评价标准等研究具有科学性、前瞻性、可操作性。尽管团队成员对问题的研究和写作尽了最大努力，但由于我们的能力和精力有限，且是对融资性担保机构进行评价研究的初步尝试，书中会不乏谬误，敬请读者批评指正。

本书写作过程中用了大量时间对多家典型的融资性担保机构进行了访谈，借鉴了北京信永方略管理咨询有限公司为国务院国有资产管理委员会完成的《国有企业内部控制框架》课题的研究思路；特别还受到中和资产评估有限公司董事长杨志明高级工程师的评估团队为云南省完成并已付诸实施的《担保机构绩效评价体系》的启发，并研究了金融机构对担保机构的内部评价指标体系。

研究团队历时四年多，对本书的写作付出了很多心血。后加入的研究团队成员还包括联合信用管理有限公司总经理王少波博士的研究力量，中和资产评估有限公司安海峰经理、中国社科院金融研究所陈经纬研究员等。中国银监会融资性担保业务工作部处长樊卫东博士，中国投融资担保有限公司原技术总监徐捷博士，对本书的写作和研究付出大量心血。中国银监会融资性担保业务工作部副主任文海兴博士一直悉心组织、指导课题研究，对每次课题稿，都认真审查并提出修改、完善的具体意见，并对本书定稿提出审定意见。中国银监会融资性担保业务工作部牛成立主任高度重视课题研究工作，对课题研究进行认真指导并对本书进行了审定。

二〇一五年三月十八日

# 致 谢

本书写作得到了多方面的支持，在此我们要特别感谢中国融资担保业协会原会长、中国投融资担保股份公司原董事长刘新来先生在行业研究、担保业务技术研究工作中给予的大力支持，还要感谢云南财政厅朱睿处长和北京市金融工作局刘军处长给予的工作支持及业务推广。

在书稿的后期文字修改中，我们还要感谢中国银监会融资性担保业务工作部的许晓征处长和张正先生、中国投融资担保有限公司评审综合部总经理孔令荣女士、战略研究部高级业务经理张文斐女士、建设中心一部助理总经理徐明女士、中国政法大学硕士研究生宫翊等不辞辛苦的工作配合。

另外，对中和资产评估有限公司副总裁朱军先生，联合创业担保集团副总经理刘震民博士，北京信永方略咨询有限责任公司高级经理钱涛先生、李晓琳女士及所有给予本书支持的同仁们一并表示感谢！

二〇一五年三月十八日